生活・讀書・新知 三联书店

包立民 著

张大千艺术圈

Copyright © 2019 by SDX Joint Publishing Company.
All Rights Reserved.
本作品版权由生活·读书·新知三联书店所有。
未经许可，不得翻印。

图书在版编目（CIP）数据

张大千艺术圈 / 包立民著. —北京：生活·读书·新知三联书店，2019.3
ISBN 978 – 7 – 108 – 06203 – 1

Ⅰ.①张⋯　Ⅱ.①包⋯　Ⅲ.①张大千（1899-1983）– 生平事迹　Ⅳ.①K825.72

中国版本图书馆 CIP 数据核字（2018）第 014335 号

责任编辑	徐国强
装帧设计	康　健
责任印制	徐　方
出版发行	生活·讀書·新知 三联书店
	（北京市东城区美术馆东街 22 号 100010）
网　　址	www.sdxjpc.com
经　　销	新华书店
印　　刷	北京隆昌伟业印刷有限公司
版　　次	2019 年 3 月北京第 1 版
	2019 年 3 月北京第 1 次印刷
开　　本	880 毫米 × 1230 毫米　1/32　印张 13
字　　数	302 千字　图 88 幅
印　　数	0,001 – 6,000 册
定　　价	68.00 元

（印装查询：01064002715；邮购查询：01084010542）

目 录

序言：风格即人……………………薛永年 i
自序：张大千的龙门阵………………………… v
张大千传略…………………………………… 1
 附一：关于环荜庵的订误 ………………… 25
 附二：张大千的"正气歌" ………………… 26
张大千的拜师…………………………………… 29
 附：关于张大千拜师 ……………………… 35
张大千丁巳（1917）拜师新证………………… 38
张大千与张善子………………………………… 51
张大千与黄宾虹………………………………… 62
张大千与谢玉岑………………………………… 81
 附：关于"病重托弟"说 ………………… 88
张大千与李秋君………………………………… 94
 附：关于李秋君 …………………………… 104

张大千与池春红 ⋯⋯⋯⋯⋯⋯⋯⋯⋯⋯⋯⋯⋯⋯⋯⋯ 107
　　附：张大千笔下的春红 ⋯⋯⋯⋯⋯⋯⋯⋯⋯ 123
张大千与余叔岩 ⋯⋯⋯⋯⋯⋯⋯⋯⋯⋯⋯⋯⋯⋯⋯ 128
张大千与方地山 ⋯⋯⋯⋯⋯⋯⋯⋯⋯⋯⋯⋯⋯⋯⋯ 133
张大千与吴湖帆 ⋯⋯⋯⋯⋯⋯⋯⋯⋯⋯⋯⋯⋯⋯⋯ 140
　　附一：吴湖帆日记中的张大千 ⋯⋯⋯⋯⋯⋯ 146
　　附二：《睡猿图》的去向与来历 ⋯⋯⋯⋯⋯ 152
张大千与黄君璧 ⋯⋯⋯⋯⋯⋯⋯⋯⋯⋯⋯⋯⋯⋯⋯ 156
张大千与叶恭绰 ⋯⋯⋯⋯⋯⋯⋯⋯⋯⋯⋯⋯⋯⋯⋯ 166
张大千与郎静山 ⋯⋯⋯⋯⋯⋯⋯⋯⋯⋯⋯⋯⋯⋯⋯ 176
张大千与徐悲鸿 ⋯⋯⋯⋯⋯⋯⋯⋯⋯⋯⋯⋯⋯⋯⋯ 181
　　附：也说"五百年来一大千" ⋯⋯⋯⋯⋯⋯ 189
张大千与叶浅予 ⋯⋯⋯⋯⋯⋯⋯⋯⋯⋯⋯⋯⋯⋯⋯ 201
　　附：叶浅予评说大千人物画 ⋯⋯⋯⋯⋯⋯⋯ 211
张大千与溥心畬 ⋯⋯⋯⋯⋯⋯⋯⋯⋯⋯⋯⋯⋯⋯⋯ 216
张大千与齐白石 ⋯⋯⋯⋯⋯⋯⋯⋯⋯⋯⋯⋯⋯⋯⋯ 227
张大千与于非闇 ⋯⋯⋯⋯⋯⋯⋯⋯⋯⋯⋯⋯⋯⋯⋯ 233
张大千与徐燕孙 ⋯⋯⋯⋯⋯⋯⋯⋯⋯⋯⋯⋯⋯⋯⋯ 243
张大千与张伯驹 ⋯⋯⋯⋯⋯⋯⋯⋯⋯⋯⋯⋯⋯⋯⋯ 254
张大千与台静农 ⋯⋯⋯⋯⋯⋯⋯⋯⋯⋯⋯⋯⋯⋯⋯ 260
张大千与赵无极 ⋯⋯⋯⋯⋯⋯⋯⋯⋯⋯⋯⋯⋯⋯⋯ 266
张大千与毕加索 ⋯⋯⋯⋯⋯⋯⋯⋯⋯⋯⋯⋯⋯⋯⋯ 273

张大千与张群………………………………… 281

张大千与张学良……………………………… 291

张大千与郭有守……………………………… 298

闲话大风堂…………………………………… 314

  附：大风堂同门录……………………… 323

孙家勤大风堂学艺记………………………… 328

张大千的收藏………………………………… 343

张大千20年代初的设色仕女画…………… 352

怎样看待张大千作假画……………………… 360

张大千的自画像……………………………… 368

  附：张大千自画像巡礼………………… 374

附录一 关于《张大千艺术圈》的通信
  ………………………… 王充闾／包立民 382

附录二 从文化环境中去发现传主的心灵
  ——读《张大千艺术圈》………… 周思源 388

附录三 不拘一格写大千………………… 陈传席 391

初版后记……………………………………… 395

再版后记……………………………………… 397

三版后记……………………………………… 401

序言：风格即人

薛永年

我是教美术史的，20世纪80年代以来，经常参加当代美术活动，于是认识了包立民先生。包立民与我同龄，毕业于复旦大学中文系，取名立民，先以为意在"为生民立命"，不愧是包公的后代，后来见到他一方图章"立在民中"，才知道他与张横渠站位不同，强调自己就是百姓的一员。那时，他在《文艺报》副刊工作，已经是中国作协的会员了，但围绕工作需要，他积极参与美术活动，热情结交美术界朋友，不但撰写美术评论文章，而且一直以实际行动搭建美术史与传记文学的桥梁。

他搭建的这座桥梁，起步于编著艺坛《百美图》（1997年），而突出的成就在于张大千研究与写作，成了大家公认的张大千专家，他编过《张大千的艺术》（1987年），但最让人不愿释手的是《张大千艺术圈》（1990年）。如今年轻人未必熟知的《百美图》，是他邀请老中青美术家作自画像，由他逐一配文，以生动幽默的笔调、要言不烦的叙事，描写各家的性格、癖好、成就与逸事，也带些褒贬。后来，顺应读者的需要，《百美图》拓展到三百人以上，人选也增加了戏剧家、作家、诗人、电影导演等，可见他秉持"大美"观念，心目中的美，不限于静态的美术而已。

由于编著《百美图》，他结识了众多画家。在老一辈画家中，又不乏张大千的学生和朋友。大千的学生如刘力上、俞致贞夫妇，使他了解到不少大千的趣闻；大千的朋友如叶浅予先生，成了持续推动包立民研究张大千的力量。大约从 80 年代初张大千逝世之后协助身为中国美协副主席的叶浅予筹办张大千座谈会开始，他就一步一步走近了张大千，进入了一环套一环的张大千艺术圈。

他走近张大千的途径，一是聆听，即来自大千友人和门人的叙说；二是文本，有根据耳闻进行的写作，有见于旧报刊的文章，也有相关人士的著作，还有大千的诗文书信，包括大千画上的题跋。对于种种文本，他做过系统的梳理，合编有《张大千年谱》（1988 年）、《张大千诗文集编年》（1990 年），自编有《张大千家书》（2009 年）等。不难看出，在走近张大千的过程中，他并不忽视艺术作品，但更重视人物与故事，研究画家这个活生生的人，摸透他的脾气秉性、学养爱好、阅历交游，以及生存环境与生活方式，特别关注他的友朋往来，也就是张大千的艺术交游圈。

《张大千艺术圈》大体以时间为序，写了大千与二十多位师友的交往，其中有文人、学者、诗人、画家、名伶、名媛、摄影家、收藏家、军政要人和异国女性。人各一篇，既写大千，又写友人，花叶互衬，相映生辉。不但有故事，而且有史料，包立民通过人际关系，写出了大千的多彩生活与情感世界，以及他的待人接物、聪明智慧、艺术造诣，以及他对同行友人的看法。说到对同行友人的看法，包立民注意了不同侧面，不但写出了褒贬，并且有分析，有理解，绝不简单化。比如写张大千心目中的齐白石，既有大千对白石节俭的微词，又有大千对白石指正其观察生活时的疏忽的钦佩。包立民以大千的生平与艺术为核心，在友朋交往中，展开了大千生活的文化环境，不仅显现了"人的本质是社会关系的总和"，而且有利于在环境与个人的关系上知人而论艺。

写人物传记,最早的典范是《史记》中的列传,较近的传记文学大家,便是包立民的老师朱东润。或许由于包立民具有厚实的文学功底,又继承了传记文学的传统,所以《张大千艺术圈》写人写事,鲜活生动,情趣盎然。其描摹口气,如闻其声;揣摸心理,深入妥帖;显现性格,如在眼前。其中《张大千与池春红》一篇,尤其绘声绘色,形神兼备。值得注意的是,包立民在描写人物中,既注入艺术品鉴,也结合了史实考证,甚至挖掘了历史现象后面的真实。张大千与徐燕孙的笔墨官司,在《张大千与于非闇》一文已有生动叙述,但没有涉及幕后的策划,随着他掌握材料的增多,这场"苦迭打"官司背后的商业运作也一清二楚,在得到启功有关序跋的佐证后,他在最新版中补写了《张大千与徐燕孙》。这也说明,包立民追求生动性与可信性的结合,追求学术性与趣味性的统一。

包立民深知,传记文学不同于小说,所写人物和事件必须符合史实,不能虚构,而大千的逸事不少来自他这个四川人的"龙门阵",来自他个人在不同时间、不同情况下的叙述,在口耳相传中又难免附会讹误。一些文本的记叙,也会因种种原因而不周。所以,他固然重视传闻,但绝不忽视历史文献,尤重考证,自称不是"有闻必录",而是"有闻必考"。在《张大千的拜师》之后所附《关于张大千拜师》,在《张大千与谢玉岑》之后所附《关于"病重托弟"说》,都以周密的考证在众说纷纭中恢复了历史的本来面目。在最新版中,又增补了《张大千丁巳(1917)拜师新证》一文,以充分的论据证实了张大千拜师的确切年份。《闲话大风堂》一文不仅考察了被《大风堂同门录》(1948年)遗漏和除名的门生,而且补充了大千离开中国大陆后新收的弟子。这说明,包立民不仅严守传记文学符合史实的原则,也兼做了美术史家的工作。

在文学与美术史的结合上，包立民充分发挥传记文学之长，也尽可能地从美术史方面致力，不单考证，有所品鉴，寓评于述，知人论世。整体地看，《张大千艺术圈》是很有特色、很有看头的文学作品，也是很有学术性的画家传记著作。但如果苛求起来，还不能说已经尽善尽美，比如从体例而言，就存在两种不同体裁的文章，大多数近于传记文学，少部分更像是美术史论。旧版中的《张大千的去国与怀乡》，新版中的《成也子杰 败也子杰——张大千进军巴黎艺坛前后》（收入时更名为《张大千与郭有守》），都属于后者。然而，这种特点正反映了作者的跨界，也对我们美术史界的研究和写作多有启发。

近些年来，美术史界的著作汗牛充栋，不乏问题的讨论，也不乏材料与见解，但读起来不是过于思辨，就是比较枯燥，而且受学位论文模式的影响，形成了某种八股，往往无意进入历史情境，不大研究有血有肉的艺术家本身，因此很难引起外行读者的兴趣。我觉得，如果想使美术领域的学术著作走向大众、发挥美育的效能，自然要重视作品，同时也不该忘记布封所提出的"风格即人"，倘若在文学与史学的跨界中考虑写作方式，包兄之《张大千艺术圈》，适足以提供"立在民中"的有益启示。

自序：张大千的龙门阵

"摆龙门阵"是四川民间的一句口头禅，意为聊天讲闲话、吹牛说故事（类似于上海人的讲山海经）。龙门阵中的吹牛与撒谎稍有区别，别在有意无意、善意恶意，以及真真假假、虚虚实实之间。张大千是四川内江人，喜欢摆龙门阵，也是个中高手。高就高在有无与善恶难辨，真假与虚实难断，真所谓"假作真时真亦假，无为有处有还无"。所以听他摆龙门阵，千万不能当真，要留一个心眼，如果要当史料来研究引用，那就要"求证"，有时还须"小心求证"。

三十年前，我从张大千早期门人刘力上、俞致贞夫妇口中第一次听到张大千的传说，就是青少年时期张大千被迫当土匪、出家当和尚的故事。一听之下，我为大千的传奇人生所俘获，并不断从刘氏口中听到不少正版大风堂龙门阵，由此我下决心要为张大千著书立说。《张大千与徐悲鸿》一文就是在这种背景下写出来的，时在1983年。当年张大千刚去世，大陆首次在中国美术馆举办张大千遗作展，并召开了纪念张大千的艺术研讨会，主事人叶浅予先生要我把研讨会的发言稿整理成书，交由三联书店出版。我在编辑的同时，写成了此文，交由叶老审阅。叶老阅后，不仅同意将此文收入

《张大千的艺术》一书中,而且把它推荐给香港《大成》杂志的主编沈苇窗先生。叶、沈两位前辈都是张氏生前老友,正是在他们的鼓励下,我在《大成》杂志上连载了近十篇有关张大千艺术交往的文章;此后又在文友的建议和引荐下,在辽宁美术出版社结集出版了《张大千艺术圈》一书。随着张大千作品在艺术市场的价值蒸蒸日上,张大千的书画、书札不断亮相于拍卖图录,我有了更多增补张大千艺术交往的素材,于是作品也日渐增多。

毋庸讳言,《张大千艺术圈》的写作,得益于张大千的龙门阵,也可以说源于龙门阵。细究张氏龙门阵,则有多种版本。最早的版本,自然是张大千离开大陆前,与他的友人和门人所摆的"大风堂龙门阵",我称之为大陆版龙门阵;出国后,他摆龙门阵的对象变了,除了一些与他先后远游的老友外,增加了不少在海外结识的媒体和文友,及他在美国和我国台湾地区所聘用的私人秘书,这可称之为港台版龙门阵。两版龙门阵相较,同中有异。大陆多为口口相传,或在报刊上的转述,未能系统加工整理成书(据悉,大风堂门人巢章甫曾手抄辑录过一些张氏龙门阵,但未见正式出版)。港台版多由著作人署名,加工整理,分门别类,各有专题,各有发挥,丰富多彩,形式多样:有的以回忆录的形式叙述张氏龙门阵(如在海外追随张大千几十年的摄影家王之一《我的朋友张大千》),有的以口述笔录的形式记述(如张氏在美国的私人秘书林慰君《环荜庵琐谈》),有的以采闻笔录的形式备载(如台北记者谢家孝《张大千的世界》),有的以谈艺录方式切入(如香港报人沈苇窗《苇窗谈艺录》),更有人以"传记""外传""传奇"等名目编创张氏龙门阵,据不完全的记载,其版本有数十种之多。正是这些不同版本的张氏龙门阵,为我写作本书提供了丰富的素材。

那么,拙著《张大千艺术圈》是否也是张氏龙门阵的翻版或变相的盗版呢？非也！为了说明这个问题，我要借助老学长周思源先生读过本书初版后所写的一段论述："它以张大千为圆心，从传主与他人的关系着眼，构成二十多个同心圆。由于以交往先后为序，因而它并非各个平面的并列，而是一个不断向前滚动的圆柱体。从而动态地反映出张大千如何在这样一个独特的文化环境中一步步向我们走来。这种写法应当说是传记文学中的一种有益尝试。"思源兄是一位《红楼梦》专家，曾在中央电视台"百家论坛"中主持过红学研究的专题讲座，他对《张大千艺术圈》的这段评述，可谓深获我心。这段评述，也为我厘清了本书与张氏龙门阵的不同，恕我不再赘言。关于本书初版的缺陷，思源兄也一语中的地予以指出："但对张大千的某些重要方面，似乎仍然有意无意地不去触及。……有的人物未能'圈'入，有的虽入'圈'而仅仅点到为止，因而关于张大千的那几个问题令人尚难解渴。"

善哉，思源兄说得一点不错，本书初版写于20世纪80年代，虽说大陆开放了政治禁区，张大千也得到了应有的公正评价。但对于他为什么离开大陆、又为什么迟迟不归，以及张大千对国共两党的政治立场，还有种种看法和议论。为慎重起见，我采取了静观态度，一时没有动笔。直到90年代中期，张大千的侄孙张之先给我寄来了张大千六七十年代写给四川老家三哥张丽诚的二十多封家书的影印件，从这些家书中，我看到了他离开祖国后浪迹海外，生活上颠沛流离，艺术上顽强奋斗，及他时时不忘故土、不忘亲友的情怀。恰在此时，我在一家报刊上读到了黄壤所写的《张大千欺骗了大千世界》，便觉得动笔的机会来了，于是借题发挥，写下长文《张大千的去国和怀乡》，既是对黄壤的反驳，也是对思源兄批评《张大千艺术圈》的回应。同时，我又着手编著《张大千家书》，对每封信加以解说，阐述了张大千在海外为中国书画争光的精神和他对父老乡亲的思念。1999年，我在中国文联出版社出版的《张大千艺术圈》第二版中，将周思源、陈传席两位先生对本书的评论和王充闾先生关于本书的通信收入书末，以示感谢。

《张大千艺术圈》出版后，不少学兄、文友希望我再接再厉，撰写《张大千评传》。说句实话，写评传也是我长期未了的心愿。为什么三十多年来，在写作《张大千艺术圈》的同时，未能了却写评传的愿望呢？除了我的写作范围较宽泛外，最主要的原因是"术业有专攻"。我出身文学专业，长期从事新闻工作，并非美术科班生，而为美术家立传应有相当的美术理论和美术史功底，我自知功力不够，便不敢在关公面前耍大刀。所以思之再三，我还是却步。写评传一事心向往之，力不能至，只能有负各位兄友的雅意了。

最后要谈谈本书的文体，有人说它类似补白大王郑逸梅先生的"逸话"，有人说它像美术掌故笔记，也有人说它是画坛珍闻，说来说去，似乎总跳不出"龙门阵"的影子。但写"评传"一直又是我的心愿，所以在写作中，有的文稿尽量往"评传"方向靠拢，使文稿具备评传的品格；而由于学文学出身，平时对史传情有独钟，所以有的文稿又写成了文学传记。那么姑且算作美术随笔好了，不管怎样，我生也晚，未逢其盛，是人生的遗憾；而才疏学浅，如蒙读者不弃，则又是人生的大幸。

张大千传略

黑猿转世

1899年5月10日（乙亥年四月初一），张大千（名正权，又名权，后改名爰，号季爰）出生于四川内江县安良里象鼻嘴堰塘湾。父名张忠发（字怀忠），母名曾友贞。张忠发是个老实巴交的"下力人"，曾友贞则是心灵手巧的民间剪纸艺人。

关于张大千的出生，流传着一个颇具神话色彩的"黑猿转世"的故事。台湾已故名记者谢家孝曾当面向大千先生求证过这个传说，大千先生笑着点点头说：

是有这件事，但说起来未免迷信。中国人的事，我们总免不了有征兆附会之说。那是先母曾太夫人在怀我即将临盆的日子，有天晚上梦见一长者，捧一圆形的大铜锣，铜锣闪闪有光，长者双手把捧着的铜锣递给我母亲说，这是给你的。因闪光耀眼，家母看不清楚，只知道铜锣上有黑色的一堆东西，家母请问何物？长者回答是黑猿。家母此时才看清果然是一黑猿，蜷伏在铜锣中心，驯静，两只眼闪光注视家母。长者并叮咛说，要小心照顾黑猿，说猿有两忌，怕月亮，怕荤腥……家母惊醒后，记忆清晰，即

张大千之父张忠发

张大千之母曾友贞

对家父谈起,我们一家人都知道这个梦,不久就生了我,家人戚友都说我是黑猿转世,这并不奇怪,反正是梦兆之说……

这个故事,当年我在上海拜曾农髯先生门下时,家父讲给曾师听过,曾师即为我题名为蝯……又为我取号季爱(爰为古写的猿,汉朝时再变为蝯),因为我虽然排行第八,但因三个哥哥早故,活着的我应该排第四,伯仲叔季,因号季爰。(见谢家孝:《张大千的世界》)

张大千的这段回答,把"黑猿转世"的传说,以及早年曾农髯老师为他改名的来历交代得一清二楚,不用笔者多费口舌了。

一十习艺

张大千的母亲曾友贞,是乡里小有名气的民间艺人,她能画善剪，人称"张画花"。由于母亲的熏陶，张氏兄姐几乎都能画几笔。大千有三个哥哥、一个姐姐。二哥张善子比他大十七岁，早年从政，加入同盟会，从事推翻清朝帝制的活动；三哥张丽诚，经商；四哥张文修，教书。只有姐姐张琼枝经常陪他玩耍、教他画画。据张大千回忆："我记不得什么时候开始学画，人家说我九岁业绘事。由于先母能画、兄弟们都会画，尤以家姐琼枝得益慈教甚多，她画得最好的是花卉，我小的时候多由大姐教导。"可惜这位姐姐在他十二岁时，因病误服药物而亡，张大千即被送入天主教福音堂教会学校读书，因他家是信奉天主教的。

张大千自幼随姐从母学会绘画，但父母并不希望他学画，更不希望他以画为业。原因很简单，画画没有出息，要守穷一辈子。所以当他中学毕业，赴上海并表示要学书画时，家里不同意，只得听从父兄的意见，第二年到日本京都公平学校去学染织。这一年他

四哥张文修（左）与三哥张丽诚

十九岁。(见谢家孝:《张大千的世界》)

有人问他学染织是否在色彩原理方面对绘画有影响?他的回答是:"完全不相干,学染织我学得很好,但是后来一点儿也未用上,我自己开玩笑说,绸不染了,我要染纸。"

张大千在日本学了两年染织,回国后并未从事染织,而是决心当一名画家。

二十游学

张大千决心要当一名画家,但是拜的老师,却是清末民初寓居上海的书坛名家,一位是李瑞清,另一位是曾熙。学的是书法,而不是绘画。

李瑞清,字仲麟,别号梅庵,又叫清道人,江西临川人。他曾任前清江苏提学使(相当于江苏省教育局局长),在南京创办了两江师范学堂(民国后改为东南大学、中央大学,1949年后又改为南京师范学院)。李瑞清任校长期间,开设美术劳作课,开了现代美术教育的先河。李瑞清在清朝做过大官,为官清廉刚正,在学术界有很高的地位,唯性格固执,坚守忠君观念。辛亥革命后,他一直以清遗民自居,头上的辫子不肯剪,盘在头上做道装,自号清道人(清既是瑞清之清,又是清朝之清,一字双关),写字也爱题"清道人"。后人为了纪念他在现代艺术教育的功绩,在他创办的学堂内建造了梅庵。

曾熙,字子缉,别号农髯,湖南衡阳人。出身贫寒,事母至孝,人称"曾孝子"。他是清道人科举场上的旧识,又是艺林中的至交好友。1915年,曾李重逢于上海。此时清道人已在上海当寓公,鬻书为生,享有写魏碑(北宗)的盛名,他劝曾农髯留下来当

"同行",同耕砚田。在清道人的劝说下,曾农髯携家眷来到上海,清道人亲自为曾农髯书写了鬻书润例,还把他介绍给蛰居上海的前清遗老和胜国耆旧,一起参加诗文书画雅集。在清道人的引荐下,曾农髯的声名日盛。

张大千拜曾、李为师学习书法。怎么学?据张大千回忆:"拜老师后,经常去侍候老师,静听老师与朋友们谈书论画,就等于在授课。从来不敢插嘴接腔,每月把自己写的字送到老师家里,由于学生多,课业都堆在那里,老师也未见得有时间批阅。"由此可见,张大千拜师,主要是听老师与朋友谈诗论画,至于学书,只凭眼观心领了。张大千早期受清道人的影响更大,画作中的题款多学清道人,学得形神毕肖,可以乱真。

20世纪20年代的张大千,在上海游学的范围,除曾、李两师及诸前辈外,他还结交了一批同龄友好,其中有江南才子谢玉岑,画家郑曼青,宁波名门望族李祖韩、李秋君等等。

三十而立

1925年,对张大千来说是关键性的一年,是他走上"闲写青山卖"的职业画家生涯的一年。从这一年起,他就要凭借着手中的这支笔闯荡江湖,开辟新天地了。

可是在上海滩卖画,又谈何容易?

按照惯例,他在《申报》上登了一则《张季爰卖画》启事,这则启事很可能出自他的老师曾农髯的手笔,启曰:

> 幼研六法,不敢自为有得。顾人多不厌拙笔秃墨而追呼,有若逋负不有。定例取予,不无苑枯。自今以始,欲得爰画,各请如直润格,存上海派克路益寿里佛记书局及

各大书店。

早年张大千卖画的润例定得不高,订购者却不多。原因是二三十年代的上海书画市场是一个海派市场,换一句话来说是海派画家的作品占领了艺术市场。当时老一代海派画家任伯年、虚谷、赵子谦、吴昌硕、王一亭等已相继故去,但人去画在,依然占领市场;而新一代海派画家"三吴一冯"又已崛起。关于"三吴一冯",古稀之年的张大千在《吴子深先生画谱跋》中这样回忆道:

> 四十年来,海上艺林,莫不羡称"三吴一冯",盖谓毗陵冯超然,石门吴待秋,吴郡吴子深、吴湖帆四先生也。超然擅长人物仕女山水,兼宗湘碧耕烟;待秋专攻麓台;湖帆宗尚思翁,上追痴迂;而子深先生则致力思翁、湘碧、溯源董巨。

由此看来,"三吴一冯"基本上走的是四王吴恽及董其昌、倪云林等传统文人画的路数。在当初的"三吴一冯"看来,张大千从石涛入手,是"野狐禅"。更何况市场如战场,竞争很激烈,他们自然不把这个"外来和尚"放在眼里,本能地采取排挤的态度。

基于以上形势,张大千就把目光投向了北方,想从北京、天津这两个大都市打开局面。北方两大重镇,第一个目标是北京。

提起北京,早在1924年春,张善子曾奉北洋政府之调入京,任总统府咨议。张大千随兄北游,下榻在二哥的老友——花鸟画家汪慎生的家中。在汪府,他小试牛刀,仿金冬心、八大、石涛、浙江扇面四帧绘赠汪慎生,遂与汪定交。当时的北平画坛,浙江籍书画家占相当势力,"湖社"社长金拱北、副社长周养庵都是浙江人氏。周养庵名肇祥,号退翁,诗书画皆精,且富收藏,他又是中国画学研究会会长,对会务极其热心。由汪慎生引荐,浙人周养庵结识了蜀客张大千,并从汪口中领略了张氏的造诣。周自然要尽地主之谊，就以中国画学研究会会长的名义在中山公园来今雨轩，将张大千介绍给学会画家及北平名流，其中有金拱北、陈半丁、王梦白、徐燕孙、于非闇等人，使张氏初窥北平画坛阵容。

1929年，张大千进入而立之年。这一年他被聘为全国美展干事会员，与负责美展的叶恭绰、徐悲鸿交上了朋友。他在画界的地位，得到了官方美术团体的初步认可，尽管是一个美展小小干事会员，职微位轻，但对于初出茅庐的张大千来说，也是一种荣誉。第二届全国美展时，他由干事升格为审查委员。

1929年农历四月初一，是张大千三十岁的生日。古人有"三十而立"之说，为了庆贺这个具有人生转折意义的生日，他在一张六尺宣纸上，绘制了一幅配景自画像，画中人双目炯炯，黑髯连腮，身穿长袍，双手合抱，站在一棵苍虬如伞的大松树下。绘毕遂遍征耆宿名家题咏，诸如杨度、陈散原、黄宾虹、谢无量、方地山、谭延闿、溥叔明、日本诗人井上灵山等三十余人。事后，他又将这些名家题咏，集成《张大千己巳自写小像题咏册》，在上海影印出版，由黄宾虹作序。这本题咏册就是张大千三十而立、一登龙门的记录。从此以后，他也开了常画自画像（尤其是生日肖像）的先河。据笔者所见，他的自画像不少于百幅。但最出名的一幅自画像，却是这幅己巳自写小像。

30年代的张大千，没有躺在名家题咏的册子上吃老本，而是百尺竿头，更进一步。由师古人到师造化，游历名山大川，三上黄山，两攀华山，游雁荡胜境，观桂林山水，剑门、峨眉、青城山水都成了他笔下的粉本。他在京津两地连年举办画展，并取得成功，与他师造化，不断从自然山水中汲取营养，变换新的题材，有很大关系。

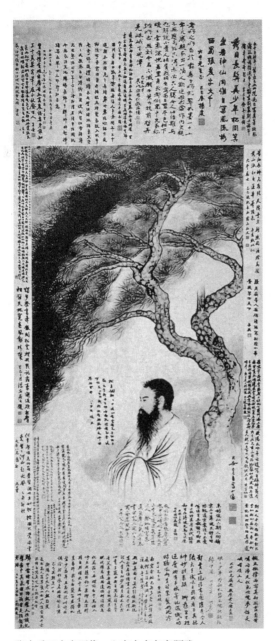

张大千三十自画像，上有众多名家题跋

四十大成

　　如果说，20世纪二三十年代的张大千，在师古人方面，是从石涛入手，旁及八大山人、石豀、渐江、张大风、梅清等一批明遗民画家的话，那么到了40年代，他已由董其昌上溯宋元，直追五代的董源、巨然；在人物画方面，他则由任伯年、陈洪绶、唐寅、仇实甫、张大风上追唐五代乃至北魏壁画。可以说，40年代的张大千，无论山水、人物、花鸟，在学习古人的传统技法方面已经初集大成了，在传统题材的创作上，似臻于高峰。

　　一个重要因素是收藏日富，尤其是购藏五代、宋元的名迹日富，这对他师古人、观真迹来说，是十分重要的。

　　张大千的收藏起步于20世纪20年代中期，最初是与他的二哥张善子一起收藏的，合用大风堂堂名。关于大风堂的来历，据说早年张氏家中收藏了明朝画家张风的一幅《上元老人空山独步图》。"张风，上元人，字大风，号升州道士，喜书'真香空佛'四字而不名。崇祯诸生。甲申后，遂焚帖括衣短后佩蒯缑，走北都，出卢龙、上谷、昌平、天寿之山。大风固善画，至是益工。说者谓大风不特山水称妙，人物、花草亦恬静闲适，神韵悠然，无一毫妩媚习气"（见《明画录》《国朝画征录》等）。张大风之画传世不多，品位又较高，于是张氏兄弟遂以同宗前贤之字为堂名。大风堂的早期收藏以明末遗民画家石涛、石豀为主。1930年，上海烂漫出版社就影印过三本大风堂藏大涤子山水册子。前言有云："大风堂主人张善子及其弟大千雅富收藏，尤好石涛，搜罗不遗余力……"由此可见，大风堂的早期收藏是张氏兄弟共同经营的。

　　30年代中后期后，张大千在北平频频举办画展，声名日隆，经济上也站稳了脚跟，收藏日多，1941年张善子病逝后，为大风堂增添藏品的任务全部落到了他的头上。他曾请永嘉篆刻名家方介堪特为他收藏的明末四僧和石涛书画刻了两方收藏印，一方是长条朱文印"大风堂渐江髡残雪箇苦瓜墨缘"，另一方则是朱文方印"大千居士供养百石之一"。翻阅一下1943年底他命门人整理出版的《大风堂书画录》，可以查证三四十年代张大千在收藏、临仿、研究，也就是师古人方面所走过的足迹。

大风堂藏品的鼎盛期，当推40年代的中后期，他频频往返于成都、北平、上海之间。一手伸向北平，收藏从长春散出的故宫珍品；一手伸向上海，举办画展、积蓄调集资金。这段时间，他先后收到五代宋元名迹数十件之多，其中最为著名的有五代董源的《江堤晚景》《夏日待渡图》《潇湘图》，巨然的《洞浦遥山》；人物巨幅有顾闳中的《韩熙载夜宴图》。这些收藏成了他从明清向宋元乃至五代、晚唐传统笔墨追踪的重要依据，也是他能在传统绘画上集大成的重要因素。

40年代的张大千在传统绘画上集大成的另一个重要因素是，他能以唐僧西天取经的精神，远赴敦煌，在莫高窟、西千佛洞及西安的万佛峡等处，面壁两年多，进行调查、研究及临摹工作，使他能上窥北宋、隋唐至北魏的画迹。对北魏隋唐的人物、山水及佛教画研摹有新的收获，因而对中国传统绘画也有更连贯完整的体认。

敦煌之行，刷新了张大千人物画的面貌。佛教艺术形象全是天上和人间人物，敦煌的历代供养人和经变佛教故事中的社会生活形象，使他从古人画稿程式的造型中解放了出来，不仅突破了原有的人物技法水平，而且开创了古装人物画面向现实、反映时代风貌的画法，大西北的风土人情，为他的人物画创作提供了新的题材，西藏人的生活习俗和舞姿也进入了他的粉本，诸如这段时期创作的

张大千在莫高窟临摹

《掣厖图》《醉舞图》就是明证。

　　1938—1949年是张大千创作传统山水画的鼎盛时期。鼎盛期的取得，除了上面提到的收藏日富和礼拜敦煌壁画两大原因外，另外还有两个重要原因，一是这段时期正是他的壮年时期，年富力强，精力充沛，创作力旺盛；二是抗战时期，他除了在青城山潜心创作外，就是面壁莫高窟临摹，一句话，有相对静心读书、创作、临摹的环境。这个环境在抗战中，一般画家是很难做到的。抗日战争胜利后，张大千重新出川，先后在上海办了三次画展：第一次是1946年在大新公司七楼，展品主要是敦煌壁画临摹；第二次是1947年5月，在成都路中国画苑，展品82件，另附六件敦煌壁画；第三次是1948年5月，也是在成都路中国画苑，展品99件，大多是工笔重彩。据糜耕云回忆：这些工笔重彩，"精彩夺目"，鉴赏家和同行们无不叹为观止。订购的红条贴得满堂红，还有预约复画的。有九件是非卖品，尤为精湛，允称杰作，也被当时的富豪重金购去……

　　上海是张大千艺术的发祥地，他在这里拜师学艺，又在这里结交了不少艺友，从中汲取了不少艺术营养。当然上海也是旧中国的文化艺术的中心，在这里集居了一大批精英，张大千作为一名出夔门、闯江湖的蜀客画家，经过了二十余年的艰苦奋斗，辛勤笔耕，终于由北返南，在上海打开了局面，赢得了国画界同行的首肯和好评。

五十去国

　　1948年5月9日（阴历四月初一），是张大千的五十寿辰（实足四十九岁，中国人做九不做十）。这一年的五十大寿他接连过了两次。第一次在成都，家人和大风堂同门为他拜寿，学生巢章甫特地赶写了《大千居士》一文，作为祝寿的寿词。

第二次五十大寿是在上海过的，上海大风堂的学生，为了取悦张老师，有意选择了其红粉知己李秋君的五十生日之时，约他来沪举办画展。画展前，为两人合做五十大寿。上海篆刻家陈巨来特意刻了"千秋百岁"一方闲章，以纪念这次庆寿活动。关于李秋君与张大千的恋情，张大千从来不回避，有时还要讲几个故事，以供小报记者在报刊上增添花边新闻。

张大千步入知命之年，正值解放战争三大战役接近尾声之时。蒋家王朝濒临崩溃，大批国民党军队节节败退，值此改朝换代之际，张大千也遇到了一个去国离乡，还是留在大陆的问题。去，还是留？这是一个决定他后半生的关键问题，思虑再三他还是决定选择前者。

1949年12月上旬，张大千离开大陆，飞抵台湾，开始了他长达三十多年的海外流浪生涯。离大陆后的第一个问题，是在哪里安家？台湾是他的第一站，但思之再三，不行。一是台湾是一个小岛，而且是一个孤岛，中国人民解放军既能赶走蒋介石，解放全中国，当然也有可能解放台湾，因此政治上有风险。二是台湾不仅面积小，20世纪50年代初期，在经济上也很落后，卖画比较困难。鉴于以上两个原因，他没有在台湾（包括香港）落脚。港台不能安家，他暂时选择了印度落脚，一是在驻印"大使"罗家伦的帮助下，印度政府邀请他赴阿坚塔考察印度壁画，比较中、印佛教壁画的异同；二是大吉岭的深山老林，类似于青城山，可以摒绝应酬干扰，静心作画。因此他在印度大吉岭生活了将近两年。应该说，在大吉岭的两年，是他作诗作画最用功的两年，诗画佳作迭出，困境、逆境出佳作，诗穷而工，画也不例外。用他自己的话来说：

"在大吉岭时期,是我画多诗多、工作精神最旺盛的阶段,目力当时最佳,绘的也多精细工笔。"

1951年中印建交,张大千由印度回到香港,准备迁移南美阿根廷。移居南美需要一大笔资金,钱从何来?当时港台经济正待恢复,艺术市场尚不景气,怎么办?只得出让藏品,或向友人抵押藏品。出让藏品中最著名的是,五代顾闳中的《韩熙载夜宴图》、董源的《潇湘图》,以及宋人册页。

张大千出让藏品,目的虽说是筹措资金,但由于这三件藏品是国宝级的珍品,太珍贵了,当年他为了收藏这三件名迹,曾花了准备在北平购置一所王府巨金(五百两黄金)的代价。因此在选择买主上,他希望由博物馆来收购。1951年8月,他离开印度后,曾赴台湾地区旅游。旅游时,随身携带《韩熙载夜宴图》《潇湘图》及黄山谷的《张大同手卷》,在台北友人中展示,此举的动机是投石问路,希望能引起台北故宫博物院的注意。也许是台北故宫博物院藏历代名迹较多,也许是建院之初,经费奇缺,没有收藏资金。因此该院主任庄慕陵在接待张大千参观北沟博物院时,只字未提收藏张大千藏品之事(当然也有可能庄慕陵根本不知道张大千意欲出让之事)。

台北故宫博物院出于经费上的问题,没有或失去了收藏三件名迹的机会,张大千选择的第二个买主是美国。据美术史论家陈传席在《张大千出让名画给大陆的真实内幕》一文的记载,他在美国萨斯大学任职期间从纳尔逊前任馆长席韦克曼口中获悉,当时"张大千一直想把这几张画卖给美国。谁给的钱多,他就卖给谁。他知道我们馆以收藏宋画闻名,就把这几张画送来,开始索价很高,我们准备减些价买下,他也准备减价。但当时朝鲜战争刚结束,中国人在朝鲜与美国人打仗,双方大伤和气,所以美国政府多次下令,拒绝接受中国文化，各地不得收买中国艺术品，所以我们不敢买"。

台北故宫博物院买不起，美国博物馆不敢买，最后他才通过香港友人徐伯郊的关系，将这三幅名迹卖给了台北故宫博物院。有关他如何转让的详情可参阅本书《张大千与叶浅予》一文。

筹款解决了，接着就是选择迁居的地点。阿根廷是他迁居南美的第一站，由于居留权不易解决，又受人欺骗，一年后迁居巴西圣保罗附近。关于他为何要在圣保罗建构八德园，他的老友台静农在《王之一八德园摄影专辑序》中写道：

> 居士长离故国，栖遑海外，谋求一静适地，潜心艺事，以终老焉。至巴西于圣保罗附近，见一盆地，喜其似成都平原，地主为意大利商人，竟购得之，地两百七十亩，膏壤沃野，宜莳花木。于是纠工筑室，掘地为湖，积土为坡陀。遇有佳石异木，虽远数百里必辇致之，树木花果，必故国所有者植之。凡园中一草一木，皆居士指挥工人种之，或既植之犹未安，必移之而后快。盖居士治园如作画，不肯轻易下笔……有笑居士痴而讥其泉石膏肓者，不知此即居士之画稿也。

在巴西八德园，他生活了将近二十年。

六十变法

张大千一生画风多变。有人将他的画风分为三个阶段。第一阶段为1920—1939年（中青年时期），画风表现为清新俊逸；第二阶段为1940—1959年（壮年时期），画风表现为清丽雄浑；第三阶段为1959—1983年（老年时期），泼墨泼彩，雄浑奇丽。（见巴东：《张大千研究》）我同意这种分期。不过严格来说，前两期的画风，基本上仍在古人的传统技法和画风中加减乘除，出入变化。直至形成泼墨泼彩后，才真正跳出传统之不二法门，形成独具个性的张大千风貌。齐白石衰年变法，张大千六十变法。

张大千的泼墨泼彩不是凭空创造，忽发奇想，也不是一泼了之，一蹴而成。而是多次从生活经历中得到感悟，不断从古今中外的画迹、画技、画风中受到启发而成。正如有的论者所言，"张大千是一个渐修得道的和尚，而不是顿悟入道的和尚"（陈定山语）。换言之，他的变法亦是由来已久、水到渠成的。

20世纪60年代初，张大千眼睛有病，应香港老友高岭梅之约，采用口授笔录的方式编写了一部画谱式的《张大千的画》，分门别类介绍了中国画的各种技法，开篇中提纲挈领写了《画说》，阐明了他对中国画的总体认识。其中有一长段谈到了中西画的异同和东西方艺术的交融，谈得十分精辟："一个人能将西画长处融化到中国画里来，看起来完全是国画的神韵，不留丝毫西画的外貌，这定要有绝顶的天才同非常勤苦的用功才能有此成就，稍一不慎，便入魔道。"他又说："在我想象中，作画根本无中西之分，初学如此，到最后达到的最高的境界也是如此。"他的这些艺术见解，可否理解为他尝试变法，将中西画融会贯通的思想基础，如果可以这样理解的话，那么正是这样的思想基础，才引发他的六十变法，引发彩墨纷呈，团块点线交融一片，"看起来完全是国画的神韵"的泼墨泼彩呢？下面试从远因、近因、直接原因等几个方面来申述他的变法由来。

远因有二，一是生活经历中的感悟，40年代中期，张大千坐飞机从重庆飞往成都，适遇日本飞机侵袭、领航员改变航道，飞往雅安空中避难，就在改道途中，他看到了常人难得一见的峨眉三顶，他对谢家孝口述道："我一听到飞往雅安空中，心里就想能够飞往峨眉山绕一圈多好……正在冥想,飞机果然从峨眉山绕过,正值天气晴朗,三顶历历在目,启发我无尽的画意……他(指机师)又飞绕峨眉三顶,因此我对峨眉三顶的印象很深。"

在中国传统绘画中,虽说古人也有登高鸟瞰、俯视取景一法,但是像张大千这样坐在飞机上移动俯视,如此开阔的视觉经验是不可能有的。坐在飞机上俯视,山水云雾连成一片,山脉、河流、房舍、道路恰似大块面中的许多小摆设、小点缀。这种视觉观感启示了他用泼墨大笔来作画的兴致。据张大千的早期学生刘力上回忆,张氏回到成都后,就以俯瞰的视角画了一幅《峨眉三顶》,送给了川剧老艺友周企何。尔后又多次以泼墨俯视法忆写《峨眉三顶》。这是他较早地采用大块面的泼墨笔法来写山水,可视为他变法的前奏。

远因之二,是从传统绘画尤其是王洽泼墨、米氏山水得到的启发。有人在论及他的泼墨泼彩的成因时,认为他是受西方现代艺术的影响。换言之,他的泼墨泼彩来自西画。对此,台北故宫博物院的徐复观曾当面咨询张大千。他的回答是:"我并不是趁现代抽象的热闹,而只是画唐代王洽已经画过的泼墨。把墨泼下去,再用焦笔加以勾勒,使其得到无象之象。不过,我更在画面上以工笔画上庐舍草木,使它接上中国的意境。"(《与张大千先生两席谈》)

1968年,他在《雨山》泼墨山水上也这样题道:

> 元章(米芾)衍王洽泼墨为落茄,遂开云山一脉。房山方壶踵之,以成定格,明清六百年来未有越其藩篱者。良可叹息。予初创意为此,虽复未能远迈元章,亦当抗手玄宰(董其昌)。(《张大千书画集》)

这段回答和题跋,可视为张氏创泼墨法的远因之二。

20世纪五六十年代,欧美画坛盛行"抽象表现主义"及"行动绘画",它们的绘画特色在于大力挥洒颜料于画布上,表现出一种力动感。由这种自动画法，慢慢衍生成一种让水分与颜料自动地在画面上流动、洇染、沉积而造成特殊的视觉效果，则称之为"区域绘画"，当时在欧美画坛上，这些都是最常见的风格表现。而这段时期正是张大千侨居巴西圣保罗期间。圣保罗是巴西最繁华的城市，也是文化中心，从50年代开始，每隔两年举办一次绘画双产展，邀约世界绘画名家展出，张氏多少有机会接触到此类绘画。更何况当年张氏经常往返于欧美之间举办画展，观摩机会也不少。在这种环境和氛围中，硬要说张大千一点儿也不受西画的影响是说不过去的。（详见巴东：《张大千研究》）笔者同意巴东先生的论述。西方现代艺术，尤其是"自动性绘画""区域绘画"等技法，无疑对张氏的泼墨泼彩产生过影响。这些影响可以视为张氏变法的近因之一。

近因之二是1956年他赴巴黎举办画展，其间巧遇毕加索，他与毕加索的会晤影响不小。这次会晤，张氏耳濡目染了毕加索在西方艺坛上的权威和影响，亲眼看到了毕加索虚心好学及不断创新的治艺精神。有人称他与毕加索的会晤，是"艺术界的高峰会议"；有人还认为，"这次历史性的会晤，显示出中西美术界有相互影响、调和的可能"（见高居翰：《张大千首届纽约卷轴画展简介》）。

以上是张氏变法的远因和近因，除了这两方面的原因外，我认为还有一个较重要的因素，这就是目疾的出现，它加快了张大千搞泼墨泼彩的速度和决心，正像黄宾虹晚年的"黑宾虹"一样，如果晚年不失明，恐怕"黑宾虹"就不一定是这个样子。

张大千目疾四年，遵医嘱不能作画，但有时不免技痒，技痒时就在斗方册页上乱涂瞎画，最有代表性的病目期间画的两部绘赠郭有守的《大千狂涂》册页，现藏台北历史博物馆。册页尺幅不大。多为减笔人物和泼墨山水。减笔人物如罗汉、林下高士、自画像，真可谓逸笔草草，大有南宋梁风子《太白行吟图》《破墨仙人图》的意趣。至于几帧泼墨山水如《黑山白水》《湘潭招山》等，更可看作后期大泼墨的牛刀小试。因此笔者认为，张大千的四年目疾，加速了他的泼墨泼彩画风的出现。

张大千的第一幅泼墨作品创作于1960年，病目初愈，画题是他画得最多，也是最精彩的花卉——墨荷，这幅墨荷是六尺通屏荷花，较之1945年在成都画的四尺通屏还要大。在表现手法上亦与前不同：前者为破墨，后者为泼墨；前者是平面，后者为俯视。其后，《青城山通景》《横贯公路》都是泼墨山水的巨构。

至于泼彩，应该说是他泼墨的顺理成章的演变。对此张大千也有一番阐述："还有一种新的尝试，一般用青绿，都是填上去的。我因为受到常州孟丽堂（觐乙）画花卉用青绿的启发，便在泼墨未干之时，也把青绿泼下，这是把墨和青绿融合在一起来使用。三十年前，陈定山先生便劝我变，但变是要出于自然。在巴西有一次看'阵头雨'，忽有所省悟，便画了一幅《山园骤雨图》，得到彼间艺术沙龙的推重，所以便发展为最近创作的方向。"（见徐复观：《与张大千先生两席谈》）

张大千真是一位善编故事的能手，为了验明泼彩出自中国的正身，他又拉出清朝一位鲜为人知的画家孟觐乙来，说是从他"画花卉用青绿的启发"。那么让我们来看看孟觐乙是何许人物。据《中国画家大辞典》记载：

> 孟觐乙，清，阳湖人，流寓桂林，字丽堂，号云溪外史，与宋藕塘同为李氏环碧园上客。善画，早岁工山水，晚年专花鸟。两目失明，犹能摩挲作画，其视朱成碧，以方为圆，全以神行，别饶逸致。

孟丽堂是阳湖人（今常州武进人）。在画史上，他的名头与画迹都不太突出。为什么张大千数泼彩之祖，要数到他的头上呢？据笔者分析，原因有二，一是孟丽堂是一位长期流寓在外乡（桂林）的画家，从身世经历上看，有同病相怜之处；二是孟丽堂晚年双目失明，犹能摩挲作画，其视朱成碧，以方为圆。这一点经历与他当时的处境很近似。至于孟丽堂如何摩挲作画，如何画青绿，谁也没有看见。民间可能有传说，但口说无凭，正好为张大千编故事所用。有趣的是孟丽堂与宋藕塘同为李氏环碧园上客，张大千旅居美国的住所取名环荜庵，很可能就从环碧园（谐音）而来。

徐复观的这段谈话，发表在1968年2月7日，正是张大千的泼彩趋于成熟之际。他所说的1959年画的《山园骤雨图》，正像《峨眉三顶》一样，可以看作泼彩的先兆，但尚未成形。据现存出版的泼彩作品来看，最早成形的泼彩作品是1963年创作的《观瀑图》，从画面上可以看出，色彩的运用尚未流畅明快，他的泼彩作品的成熟期是1967年后，主要的代表作品有《瑞士雪山》《蜀中四天下》《长江万里图》《庐山图》。

七十大化

1968年4月27日（农历四月初一），是张大千的七十寿辰。张氏家人在巴西八德园设宴，为老爷子祝寿。老爷子按照惯例画了一幅自画像，像上题诗道：

七十婆娑老境成，观河真觉负平生。
新来事事都昏聩，只有看山两眼明。

远在台湾地区的老友，为了庆贺他的七十大寿，策划了一份特别礼物，这就是由张氏口述，谢家孝笔录整理的《张大千的世界》赶在张大千生日前出版，"为当代的人杰作祝寿的寿礼"。此书由张群题写书名，张其昀、林语堂作序。

生日过后，为了答谢台湾友人尤其是张群的盛情，张大千费时十天，精心绘制了《长江万里图》，作为对老友张群的八十贺礼。这幅高53.3厘米、长1996厘米的长卷，采用泼彩新法，画长江从都江堰索桥为起点，经重庆、三峡、武汉一直到上海吴淞口为止，气势磅礴，一气呵成，千山万壑，宏伟壮观。

这幅长卷巨构，是张氏变法的力作。作为一份厚礼送给老友，固然说明了张大千重友情、重情义的一面（前一年，张群七十晋八寿辰，他已绘赠了《蜀中四天下》四屏泼彩相赠）；更重要的是，张大千也想通过这两幅变法新作，向台湾画界展示一下他的艺术创作力，台北历史博物馆也分别为这两幅泼彩新作举办了特展，受到了台北画界的好评。应该说，张氏试验新法由泼墨到泼彩，已有多年，至此，他才自诩，能将石绿、石青的泼彩技法运用自如。也可说《长江万里图》是他泼彩的代表作。

20世纪70年代后，他的泼彩题材又由山水转向花卉，转向他一生创作得最多的常画常新的荷花系列，从此张氏的荷花系列中又增添了五彩缤纷的泼彩新荷！

步入古稀之年的张大千，在艺术上确已达到"从心所欲不逾矩"的境界，名扬世界，进入了国际级的中国画大师之列。可是在人生的旅程上，他又面临着新的抉择，三迁其居——1969年由巴西迁居美国加州的"可以居"；1971年又迁加州新宅环荜庵；1976年由美国返台定居。一个古稀老人为何要频频迁居？

自从1953年张大千移居巴西，不惜财力、物力、人力，将八德园建成了一座可以观、可以居、可以游的中国式的庭园，在八德园居住了十六七年，为什么要迁居呢？张氏巴西迁居的直接原因是巴西政府为发展工业，须开水库，园为其冲，不得不放弃。移居之地是美国加州观光小城卡米尔（离旧金山50公里），选择小城的原因是，卡米尔气候宜人，景色幽美，是美国著名的风景区"17英里海岸"，全城宛如一座大花园，适宜于老人居住，故将他的住处定名为可以居；第二个原因是卡米尔离旧金山不远，而旧金山又是华人区，华人多，中国朋友多，他是一个爱热闹、爱朋友的人，在这里居住，不会寂寞；三是美国的医疗发达，适宜于他治病；四是美国是一个移民国家，经济发达，宜于举办画展。鉴于以上四方面的原因，他移居卡米尔的可以居。

可以居实际上是一座新式的洋房，包括四间卧室、一间客厅、一间饭厅、一间书房、一间厨房、三个浴室，两个小花园，对于人口众多的张氏大家庭来说，住是住得下了，但仅此而已。不久，他又在近处觅得另一处较宽敞可以种树木，布置假山园林的庭院住房，即四处绿树成林的环荜庵。较之可以居来说，环荜庵还可以游。对于张大千来说，可以游的环境十分重要，因为这是他创作的源泉和激发他创作灵感的所在。由此他从可以居迁到环荜庵。

1972年11月15日，张大千在友人帮助下，在旧金山砥昂博物馆举办了《张大千四十年回顾展》，展出的作品均是从各处借来的，包括1928—1970年的历年代表作品五十四幅。这是一次迁居美国展示他各个时期画风演变带里程碑式的展览，展期一个月，观众络绎不绝，盛况空前。为配合旧金山的"回顾展"，他又在卡米尔的拉奇美术馆举行了《张大千、张葆萝父子近作联展》，展品可以出售，售画所得，以敷旅美开支。

旅美期间，张大千先后在纽约、芝加哥、波士顿等地举办过展览，又应旧金山版画制作中心之约，完成了两套石版画，还接受了美国加州太平洋大学赠予的荣誉博士学位及洛杉矶政府授予的荣誉市民的称号。可以说张大千在美国为中国艺术家赢得了荣誉。作为一个世界级的艺术家,他时时记得,自己是一个中国人,从未提出过申请加入外国国籍(包括巴西、美国国籍)。

八十归根

1976年初,张氏家属正式向台北当局提出移居台北的申请,意在台北欢度春节。关于移居台北,张大千是经过了反复考虑的,表面上看来是医疗健康,实际上有深因在焉。

在一次《答客问》中,张大千谈了移居的原因:"我住在美国这几年,总觉得身体不舒服,可是一回到台湾,即精神百倍,就没有这里不舒服、那里不爽快的害病感觉,有人说我害的是'思乡病',我从来不否认。"(见谢家孝:《张大千的世界》)在这段话中,张氏透露了一个真谛,即老年思乡病,越老思乡越烈!

自从离乡去国后,思乡是张大千的一块心病,一块魂牵梦绕、日思夜想的心病。如果说20世纪五六十年代的张大千的思乡,更多的是指他的出生之地——四川成都的山山水水,亲朋故友的话,那么进入古稀之年后,张大千的思乡观念扩大了,由乡土之恋扩大为故国之思,这时的乡,不仅指出生地了,而是泛指祖国的乡土,自然也包括台北在内。毋庸讳言,在政治立场上,张大千的立场很坚决,是站在国民党台北当局的立场上。但是对于台湾是中国的一部分、台湾是中国领土、台湾人与大陆人是同种同宗的中国人方面,张大千的态度也十分坚决。唯其如此,他在海外流浪漂泊了三十多年后,却依然坚持叶落归根,归到祖国故土。既然台湾是祖国故土的一部分,那么他晚年回到台北定居,也应该视为叶落归根。

1979年摩耶精舍在台北外双溪落成,张大千从美国环荜庵将一块题名为"梅丘"的巨石运来,放置在摩耶精舍园里的最高处。

因为他一生爱梅——视梅花为国花，寓有"归正首丘"之意。他逝世后，张氏家人也遵照他的遗愿，将他的骨灰埋葬在梅丘之下。

张大千病逝于1983年4月2日，享年八十又四。民谚有"七十三，八十四"之说，说这是老年人的两大关口。台北的亲朋好友，为了帮助他闯过八十四大关，早在年初，就紧锣密鼓热热闹闹在历史博物馆为他举办了《张大千书画展》和《庐山图》特展，并破例邀请他参加开幕式（据他自述从不参加自己画展的开幕式），亲友的本意是想为老太爷冲冲喜，可惜未能冲过去，开幕式成了闭幕式，留下了一幅尚未最后完成（包括题名盖章）的精心巨构《庐山图》。

《庐山图》宽1.8米，长10米，是他一生中创作最大的一幅巨画，应日本旅日侨领李海天的"假日旅馆"而作。此画自1981年7月7日动手开笔，到1983年1月20日展出，断断续续整整画了一年半时间。为什么这幅画延续了这么长时间尚未最后完成呢？与此相仿的长卷《长江万里图》却只花了十天时间。年迈体弱多病，精力顶不上，是主要原因，另外一个重要原因是历史传记作家高阳在《摩耶精舍的喜丧》中，揭出的《庐山图》的创作，成了他晚年精神上的一个极大负担。为什么？因为他是一个非常好胜争名的人，八十高龄，拍胸接下这幅巨画本身，就是好胜争名的具体表现。可是"他没有到过庐山，凭想象下笔，既欲写意，又欲神似，两得甚难，两失倒大有可能。而以'似'之一字而言，则虽后生小子，只要到过庐山，便得持其长短，此所以大幅已成，补景本属余事，反倒迟迟不能着笔；即因踌躇复踌躇，始终未得至善之计之故。我相信大千先生在昏迷之际，如偶尔有片时清醒，首先想到的，必是他的艺术生命，从此再无超越的可能；只要这样一转念，生趣顿绝"。

记得张大千旅美期间在答洛杉矶记者问时，曾说过这样一段话："在我所作的每一幅画中，我从来没有达到觉得尽善尽美的程度。我总觉得这幅画还能改进，而我常有改变它的冲动，当一位艺术家对自己的作品感到完全满意的时候，也许就是他死的时候。"

用这段话来验证高阳的推断，可见张大千至死也没有对自己的作品（包括《庐山图》）感到满意。还可从反面推论，也许他想把《庐山图》画得尽善尽美一些，才使得这幅巨构迟迟未得完成！

张大千生前还说过这样一段话：

> 作为一个中国画家，一定要"有名""有年"。有名的话，别人才会珍藏你的作品；无名的话，即使当代有人识货，把你的画挂起来，后人也不会善加珍视……至于有年，如以陈寅恪之兄陈衡恪为例，衡恪字师曾，才气纵横，一出道就光芒四射，所绘画幅格调很高，未来不可限量。可惜天不假年，如流星一闪而逝，终未能成为一代大家，这就是因为他没有"年"。

倘再用这段话来检验一下张大千的话，那么可以说，他是一个做到了"有名""有年"的中国画家了。不，应该说他是一个久负盛名又享大年的中国画大师了！

附一：关于环荜庵的订误

20世纪70年代中期，张大千从巴西迁居美国，在旧金山卡米尔先后居住过两处，一处叫可以居，另一处称环荜庵。可是我在《张大千艺术圈》（增订版）中，根据孟丽堂曾客居过李氏环碧园，推测张氏取环荜庵的来历，并贸然将环荜庵之"荜"改成"碧"，由此环荜庵变成了环碧庵，且一变到底。

美籍华裔读者李顺华先生读了拙著后，来信指出了书中之误，并询问我是否受了台北乐恕人的影响？乐恕人编纂《张大千诗文集》时，妄自篡改环荜庵，故有以讹传讹之失。为了印证其说，他还寄来了张氏书写的环荜庵匾额拓片。拓证面前，"荜"字无疑。友人问大千，"环荜"两字作何解？大千笑着用手指了指居室四周森林道，我这里是蓬门荜户，意谓"穷苦人家"。因为只有穷苦人家才用蓬草和荆条来遮盖门户（这也是蓬门荜户的本义）。当然，张大千说环荜庵是蓬门荜户，自是戏说谦称。他所居住的卡米尔，是美国自然森林保护区，也是旧金山的富人区，一般人不要说住，就是进去，也得掏钱购票。

要感谢李顺华先生，他不仅为我指正了妄改之误，而且向我讲解了环荜庵的来历。

附二：张大千的"正气歌"

卢沟桥事变不久，张大千只身乘车从上海赶到北平，一来是将陷在日占区的家属——三夫人杨宛君及三个儿子接走；二来是把留在北平的一批古代字画藏品运出。他万万没有想到，到了北平后，非但家属、字画不能马上接走运出，连自己也身陷虎穴，受到了日寇的软禁，软硬兼施，差一点成了他们的掌中物或枪下鬼。面对日寇的威胁利诱，张大千据理力争，巧妙应对，始终保持了中国人的民族气节，唱出了一曲正气歌。

据张大千自述，他是1937年7月19日抵达北平，翌年6月10日离开北平，困居北平近一年。在困居北平的日子里，他先后遇到了几起身命（声名）攸关的大事。兹举两件：

第一件是，刚到北平，因在"友人"汤尔和面前数说了他被困颐和园内，亲见亲闻日本兵在园内外的奸淫烧杀罪行（当时不知汤尔和已"落水"，当了汉奸），汤马上向日军当局密报。由此他被"请进"了日宪兵司令部，要他列举各项事实，如果查无实事，后果由他负责。还强调说，此案关系重大，有损日军声誉。面对日寇的威胁恐吓，他毫不畏惧，历数日军的各项罪行。他举出颐和园门口一家卖肉的老板娘被强奸，大有庄米店数人被日本兵用枪打死，还举出一位朋友的太太是日本人，但在逃难时也遭到日本兵的侮辱……说完，他被扣押在宪兵司令部等待发落。一周后，调查属实，日宪兵司令部为笼络人心，胡乱枪毙了三名替死鬼以塞责。汤尔和逢人宣扬张大千"一言杀三士"，说得张大千哭笑不得，最后幸被释放，但不准离开北平，日宪兵还特别强调，将随时"请教"。

第二件发生在1938年4月。日军驻华北司令部总司令寺内寿一大将，为粉饰"大东亚共荣圈"，发起组织"中日艺术会"。他们不经黄宾虹、张大千的同意，硬把黄宾虹、张大千列为发起人，在报上公布，造成既成事实，张大千、黄宾虹徒唤奈何，又不能发表声明。未几，日军当局又强逼张大千出任北平艺术专科学校校长，对此，张大千再也不能沉默，坚辞不就。

与此前后，日军获悉张大千收藏甚富，尤以石涛、八大作品为夥，多次扬言要他将这批文物捐献给日伪组织，并以颐和园养心殿作"张大千藏画及作品陈列馆"为诱饵。张大千佯装允诺，暗思脱身之计。他以藏画均在上海为借口，要求去上海取画，其实他的二十四箱古字画藏品，当时皆藏在北平的德国友人海斯乐波处。几经交涉，日本人相信了他的话，但是只同意他的夫人杨宛君去取画。杨宛君率三子离平赴沪，张大千关照夫人，去沪后等他南下，不可回平。

杨宛君赴沪不久，张大千收到温州友人篆刻名家方介堪从上海寄来的询问近况信函，信中夹有北平《兴中报》刊登的"张大千因侮辱皇军，已被枪毙"消息的剪报。张大千以此为由，天天找日军文化机构的联络官原田隆一，要求回沪开画展公开辟谣，未准。

事有蹊跷，恰在此时，张大千在上海的得意门生胡若思听信流言，借机伪造张大千画作一百幅，在上海法租界举办《张大千遗作展》，展品被抢购一空。张大千闻讯，再次找原田隆一，提出必须即刻赴沪澄清谣言。原田隆一无法推诿，勉强同意给他开离平通行证，限期一个月回平。6月10日，张大千辞别亲友学生，只身离平赴津，在塘沽港搭乘"盛京"客轮赴沪。船上巧与"船王"董浩云同行。抵沪后，张大千下榻法租界红粉知己李秋君家，与杨宛君及三子悄悄会面。7月中旬，经李祖韩、李秋君兄妹相助，办妥了张氏一家五口赴香港的证件，北平海斯乐波也将张大千寄存的二十四箱字画安全运到上海法租界。月底，张氏全家乘坐法国邮轮费力斯·罗索号赴港，逃出虎口。

在不少人的心目中，张大千是一位远离政治、远离现实、游戏笔墨、游戏人生、神往桃花源、长住象牙塔里的艺术家。殊不知在国家危难、民族存亡之际，他也曾是一位富有民族骨气的爱国志士，威武不能屈，富贵不能淫，以实际行动谱写了一曲正气歌！

张大千的拜师

我最初知道近代书法家清道人李瑞清这个名字，是从北京一位老画家口中听到的。20世纪80年代初，我对张大千的书画艺术发生了兴趣，而这位年过花甲的老画家又恰是张大千30年代初期的高足。他追随大千先生学画的时间较长，前前后后有十六七年。于是，我成了他家中的常客，交谈中几乎是三句不离张大千。此后，张大千这位带有传奇色彩的艺术家，时常萦回脑际，萌发了研究探索张大千艺术生涯的愿望。

一次，我向这位老画家请教张大千学画的师承关系。他告诉我说，大千先生学画，并没有拜过画坛上的哪位名家。如果要问启蒙老师，那就是大千先生的母亲曾友贞。大千九岁随母学画，但曾友贞只是一位以绘、剪花样为生的民间艺人。大千在上海倒是拜过一位名师，不过也不是画坛名家，而是以卖字为生的职业书法家，姓李，名瑞清，字仲麟，号梅庵，又号梅痴，民国后自号清道人。接着他就给我讲了一段张大千在上海向李瑞清拜师的故事。

那是1919年的事情。二十岁的张正权（此时尚无大千之号）随兄张善子刚从日本学习染织归来，寓居上海。当时他尚是一个未入书画殿堂的艺术爱好者，听说上海有位以鬻书为生的书法家，每天求字的人很多，常常门庭若市。于是好奇地前往李府观看。只见一位身材微胖、身穿道服的老人一手挥笔，一手扶桌，一波三折、一顿一挫地书写着，一篇法书仿佛是在摇桌子中摇了出来。初看这些字写得并不秀逸，似乎有些笨拙。他觉得这样的字就能卖钱，自己也能写出来，回到家里，他提笔一试，可是怎么也学不像，这才发现书中的顿挫法大有功力，并非一蹴而成的，心中暗暗折服，生了拜师学书的念头。但是，李瑞清是书界名流，总要有名人引荐才行。他初到上海，人生地不熟，于是决定毛遂自荐。

一天清晨，他带着自己临摹的一篇习作，来到李府敲门。管家揉着惺忪的双眼，看了看这位客人，心中十分奇怪，忙问："先生尊姓大名，何事相求？"他拱手作揖道："烦管家通报道长，晚生张正权求见。"管家带着他走进李瑞清的书房，只见李瑞清端坐在一张紫木雕花靠背椅上，手扶书案，正在做早课。张正权不等管家介绍，纳头便拜，口称："李老师在上，受晚生一拜。"李瑞清双手扶起，说："不敢当，不敢当，请坐下叙话。"张正权不慌不忙地操着浓重的四川口音报出家门，说明拜师的来意，并呈上自己临写的习作请求指教。李瑞清打开纸卷细细一看，又打量了面前这位弱冠之年就已蓄须的青年，不由得大奇大喜，欣然接纳了这位毛遂自荐的门生；并吩咐管家马上将老友曾熙请来引荐介绍。张正权一举得了曾、李两位老师，曾熙为他取艺名季媛（后改为爰），由此登堂入室，学习书法，鉴赏字画，由书入画，艺事日进。

张爰随李瑞清学书不到一年，李老师就病逝了。李瑞清的人品思想、书画艺道给他留下很深的印象，张大千对老师十分敬重。据说曾、李死后，张大千的画室中始终挂着李瑞清的对联墨迹，即使是侨居海外三十多年也不例外。张大千每次出远门开画展，临行时总要向两位老师辞行，以示不忘师训。李瑞清死后，葬在南京牛首

李瑞清

山,张大千在上海居住时期,每年清明都要去扫墓。

李瑞清(1867—1920),江西临川人。他的原名叫李瑞清,梅庵是他的号,清道人是他的自号。关于其号的由来,有两段趣事逸闻。据说李瑞清年轻时,人品学问均佳,又长得堂堂一表人才。1894年,二十七岁的李瑞清考中进士,并授予翰林院庶吉士,三年后改任江宁提学使,兼两江师范学堂(南京师大的前身)监督(相当于校长)。但是,三十而立的李瑞清却迟迟没有成家。在南京任职期间,其父一位朋友见了他,十分赞赏,主动向他父亲提亲,将自己的大女儿许配给他。可是大女儿过门不到一年就病死了。岳丈慨然将二女儿续嫁给他,二女儿未过门,又得绝症而死去。李瑞清的岳丈执意要将身边最后一个小女儿嫁给他,谁知三女儿过门没几年又夭亡。(参阅《命犯克妻:李梅庵一生孤洁》,台北高拜石《新编古春风楼琐记》第十册,作家出版社2005年版)李瑞清连

曾熙

遭不幸，深受刺激，发誓今生不再娶妻。他将这三位已过门和未过门的姐妹，合葬在一个名叫梅庵的寺院里，还写了一篇情真意切的忆梅庵悼文，并给自己取了一个梅庵的号。

李瑞清为何又自号清道人？他在《鬻书后引》中，有这样一段自白：

> 辛亥秋，瑞清既北鬻书京师，皖湘皆大饥，所得资尽散，以拯饥者。其冬十一月，避乱沪上，改黄冠为道服矣。愿弃人间事，从赤松子游。家中人强留之，莫得去。瑞清三世为官，今闲居，贫至不能给朝暮。家中老弱几五十人，莫肯学辟谷者，尽仰清而食……

从这段自白中，可以看出辛亥革命后，三世为清朝官的李瑞清，感到政治上失去了依托，心中愤懑，才毅然改黄冠为道服，以清王朝遗民自居，甚至想"弃人间事，从赤松子游"。但是现实又不允许他弃家出走，只能隐姓埋名，自号清道人，做一个鬻书为生的假道人。

清道人在上海卖字，家中往来的又多是上海书画界名流，如吴昌硕、王一亭等人，所以他的笔单挂出后，求字者接踵而来，一时声誉鹊起。1917年夏天，发生了两起匪徒向道人敲诈勒索之事。

第一起是，他一连收到两封假借维良会募捐的名义的恐吓信，要他捐款三百，并指定交外商汇丰银行的钞票；如若不交，则生命安全难保。清道人接到后，连复两封信，义正词严，断然拒绝，表现了不畏邪恶的堂堂正气。

不久，清道人又收到一群道号叫涵光、寂和、静虚、养定、葆真、应广等道人的联名信。信中假托道友设立"中国道教会"名义，邀清道人担任发起人，并求助巨款，清道人复信，对这类刮钱道士严加申饬，同时表明自号清道人的原委，以划清界限。

有趣的是，清道人的这两封原信交管家付邮时，管家私自启封，另抄副本寄出，而将原件保存下来。清道人逝世后，这位管家则以善价卖给张大千的十弟张君绶；不久，张君绶投海自杀，原件又转到张大千的手中。此事并非偶然，早在李梅庵任两江师范学堂监督期间，凡是由他署名的布告，总是不胫而走，原来每次都被学堂内一位差役，当夜悄悄撕去，转售出手。上海大收藏家兼山水画家吴湖帆就曾收购到一张署名李梅庵的布告。

李瑞清的书法学的是鼎彝、汉中石门诸刻，刘平国、裴岑、张迁、礼器、郑道昭、爨龙颜的碑刻。关于他学书的经过，他在《鹭书引》中自叙道：

> 瑞清幼习训诂，钻研六书，考览鼎彝，喜其瑰伟。遂习大篆，随笔诘屈，未能婉通。长学两汉碑碣，差解平直。年二十六始习今隶，博综六朝，既乏师承，但凭意拟笔，性沈腿，心与手舞，每临一碑，步趋恐失。桎梏于规矩，

缚绁于毡墨，指爪摧折，忘其疲劳。岁在甲辰（1904），看云黄山，观澜沧海，忽有所悟。未能覃思锐精，以竟所学，每自叹也……

他的书法博综汉魏六朝，上追周秦三代，各体皆备，尤工大篆今隶。他自号北宗，与专学石鼓文、夏承华山、史晨大博、右军大令，尤好鹤铭般若而擅南宗的老友曾熙（农髯），对峙上海书界，时称南曾北李。

张爰在曾、李门下学书，李瑞清开始教授张爰临写汉魏佳拓片、碑板，并嘱咐用双钩，否则，就不知转折的微妙处；继而让张爰集字为联语（集拓、碑中字为书联），向他指出，不如此，就不能懂得整体结构的奥秘，张爰听后顿开茅塞，想起最初偷学李书怎么也学不像，原来是不得要领。张爰天资聪颖，加上勤学苦练，很快就掌握了李书的特点、规律。从张大千早期的画款题字中可以看出，他的字体很像李瑞清，于古拙中见苍劲。他学李瑞清的字，几乎可以乱真。据说李瑞清有个侄子叫李健，善摹李瑞清书。有一天，张爰写了一副书联，开玩笑地对李健说，这是老师未署款的遗墨。李健细细一看，竟分辨不出真假。李瑞清门生很多，但对张爰格外器重，他病重卧床，无法写字时，送来的笔单多由张爰代书。

李瑞清不仅是书法家，而且是书画鉴赏家。他家中收藏了不少书画，尤其收藏石谿、八大、石涛的画，他反对陈陈相因的四王画风，推崇富有独创精神的石涛、八大。他的鉴赏能力、审美观点无疑也影响了青年时代的张大千，难怪张大千学画要以石涛作为自己的起点。清道人也能作画，他的山水法清湘（石涛）、八大山人（朱耷），花卉法恽南田。有人说他"以篆作画，以画作篆，合书画一炉而冶之"。不过他的画多为写书之余的遣兴应酬小品，作的并不多，流传很少。清末民初的国画大师吴昌硕，曾经写了一首《清道人画松歌》，诗中抒写了清道人的书画人品，诗云：

涛声浩浩翻秋空，破壁飞动来真龙。云从龙兮龙化松，时云时雨青濛濛。画此者谁临川李，玉梅花庵清道士。三日无粮饿不死，枯禅直欲参一指。我识其画书之余，鹤铭夭矫龙门癯。笔力所到神吸嘘，有时幻出青芙蓉。卖字我亦笔尖秃，一日仅饱三餐粥。墨饮一升难鼓腹，犹自开口笑向天。羞为阮籍穷途哭，手疲作画输苍然。气象崛疆撑南山，大夫之封乌可攀。参天黛色横斑斓。

吴昌硕与李梅庵是同时代的两位清末遗民。他们对辛亥革命都持反对态度。这从诗中末尾借松来歌颂李梅庵效忠清王朝的点题可以看出。李梅庵在政治上虽然赶不上时代潮流，但是在书法艺术上却能独树一帜。他任职两江师范学堂期间，敢于在学堂第一次开设图画、手工课程，为国内培养了一批美术教育人才，这也是在近代美术教育史上的首创。因此，对于这样一位在新旧交替时代的书画艺术家，我们不必苛求，应该在中国近代艺术教育史上给予他一席地位。

附：关于张大千拜师

张大千在上海拜师学书，究竟是先拜李瑞清，抑或曾熙？我在上文中，是取张大千早期的门生刘力上之说，先找李瑞清，拜师时恰值曾熙也在座，曾、李是好友，所以同时也拜曾为师。

后读谢家孝所著《张大千的世界》一文，书中有"曾李二师"一章，章中以张大千自述口吻说，他是先拜曾熙、后拜李瑞清为师。

事隔数年后，上海的谷苇在香港《文汇报》上撰写的《张大千拜师》，文中较详细地披露了张大千拜师的过程，认为他是通过书

家朱复戡的介绍而先拜曾熙为师的,并在"小有天"备了两桌酒,举行了拜师礼。文中写道:

> 拜师之日,来了不少客人。李梅庵、商笙伯、姚云琴、熊松泉等一班与曾熙同属"海上题襟馆"书画会的同人……既是拜师,免不了"行礼如仪",桌上红烛高烧,地下红毡一叠。张大千请曾熙上座,屈膝跪下,恭恭敬敬地行了三叩首的拜师大礼。
>
> 嗣后,张大千从曾熙请益书法,不久并从李梅庵习字,因而书艺大进。

由此看来,同是张大千口述,刘力上所闻与谢家孝所记就有差异;而谷苇所记,又是从朱复戡口中传出。那么,究竟何者为是?

日后,笔者从上海烂漫社出版的《大风堂藏画·大涤子山水册子之一》的封三上,读到了1924年春,曾农髯为张大千鬻书画而写的一篇例言,这篇例言写得较早,距张大千拜师才四年多,其中有一段记载了张大千拜师的过程,尽管比较简略,但可以澄清前面出现的疑问。这篇例言题为《季蝯书画例言》,文中记道:

> 张蝯,字季蝯,内江人,生之夕,其母梦黑猿坐膝下,觉而生季,因名蝯,字季蝯。季性喜佛,故曰大千居士……季入学校数岁,谓科学少生人之趣,不足学,遂东渡,与日本名宿参论中国画理;又以日人新旧烦杂,不足学,归游名山,日与僧人言禅学。一日,执贽就髯席,请曰:愿学书。髯曰:海上以道人为三代两汉六朝书,皆各守其法,髯好下己意,不足学。因携季见道人,道人好奇,见季年二十余,其长髯且过髯,与语更异之。由此,季为髯书,复为道人书,人多不能辨……

从曾农髯的这段记述中,可见张大千先拜曾农髯学书是实情,但曾农髯出于对清道人的尊重,没有单独收弟子,而是"因携季见道人,道人好奇,见季年二十余,其长髯且过髯(翁),与语更异之"。因此,曾、李两人同时接纳张大千为弟子。

  由此可见,刘力上早年听张大千自述同时拜曾、李为师,并非谬言,不过拜师的先后有出入,该是先曾后李,而不是先李后曾。

张大千丁巳（1917）拜师新证

张大千何年何地拜师？所拜何师？这两个问题，张氏早年曾与门人亲友闲谈过，谈得较多的是曾熙、李瑞清两位老师的传说故事，但没有提及拜师时间。直到1968年，《台北中国时报》前身《征信新闻报》记者谢家孝专访张大千，张氏在谈到曾、李二师时，隐约其词地说："我十七岁即离开四川老家赴上海，当时我二家兄在上海，我去上海见见世面，私心也就想留在上海学书画，可是家里不同意，第二年就遵从父兄的意思，到日本京都去学染织。"又说他是从日本回到上海后，才拜曾、李二师学字的。至于何年去日本，何年回国拜师？谢家孝在张大千先生年谱中，才有明确的记载。1917年赴日学习染织，1919年由日本回上海拜师，先曾后李。（见《张大千的世界》附二：张大千先生年谱。《征信新闻报》1968年五月初版）不久，张氏在《四十年回顾展自序》中，也有了文字记述：

> 年十七，出峡渡海，学染织于日本西京，绘事遂辍。二十岁归国居上海，受业于衡阳曾夫子农髯，临川李夫子梅庵，学三代两汉金石文字，六朝三唐碑刻。

这篇自序，写于1972年。可以说，谢家孝编的年谱，张大千

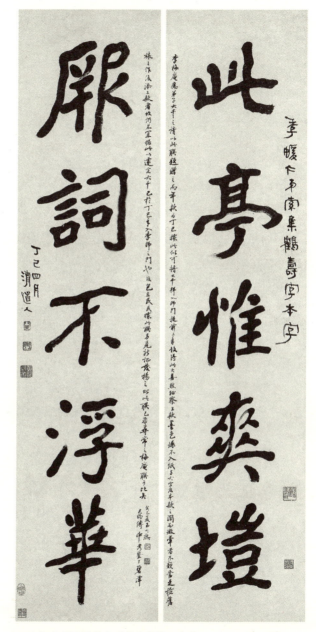

1917年李瑞清赠张大千集瘗鹤铭五言联

的自序，当是海内外诸多编著张大千年谱及年表的依据。[1]由此张氏拜师年代，遂定在己未（1919）年，拜师地点在上海，所拜老师是书坛名家曾熙、李瑞清。就此成了约定俗成的共识，很少有人提出怀疑。

疑点出在2010年四五月间，台北历史博物馆举办《张大千的老师——曾熙、李瑞清书画特展》，其中有一件藏品，是李瑞清丁巳四月书赠张氏的五言联，联曰："此亭惟爽垲，厥词不浮华。"

上款是"季爰仁弟索集鹤寿字本字"，下款为"丁巳四月清道人"。据傅申先生鉴定，这件藏品必真无疑。而提出张氏丁巳拜师年代疑问的，也正是傅申先生。他在"特展"图录专文《曾熙、李瑞清与门生张大千》中说："当笔者初见此联，就开始重新审查大千拜入李氏门下的确实年代，以为也许可以从此联的上款及李氏年款来大幅改写大家认知的年份。"傅申先生在文中花了很多笔墨，多方辨正，最后终因丁巳拜师孤证无援，及与张氏留日回国时间相扞格无功而返。

傅申先生的疑点却引出了我的探索兴趣，终于在曾熙之曾孙曾迎三先生提供的《曾农髯年谱长编》初稿中，发现了两条我以往多次过目，却又轻易放过的丁巳拜师的证词。一条是甲子1924年间，曾熙为张善子、张大千昆仲写的两篇书画例言：一篇是《季爰书画例言》，另一篇是《张善孖画例》（善子为后改名）。先看《例言》：

  张爰，字季爰，爰。季性喜佛，故曰大千居士。季之仲兄曰善孖，画人物山水，尤好画虎。蜀中与京师士大夫多争取之。然与季少时皆受笔于母，季昆季十二人，每岁学金皆出自母氏笔墨。季入学校数岁，谓科学少人生之趣，不足学。遂东渡，与日本名宿参论中日画理。又以日人新旧烦离不足学，归游名山，且与僧人言禅学。一日执贽就髯席。请曰：愿学书。髯曰：海上以道人为三代两汉六朝书，皆各守家法，髯好下己意，不足学。因携季见道人。道人好奇，见季年二十余，其长髯且过髯，与语更异之。由此，季为髯书，复为道人书，人论多不能辨。

这篇例言，写于1924年，距大千拜师的年代较近，记事谅必无讹。上引片段，提供了大千早年拜师的不少讯息。第一，张氏昆仲学画启蒙老师都是乃母曾友贞。第二，大千东渡留学，"与日本名宿参论中日画理。又以日人新旧烦离不足学。归游名山，且与僧人言禅学"。这个说法似乎尚无人提及。此事与大千留日生涯有关，容后记述。第三，大千拜曾师，无人引荐，而是毛遂自荐，"一日执贽就髯席。请曰：愿学书"。第四，大千拜李师，是曾师转荐，从转荐的口气看，相距时间并不长，不可能有半年之久。[2] 这些讯息可以修正有些年谱的误载，也可廓清坊间的有些讹传。

早在20世纪80年代，我就见到这篇《例言》，并引入拙作《关于张大千拜师》，作为张氏拜师"先李后曾"说的更正。这次重读，又读出了以上一些新见。但《例言》中，曾熙并未提及张爰拜师具体年月，只是采用"一日"带过。究竟这一日是何年之日？这要看另篇《张善孖十二金钗图画册》曾熙所撰小传："张泽，字善孖，一字善籽，蜀之内江人，好画虎，髯因称之曰虎痴，门人季爰之兄也，髯居上海之三岁，季爰居门下……"关键词出来，张爰是在曾农髯居上海三年后才拜门的。那么曾熙又是何年自衡阳迁居上海的呢？查曾谱乙卯（1915）年条："八月，出游西湖，到上海为在沪鬻书为生的清道人挽留，乃卜居沪渎操笔墨生涯……冬，清道人作《衡阳曾子缉书例引》。"可见曾熙自衡阳迁居上海，是乙卯年后三岁，但"髯居上海之三岁"，是一个模糊的时序概念，可理解为乙卯后三岁居沪之当年,亦可理解为居沪三岁之次年,若以此来断定张氏拜师之年为丁巳年,似乎有点牵强附会。

且慢犹豫,"曾谱"中还有一条可以说明髯居上海三岁后,就是张氏丁巳拜师之年的旁证,请看曾熙为张大千写的一首题画诗。查《曾农髯年谱长编》己巳(1929)年:"二月曾熙为张大千题己巳三十自写小像诗。"诗曰:

老髯之髯白于雪,喜子髯虬翠如墨。一十二年几席亲,每出一幅人叹绝。米书当作内史观,不画应为好古得。未必古人胜今人,此语难与世解说。不贵人相贵我相,自写面目留本色。松下暧暧云气深,恍若置身天都侧。蜀中兄弟称坡髯,书画到今名不灭。愿子策力抗前哲,再见岷峨生光泽。

己巳三十自画像是张大千早年影响最大、流传最广的一幅自画像,因为在这幅自画像上汇聚了海内三十多位诗坛宿耆、书界名流的题诗。诸如诗坛泰斗陈三立、词坛宗师朱彊村、四川诗坛长老赵熙、袁世凯赞为旷世奇才的湖南才子杨度、当时尊为国民政府主席却以书法名世的谭延闿、书法名家叶恭绰,还有书画名家黄宾虹等等,这些名家题诗,犹如众星拱月,拱出了崭露头角的张大千的艺术知名度。这幅自画像本是处女作,后来竟演变为张大千自画像的成名作和代表作。由此起步,他几乎每年都要为亲友门人或媒体朋友绘制自画像,据傅申先生统计,张氏自画像多达百余幅,创古今中外画家之最。而三十自画像却一版再版,不断在出版物中亮相。

在众多的题像诗中,曾熙题得最早,位置也十分显要,题在诗塘的右上方。但因题诗太多太密,密密麻麻挤在画像上下左右的四周绫裱上,可说"曾诗"淹没在众多的题像诗中,不看原作或放大制版的印刷品,很难辨读,也难以细读。要不是我细读了曾诗,也许还不会发现诗中传达了一条张氏丁巳拜师的重要信息。信息在题诗的前四句中，先看头两句："老髯之髯白于雪，喜子髯虬翠如墨。"明眼人一看便知，这是曾老夫子写他与大千的亲密情谊。意为老夫须发苍苍白于雪，而你青春年少，早在拜门之初，就蓄起了翠墨的络腮胡须，用白于雪的髯须与翠如墨的髯虬，来映衬老少两代人的年龄之差，突显了师生之间的忘年情谊。大有自古英才出少年之叹！再看后两句："一十二年几席亲，每出一幅人叹绝。"请注意，诗中有张爰拜师的关键时序"一十二年几席亲"。说的是你追随我一十二年，亲近几案，侍弄笔墨，才华横溢，每画一幅人人叹绝。如果我理解的诗意尚不错的话，那么曾师己巳题诗之时，张爰拜师已有一十二年了。己巳上推十二年，正是丁巳年，与前面"髯居上海之三岁，季爰居门下"年代恰好暗合。可以说，"曾谱"中的这两处诗文，可视作张大千丁巳拜师的互证词。联系清道人丁巳四月，书赠季爰的五言联，傅申先生顾虑的孤证，岂不有了旁证，孤证不孤了吗？据此我写了《张大千拜师新说》，用电子文本寄给了《紫禁城》杂志，刊于2011年3月。同时也传了正在修订《曾农髯年谱长编》的王中秀先生，中秀兄响应道，证据似还不足，可聊备一说。他在曾谱中仍坚持己未拜师。

时过半年，中秀兄兴冲冲来电告诉我说，张大千丁巳拜师的"铁证"找到了。有人发现一枚六朝铜镜拓片，铭文是"千秋万岁"。拓片上有张大千的题跋：

> 寿世之竟（镜），秦汉为多，六朝物仅此一见。五年前，曾以之寿梅师。梅师没，不愿假作它人寿，重以筠庵先生命，完我赵璧，爰脱之以公诸爱我兼竟（镜）者。壬戌五月既望，德庵先生索搨（拓）片，因识数语于此，大千居士爰。

跋文写于壬戌五月，而所记之事，是五年前即丁巳之事。丁巳七月初九，是清道人梅师的五十寿辰，为了庆贺梅师的五十大寿，张季爰赠了"千秋万岁"的六朝铜镜。梅师逝世后，李氏家人不愿这枚铜镜流出李府，变为别家祝寿之物，由梅师的三弟筠庵做主，完璧归赵，归还给大千。五年后（壬戌五月既望），德庵先生向大千索要铜镜拓片，大千就在拓片上记述了这段铜镜出入李府的过程。从拓片题跋字迹看，确似清道人字体风貌。

回头再说季爰赠镜，是因梅师的五十大寿而起，但未必是祝寿之时，也可能是在他拜师之后，季爰借祝寿由头而补送的。而梅师又应季爰之求，以集瘗鹤铭五字联作为回礼。手头正巧有题了下款的丁巳四月五字联，于是补写了上款，当面赠了"季爰仁弟"。我请中秀兄将"千秋万岁"拓片拷贝给我，并征求他的意见，可否把他的"铁证"发现，引入我的这篇考证文中，中秀兄欣然同意。

从清道人上款的称谓来看，仁弟当是门生弟子的称谓。但下款所题丁巳四月，按诸年谱公认的说法，张氏尚未回上海拜师。细心的傅申先生，从上下款字迹墨色浓淡变化中，鉴定出上下款不是同时所书，也就是说，上款是后来补写的。至于时隔多久，他又从大家公认的己未自日本返上海的年谱中，确定上款当补在己未张爰拜师后，也就是两年以后。（见《曾熙、李瑞清和门生张大千》，台北历史博物馆，2010年）作为一位书画鉴定考据专家，考证重视证据，有一分证据说一分话。可以大胆假设怀疑，但一定要小心求证。傅申（包括王中秀）先生在丁巳拜师缺乏足够的证据下，勇于放弃自己的假设，或坚持己未拜师，这种严谨的考据态度，值得我们学习。而今张大千丁巳拜师，有了可以互证的两件对象：张氏六朝铜镜拓片跋文及清道人丁巳五言联；更有《曾农髯年谱长编》，有关张爰丁巳拜师的诗文可以互考。季爰拜师，涉及曾、李两师，而今已发现了两师的物证、证词。不知傅申先生看到这些物证证词，能否认可丁巳拜师说？也许傅申先生还要设问，如何解释张氏所说"二十岁从日本归国，拜曾熙门下学字"的扞格？

关于留学日本之事，早年张氏在亲友门人中很少提起，也无文字记载报道。直到他旅居海外二十年，才提出留日之说，与谢家孝先生访谈在前，写《四十年回顾展自序》在后。可是这段口述、自序的留日履历，却为他拜师的年代布下了重重迷雾。若要细查，张氏在京都何校学的染织？学校几年制？学了几年？肄业，还是毕业？凡此种种，均无交代。这所学校现今又安在？可否去该校查阅当年学名张权的学业档案？正当我百思难解之时，成都友人刘振宇先生来电告知，日本学人鹤田武良先生，曾就张氏的留学生涯进行过调查，并应邀在台北举办的"张大千九十纪念学术研讨会"上，宣读了他的《张大千的京都留学生涯》调查报告。（《张大千学术论文集——九十纪念学术讨论会》，台北历史博物馆，1988年）刘振宇先生还将此文复印寄我。

读完鹤田武良的调查报告，我心中的疑团顿消。鹤田查遍了京都市有关艺术大学美术部，市立铜驼工艺高校所移管的美术工艺学校相应入校和毕业档案记录，都未查到1916—1919年的张泽、张权的留学记录，连张姓的档案数据都未发现。再看张氏口述的"年十七学染织于日本西京"，遍查西京（京都）设有染织课程或绘画课程的美术学校档案，仍然没有他的姓名。据鹤田先生猜测，"张大千当年是以旁听生的身份入校学习的"。并由此他推断，"张大千青年时期的留学日本，可能比传闻中的三年要短得多，只是短期的生活而已"。如果鹤田的推断可以成立，那么大千在日本的留学生活也太自由了，难怪曾熙在《例言》中，有如此一段云山雾罩、扑朔迷离的季爰留日记载:"遂东渡,与日本名宿参论中日画理。又以日人新旧烦离不足学,归游名山,且与僧人言禅学。"

倘若鹤田先生的调查报告属实,那么张氏留日及返沪时段的伸缩性就大了,他不必非等到1919年回沪拜师啊。据李永翘先生著《张大千年谱》戊午(1918)年条载:"年初,与先生青梅竹马、情感至深的未婚妻谢舜华(1899—1918)病逝。先生闻讯十分哀伤,特从日本赶赴上海,欲回内江吊祭,因兵荒马乱,道路不靖,归途困难重重,旋奉善子命重返日本。"(四川社会科学院出版社1987年版)我问永翘兄,张大千此说有何依据?他告诉我说,依据在谢家孝先生所著《张大千的世界》。我马上查阅相关章节,果然看到张氏有如下一段口述:"我由日本回来,本想回内江吊祭尽心,可是正逢张勋闹复辟,兵荒马乱,我回不了四川,家兄又命我回日本,那年我二十岁,我二十一岁由日本回来。"请注意,张大千在这段口述中说的"二十岁那年",与《四十年回顾展自序》说的"二十岁归国",两个二十岁,肯定不是同一年。幸有张氏口述中另有"正逢张勋闹复辟"的记载,可以推定他回沪的确切年代。据史载,1917年6月,张勋利用黎元洪与段祺瑞的矛盾,率五千辫子军,借调停之名,于6月14日进京,7月1日撵走民国大总统黎元洪,又把十二岁的溥仪抬出来重当皇帝,改年号为宣统九年。可是仅十二天,复辟就宣布破灭。张勋复辟,因发生在丁巳年,历史上也称"丁巳复辟"。由此看来张氏此年回沪,当是丁巳年。按张氏计年法,他应十九岁,而不是二十岁。回沪后,正逢张勋闹复辟,应是六七月份,他回不了四川怎么办?年谱上说是"旋奉善子命重返日本"(张氏口述是,"家兄又命我回日本")。按年谱说,是要他马上回日本,我认为于情于理不通,也与口述原意有所不同，因为他在日本旁听进修，学业并不紧迫，又值暑期，善子没有必要马上命他赶回去。何况回来一次也不易，既来之，则安之。索性暂留上海，兄弟俩可以商量一下，如何学艺？七月初九，是清道人五十大寿之日，季爰有机会随善子二哥同去祝寿。祝寿不能空手去，于是带了一枚"千秋万岁"的六朝铜镜，作为寿礼。沪上祝寿名士中，有位从湖南衡阳赶来的大胡子书家，他是清道人的老友曾农髯。也许正是在这次酒宴上，张氏昆仲见到了曾、李，季爰为此播下了拜师学书的种子。八月，曾熙从西湖小游回沪，听从了李梅庵的建议，自立门户留沪鬻书。某日，季爰带了贽金，径自走进曾宅，毛遂自荐，向曾农髯提出"愿学书"的拜师请求，于是有了以上情节："髯曰：海上以道人为三代两汉六朝书，皆各守家法。髯好下己意，不足学。因携见道人……"也有了清道人回赠五字联的细节。这段张大千拜师的叙述，是我依据丁巳拜师物证，证词俱全的情况下，大胆推断出来的，估计不差。令人费解的是，编著张大千年谱的永翘兄，在他所引的《当和尚一百天》的张氏口述中，明明有"正逢张勋闹复辟"这句话，这句可以判断此次张大千返沪是丁巳年的关键语，可是他却视而不见，在"年谱"中删去，不知何故。也许他认为张勋"丁巳复辟"的史实，与张氏说的"那年我二十岁"的记忆，有一年之差的扞格。口述中的这段话，究竟是丁巳，还是戊午？发生了矛盾。在这里，永翘兄宁可深信一位年近古稀的老人，以年龄推算年代的记忆，先入为主。也不愿采信可以判断年代的张勋复辟的史实，以史求证。何况这位老人在推算年龄时，常常出现记忆误差。大千老矣，记忆难免有误差。这是我们不能苛求他的地方。[3]

最后要说明的是，为什么我要在张大千拜师相差两年的年代上，不厌其烦，来回求证？理由有三：其一，对于一位有国际影响的艺术大家来说，拜师是件大事，拜师的时间、地点、人物，一定要弄清楚准确，不能似是而非，也不能人云亦云，更不能以讹传讹。其二，大千拜师的确切年代，涉及他的留日生涯，而张氏的这段留日口述，大摆龙门阵，天马行空，神龙见首不见尾，扑朔迷离，令人难以适从。其三，大千丁巳拜师，涉及他向李梅庵学书时间的长短。他学李书形神兼备，可以乱真代笔。倘是己未拜师，只学了一年半载，似乎火候还不够。基于以上三点，所以我要不厌其烦，猛追"穷寇"。何况后二点也是傅申先生存疑之所在，如果丁巳八月后，曾熙留沪，张大千拜曾、李两师可以敲定，那么他向李师学书的时间，可延长一年多，这对于一位自知不是"顿悟"，而是"渐悟"的张大千来说，岂不是增加了一年多可下苦功临仿，"渐悟"的宝贵时间？不知傅申先生以为然否？又不知读者诸君以为如何？

包按

1. 据吴文隆先生提供的最早的张大千年谱，出于法国巴黎近代美术馆《张大千画展》图录，1956年6月出版；港台最早出于高岭梅编纂的泰国画展《张大千画展》，1964年9月香港东方学会发行，其中1917年条载："与二哥善子同在日本京都学习染织"；1919年条载："由日本回上海拜曾熙门下。在松江出家做和尚法号大千，但三月后还俗回四川结婚。又重回上海拜名书法家李瑞清习书法。"次为1968年谢家孝的《张大千的世界》附录年谱，谱中1917年、1919年条记载，与高氏版大同小异，估计是听从了张氏的建议，参照高氏版而编的。三为1973年2月，台北历史博物馆出版《张大千画集》，内有年谱1917年、1919年条，亦与高氏版相同。高岭梅是张大千的老友,对张氏的家事、艺事活动知之甚详,他是香港出版张大千画集最早,也是出力最多者,谢家孝专访张大千,撰写《张大千的世界》,自然也少不了咨询高氏。

大陆的《张大千年谱》,最早出自杨继仁先生著《张大千传》附录(1985年10月文化艺术出版社);次为李永翘先生著《张大千年谱》专编(1987年12月四川社会科学院出版社);我和王震合编的《张大千年谱》选编(上海《朵云》1988年第4期)。毋庸讳言,内地三家年谱的1917年、1919年条,均参照高岭梅的张氏年谱和谢家孝的《张大千的世界》及其年谱(台北时报出版公司,1981年)。严格来说,高岭梅编的张大千年谱,当是海内外张氏画册书刊出版物中年谱的"祖谱"。

2. 至今海内外出版的《张大千年谱》,1919己未年条均依高岭梅说:大千拜曾熙在前,而拜李梅庵,则是在张氏出家为僧一百天,又还俗回四川结婚,重新返沪之后。中间相隔至少有半年之久。但依曾熙说,则是张大千向他提出"愿学书"时,他就以"髯好下己意,不足学"为由,"因携季见道人"。看来曾熙是很快携季爱去见清道人的,相隔时间很短,不可能有半年之久。两说孰是?我从曾熙之说。一是曾熙是主要当事人;二是曾熙此说距大千拜师只有七年,时间不长;三是大风堂门人及坊间传大千同时拜曾、李二师者居多。

当然也有主张"先李后曾说"的。中秀兄在《国学新视野》2012年春季号中备录了一段张大千拜师年代的存考,是钱君匋题马企周的跋语,这段跋语题于1973年,其中涉及马企周丁巳携张爱出川赴沪,也涉及张爱拜师。跋曰:"其时海上书家甚众,显赫者有吴昌硕、高邕、沈增植、况卫、朱疆村、郑孝胥、李瑞清、曾熙等,独曾、李共倡写三代汉魏,以一波三折为宗,蔚为风气,桃李盈门。企周抵沪问道于曾、张则从李游。"马企周（1888—1938）年长大千十余岁，钱君匋（1906—1997）年幼大千七岁，可以说都与大千同时代，但丁巳年钱君匋只有十一岁，年龄太小，无法亲历，肯定是听来的，不知所听何人之口？何况癸丑之年，钱氏已近七旬，会不会记忆有误？不管出于何种情况，但既有此说，中秀兄录以备考，也是治学严谨的反映。

3. 张大千何年赴日留学的？海内外所有的年谱都定在1917丁巳年。吴文隆先生近时又提供1930年大风堂出版的《石涛和尚山水集》，内有张善子写的序，序有中"丙辰，八弟季爰游学日本，归居沪渎"一段话，说的是大千游学日本之年是丙辰年。丙辰是何年？是1916年2月5日至1917年2月3日。按张氏周岁计年法，这一年他应是十七岁。而十七岁，又正巧与他《四十年回顾展自序》中所写的"年十七，出峡渡海，学染织于日本西京，绘事遂辍"相合。如此看来，张大千赴日留学的时段当是阳历1917年初（2月3日前），那么按阴历来说，依然是丙辰年。而钱跋马企周丁巳携大千出川若也在此时的话，应该说也是丙辰，而非丁巳年。由于丙辰岁尾与丁巳年初有两个月的交叉，很容易搞混弄错。查李永翘编《张大千年谱》1916丙辰年条："年底，先生告别故乡，经重庆乘木船抵达上海。"而在1917丁巳年条中又有："年初从上海坐海轮赴日本。"由此可推定，张大千赴日留学的较确切的时段，应该是1917年初，丙辰岁尾，也就是丙辰1916年，而不是丁巳1917年。需要说明的是，张大千年谱中的年序错乱，除了阴历阳历换算有误所致；还有以年龄推算年代时，周岁与虚岁易于搞错。张大千多以周岁推算，而大陆年谱编者又多以虚龄计年，以上两点都是造成张氏年谱失误的重要原因。

张大千与张善子

张大千出生在一个兄弟姐妹众多的大家庭中，其父张怀忠，其母曾友贞。张怀忠夫妇共生九男二女，但有三子（长子、五子、六子）一女早夭。老二张正兰，与老大是孪生兄弟故字善孖（孖者孪生子也，后常用善子）；老三张正齐，字丽诚；老四张正学，字文修；张大千名正权，字季爰，行八；还有一个大姐张正恒，幺弟张正玺。

张善子出生于1882年，张大千生于1899年，兄弟俩相差十七岁。由于家中老大早夭，张善子在家中的地位相当于老大。俗话说"长兄若父"，张大千对张善子还确实有点"惮之若严父"的敬畏心理。那么，张善子对张大千的一生重要影响表现在什么地方？我认为，最主要的表现是在使张大千立志于绘画事业上。

应该说，青少年时代的张大千，从喜欢绘画到立志以绘画为业，与家中父母是存在着很大分歧的。张大千的母亲曾友贞，虽然是一个在内江颇负盛名的民间艺人，擅长工笔单线白描花鸟，人称"张画花"，她曾以刺绣、剪纸为业，维持过全家生活；二哥、大姐、幺弟也多受其母的影响，跟着学过绘画，张大千也不例外。但是少年时代的张大千喜欢绘画，在母亲看来，毕竟是一种游戏，是

张善子

画着玩的,从心底里来说,她是不愿意,也不希望自己的儿子像她一样,做一个靠画画为生的民间艺人,因为她深知民间艺人的艰难。至于张大千的父亲经了一辈子商,当然更懂得干什么行当能发家致富,有出息,也自然懂得穷画画的在社会上的地位。因此,当张善子携带张大千离开内江途经上海赴日本求学前,张大千向胞兄张善子提出,他欲留上海学习书画,不想赴日本学染织时,张善子写信征求父母的意见,父母一致反对,张善子也未表支持。应该说,此时年满十八岁的张大千已初步萌生了当画家的理想,但是遭到了家庭的反对,遇到了第一次挫折。也应该说,此时的张善子,对八弟的绘画天赋和才能尚未认识和发现,所以对八弟的想当画家的志向视为年轻娃子的好高骛远而予以反对。

张善子对张大千的绘画才能的认识,是一起在日本的求学时期。在这段时期,兄弟俩朝夕相处,张善子在京都美术学院学绘画,张大千在京都公平学校学染织,可是课余坚持自学绘画、诗、治印。关于他在这段时期的画,目前尚未见到,不敢妄加品评;但

是这段时期的诗作,却存有一首,这就是 1918 年写的《忆江南》:

渐有蜻蜓立钓丝,山花红照水迷离。

而今解道江南好,三月春波绿上眉。

这段时间的印作,有黄天才收藏的一方张大千的白文汉印为证。张大千名正权,小名叫权,权柄是偏义词,义偏在柄。据黄天才回忆:1975 年前后,中国文物古董大量倾售到日本,他曾在东京一家古董店的一堆破旧印石中,发现一枚张善子的印章,是一颗两面印,印文是"张泽印信"及"善子",边款是"善子二哥清玩,戊午冬弟柄"(见黄天才:《张大千的奇才异能》,香港《大成》1993 年 6 月)。据考证,这方印章正是张大千在日本学印的习作。也许张善子在此时忽然发现八弟有灵气,是一块学画的材料,所以一改反对为支持。据张善子的早期学生慕凌飞回忆:在日本京都,张善子对张大千关怀备至,所需金石书画及参考资料莫不搜求以供,并经常指点书画之道,使张大千获益良多。事后,张大千常对人说道:"我之所以绘画艺术有成就,是要感谢二家兄的教导。"(见慕凌飞:《张善子与张大千》,载香港《文汇报》)

1919 年,张大千毕业于日本京都公平学校。按理说,张大千回国后,应该谋取一个与染织有关的职业,可是,他回内江后,仍向父母提出要到上海拜师学习书画,家中父母依然反对。这对张大千来说,无疑是一个关键时刻。如果说,在这个关键时刻,张善子也站在父母一边投反对票的话,那么,张大千也许不能重返上海,更不能在上海拜师学书,而离开上海这个书画家荟萃的特定环境,就不可能产生张大千这样特定的画家。因此说,正是在这个关键时刻,张善子站出来支持张大千重返上海,并支持他在上海拜师学书,这一票,是至关重要的一票,也可以说,是决定张大千毕生命运的一票。什么叫命运?命运就是机遇,一个人在关键时刻失之毫厘，往往会铸成终生的千里之误。

张善子对其弟的支持，还表现在不断地携带当时还名不见经传的八弟出入上海滩的文人雅集。20世纪20年代初，张善子的画已深得曾熙、李梅庵的好评，加之他是老同盟会会员，在北洋政府中谋得过一官半职，所以在京沪旧文人圈子里有一定影响。他利用各种场合，把八弟引荐给艺苑前辈名流，诸如陈散原、傅增湘、黄宾虹、柳亚子、叶恭绰、郎静山等，张大千都是通过张善子的引荐而得以结识的。

张善子成名早于张大千，当张大千在上海拜曾农髯为师学书法时，张善子在画坛上已小有名气。不过早期的张善子尚未专攻"虎"，而是山水、花鸟、人物无所不画。据张氏昆仲的挚友、常州词人谢玉岑在《记画家张善子大千兄弟》一文记载：

张泽，字善孖，一字善子，号虎痴，蜀内江人。早承家学：佩韘之岁，即通绘事，花鸟外，山水比唐六如、郑穆倩；人物如陈老莲、张大风；走兽法李龙眠、赵松雪，无不精妙。可见他是一个较全能的画家。诗人柳亚子、叶恭绰都为张善子画黄山题赠过诗。张善子与张大千先后两次同上黄山，一起画过不少以黄山为题材的山水。叶恭绰在一首《题张善子黄山图》中写道：

搜尽奇峰供草稿，天成圣手苦瓜僧。

脱胎换骨真元在，造极登峰老尚能。

柳亚子则为善子、大千昆仲二上黄山题诗道：

蜀国双髯并世英，元方磊落季方清。

世间蛮触关何事，一笑黄山顶上行。

不过，张善子是以画虎而著称于世的。他笔下的虎，因地因时不同，而赋予各种不同的象征意义。这可以他的代表作《十二金钗图》《怒吼吧！中国》来具体分析。

据台湾学者高阳分析，张善子一生至少画过三套《十二金钗图》，而每一套的寓意又不尽相同（见高阳：《摩耶精舍梅丘梦》）。

张善子的第一套金钗图作于1928年。据说这套金钗图是十二条屏，由张大千与其兄张善子带着一起到曾熙家中请老师题跋，曾熙问大千，画的是什么？大千答道是《十二金钗图》。曾熙说："我从来不喜欢为闺阁小姐题写绮丽之词。"大千说："不是闺阁小姐，是老虎。"曾熙大吃一惊，马上让他俩将画打开来看，一看果然是十二只老虎。大的一丈有余，小者也有数尺。曾熙一幅一幅看着，其中有画群虎争食的，也有画披着虎皮的狗，他联想起当时内战方酣，皖、直、奉三系军阀，此去彼来，混乱不休，鱼肉百姓不止，真可谓"苛政猛于虎也"。所以就在题记中写道："善孖其善以画讽世者欤？或写群虎争食，喻当头贤者；或写犬而蒙以虎皮，喻贤者中之又贤者。嗟乎张生，何讽世之深耶？"高阳认为："张善子最初的创意，当是想画虎的各种姿态，而以崔莺莺的各种表情作比喻。"比喻什么？恐怕是比喻四川军阀的"饥来趋附，饱则远飏"的作风。不管张善子是以虎来比喻皖系的军阀、直系的军阀、奉系的军阀，还是四川的军阀，总之这套金钗图是将虎比喻和象征军阀的。

第二套金钗图张善子画完后，就在1929年元月上旬，先后在上海宁波同乡会的"二俞、张、王国画展览会"及"寒之友第一届美术展览会"上展出，展出后才送曾熙处乞题，曾熙落款的时间是"庚午四月，七十髯叟题"。庚午岁就是1930年。据谢玉岑当年写的一组《寒之友画会读画绝句》中有一句写道："难兄难弟有二张，金钗十二足张皇。"诗后有小注记道："善孖新画虎十二帧，拈《会真记》语题之，可谓新颖。"谢玉岑说他的这套足张皇的"金钗十二"，是十二帧新画的虎。那么，这套《金钗图》的寓意是什么？请看曾熙的题记："虎痴写十二金钗图，老髯曰'今日金钗之流，其害非关一人之性命也'。盖甚于虎矣。噫！"细玩曾熙的题意，似乎金钗之害超过了吃人的老虎。那么谁是金钗之流？我看是比喻上海的苛政者，苛政之害甚于虎也。这个比喻是曾熙的发挥，还是张善子的意图，我看兼而有之。

关于第三套《金钗图》的创作时间，情况比较复杂，这里就从略，但是张善子有一段题记，倒是值得注意。因为前两套《金钗图》都是曾熙题的，而曾熙在题完第二套《金钗图》后不久就逝世了。因此这一套的题记就只能由他自己来题了。他在题记中写道："无憀南郭，索读西厢，慨世局之沧桑，学曼倩之善谑，公牛哀七日而变，封使君一旦成形，人兽何分？庄谐杂引，本如来三十二变相，图僧孺十二金钗，借实甫之艳词，为山君之注脚，抑有识者谓我非乎？乙亥秋，蜀中张善子写并题。"慨世局之沧桑，学东方朔之善谑，借王实甫的词句，为人兽不分的老虎（山君）作注脚。这段题记也正是他创作《金钗图》的意图。据当年在北京琉璃厂集萃山房做伙计的周殿侯回忆："这套《十二金钗图》六尺长，二尺宽，十二幅大屏，每幅都有题诗，单看诗文中艳词，读者一定要想很快地看到这一美人，可是露出真面目后却吓死人。十二幅同是一个意义，好像开玩笑，实际上是讽刺。制版印成画册，极受人欢迎。此后画虎者，多袭承此意，影响也不小。"

如果说张善子的《十二金钗图》以题材新颖，寓意巧妙，以及张善子以养虎、画虎的"虎痴"的"知名度"而博得了大富商和收藏家的垂青的话；那么，在抗日战争期间，他以虎来象征怒吼了的中国，一而再、再而三地画虎来唤醒中国军民，振奋民族精神，同心合力杀敌。他周游欧美近两年，以抗战为主题，开了近百次画展，在展厅中义卖义捐，赈济抗战中的难民，从而使张善子的知名度更加发扬光大。这一时期他创作的作品较多,《怒吼吧!中国》可为代表作。

众所周知,1937年的"七七事变"是日寇向中国全面发动侵略战争的第一枪,紧接着日寇又在"八一三事变"中侵占了上海。当时的张善子、张大千兄弟,一个在苏州准备携家避难,一个被日寇困陷北平。且说张善子在"八一三事变"后,为了不当亡国奴,毅然弃家产和收藏,携带妻儿,由苏州网师园,向安徽郎溪避难,到郎溪后他曾对友人说道:"丈夫值此机会,应国而忘家。此次我来郎溪,生平收藏存在苏州网师园内,皆弃之如土。以今日第一事为救国家于危亡,万一国家不保,(个人)虽富而拥城,又有

张氏兄弟在网师园养虎

何用？恨吾非猛士，不能执干戈于疆场，今将以吾画笔，写出吾之忠愤，来鼓荡志士，为海内艺苑同人倡！"（见《张善子先生百年诞辰纪念》，《大成》第98期）不久，郎溪又告急，张善子又率家人冒着日机的轰炸，沿芜湖、安庆、九江，于9月中旬抵达汉口，暂住在汉口旅社内，常与郭沫若等进步人士来往。其时，中国抗日统一战线已经形成，全国军民一致抗日的呼声日高，就是在这种形势下，张善子在旅社内构思了这幅《怒吼吧！中国》，而真正动手创作则在11月间，当时，他已从汉口搬到宜昌，住在他的三弟张丽诚开办的"振华布店"中。在布店中，他忽然灵机一动，何不就地取材，用白布代宣纸作此巨幅大画？于是他请店中的伙计缝制了一幅长二丈、宽一丈二尺的白布作为画幅，挥毫创作了这幅巨制。画中他绘了二十八只斑斓猛虎，奔涌猛扑一轮日薄西山的落日。二十八只猛虎的寓意是暗示当时中国的二十八省，落日则代表了日寇。画完后，他又在右下角题道：

雄大王风，一致怒吼！

威撼河山，势吞小丑！

据说当天晚上，张善子激动地对前来观画的亲友说道："你们看，中国的二十八个行省都怒吼了。小日本焉有不败之理？！"（见李永翘：《张大千年谱》）这幅巨画曾在中国大后方和欧美各地巡回展出，对鼓舞民心确实起了很大的作用。

在这段时期，他不仅画猛虎，而且画雄狮，画历史人物。他的巨幅雄狮图——《中国怒吼了》，他的历史人物画《卜式牧羊》《精忠报国》《文天祥正气歌》以及四维八德人物画像等展出后，均收到了广大军民的强烈反响。尤其是《中国怒吼了》，画一头巍巍雄狮狂吼于日本富士山上，并且抄录了一首新体诗，表达了中国军民"万众奋起，步伐整齐，不收复失地不休"的英雄气概。这幅画还被印成图片,和大批宣传画一起送到前线,起到了很大的宣传鼓动作用。当时的美术界采用各种绘画形式来进行抗日宣传,而张善子则采用中国画的形式来宣传抗日,并且收到了较好的宣传效果。这在当时的中国画家中,还是为数不多的。

毋庸讳言,在中国画要不要以宣传画的形式为抗日战争服务的问题上,张氏昆仲是存在着一定的分歧的,张大千似乎更倾向于为艺术而艺术,国画就是国画,不掺和政治。因此在这段时期,从他的作品中很难发现像张善子那样,直接运用中国画的形式来宣传抗日的。但是在一些作品的题诗和题跋中,又可隐隐约约地看到他曲折的、借古讽今的抗日救国的心声。诸如,他与其兄合绘的《双骏

《中国怒吼了》,曾赠美国罗斯福总统

图》中,张善子开宗明义题上"忠心报国"四个字,他则题诗道:

  汉家合议定,骄马向天嘶。

  何日从飞将,联翩塞上肥。

又如他在题《红拂女》(四首)绝句中,亦采取了这种比较隐晦的方式,表达了自己的爱国心声。这种曲折的爱国心声,在他赠门人刘力上的一幅《峨眉金顶》的题记中,似乎可以找到一些解释。题记写道:

  力上贤弟从桂林来,省余山中,却知吴门之别匆匆五年矣!弟益英俊,而余发怵怵矣。顷余复将西出嘉峪,礼佛敦煌,弟亦将复赴戎行。勉以力学,暂留成都。报国有日,不在目前。行箧中检得此画,因书数语为别……

据刘力上回忆,当时他已投笔从戎,从桂林路过成都就上青城山看望老师,老师见他穿了军装进来,十分高兴,正值他要去敦煌,于是从行箧中取出了这幅《峨眉金顶》,写了这段题记送给了他。题记中的"报国有日,不在目前"就存有深意。在张大千看来,作为一个画家,报国的方式并不等于要每个画家个个投笔从戎,奔赴战场。作为他的"报国有日",就是"勉以力学",暂留大后方潜心创作,并西出嘉峪关,考察敦煌壁画。也就是说,他要以日后精湛的艺术来报国。正是在这一点上,张氏昆仲显示了不同的艺术观。张善子认为,中国画应该而且可以直接为一定的政治宣传服务;而张大千则认为,中国画不要也不必直接为政治宣传服务。笔者认为,在特定的政治形势下(例如在革命战争时期),任何一门艺术(包括中国画在内)应该也是可以采取这种艺术形式来为特定的政治目标服务的,由于种种因素,这种宣传作用,尽管艺术上显得粗糙一些,有的还存在着公式化、概念化,甚至贴标签之嫌,却是必要的,不可或缺的,也是无可非议的。

应该说，张善子较好地采用中国画的形式为全国的抗战服务，取得了特别的成功。他的作品，不仅受到了国内各阶层抗日人士的欢迎和赞美，而且当他在欧美各国巡回展出时，也受到朝野人士和艺术界人士一致的赞颂，他们在报刊上除了赞颂他的爱国热情外，也赞颂他熟练而高超的绘画技艺，有的还称他为"伟大的绘画大师"。可惜张善子从欧美巡回展览回国不久，因患痢疾在重庆医院被庸医误诊而逝，享年才五十九岁。

张善子死后十七年，即 1957 年，张大千在欧美举办的画展中，也赢得了"世界绘画大师"的称号。尽管张氏昆仲赢得绘画大师的方式有所不同，一个主要是以作品中的爱国主义精神，另一个主要是以中国画的艺术技艺，前者侧重于思想性，后者重在艺术性。由此可见，人们在不同时期，评审艺术作品的标准，也会出现因时因地因人（亦即非纯粹的艺术标准）的不同而不同。十分巧合的是，这种不同的标准，在张氏昆仲身上先后得到了体现，殊途而同归，张氏昆仲在不同时期，以不同倾向的中国画作品，却赢得部分欧美人士赠予的绘画大师的相同称号。1982 年 3 月，台北中山纪念馆举办《张善子先生百岁诞辰纪念画展》，张大千携家人亲往，出席了开幕式，这是张大千生前参加乃兄的最后一次画展活动。一年后，他也病逝，去另一个世界与乃兄相会了。

包按：又据汪毅在《张善子的世界》一书中记载："《十二金钗图》既是张善子画虎的代表作之一，亦是其得意作品之一。故他乐不知疲地创作了迄今可数的五套画本，而且时间跨度长达 17 年（1918—1935）。其中，从曾熙的题跋推断，至曾熙去世前，张善子至少创作有四套《十二金钗图》画本。"（见九州出版社 2017 年版，第 42—44 页）

张大千与黄宾虹

张大千与黄宾虹是两位跨世纪,既享高寿又获盛名的艺术大师。从年龄上看,两人相差三十五岁,应属两代人;从资历上看,黄氏与张氏的老师曾熙、李瑞清是平辈老友,故大千当以前辈师辈视宾翁。但张、黄二氏的出身经历、政治阅历、处世之道、治学治艺及艺术见解、鉴赏趣味、绘画风格、诗文修养、机遇境况、生活习性、交友准则等方面均不太相同甚至迥然而异,是两位不同类型又各具风采的艺术大家。

近年细读了王中秀先生编著的《黄宾虹年谱》(上海书画出版社 2005 年版),获益良多。这部洋洋八十八万字的年谱巨帙,是编著者积十年之功,披沙淘金,在浙江省博物馆所藏黄宾虹捐献书画文献,及综合海内外公私藏家所藏黄宾虹书画文献资料的基础上,又对黄氏家属、弟子、生前好友和海内外同行进行广泛的联系交流,征集了第一手珍贵的口述和文字资料;还对已出版的黄氏年谱传记和研究资料分类排比、去伪存真,消化吸收,可说是半个世纪以来,黄宾虹研究工程中最为扎实、最具卓见的基础史料工程。笔者尤为获益的,是这部年谱记录的张、黄交往信息有上百条之多,其中有二人同入画会或同时参加展览、同任美术院校、古物陈列所

张大千与黄宾虹　63

黄宾虹

教授，同被聘为全国第一届美展古画参考品部委员，先后参加文人雅集、应酬、交游、互赠书画或题赠诗跋等等，不一而足。诸多交往活动为我撰写张、黄二人交谊提供了丰富的素材。特此，向王中秀先生深表谢意。不过，有两件事尚先须就教于王中秀先生。

张大千的法名从何而来？这个问题我从来没有怀疑过。因为在谢家孝的《张大千的世界》中（台北时报出版公司，1968年初版），张氏言之凿凿地说过："我当初决心要做和尚，是在松江的禅定寺，住持是逸琳法师，'大千'就是逸琳老方丈为我取的法名。"《张大千的世界》是张氏的一部口述回忆录，是第一手史料，有相当的影响。所以张大千传记、年谱作者一般都取此说，我也不例外。

可是，读《黄宾虹年谱》（简称《年谱》）1912年条，却读出了一段"大千"借名的公案。原来，早在1912年，黄宾虹出任《神州日报》"神州月旦"栏主笔时，曾多次使用"大千"的笔名撰写过时评，还使用"大千"署名在《真相画报》上发表过画作。一句话，早在 1912 年，黄宾虹曾享有过"大千"的署名权，只是因为他曾用名太多，边用边换，定名宾虹后，就很少起用以往的署名（"大千"亦不例外）。

张大千本名正权，1912 年，他才十四岁，时在内江天主教学堂读书，未必看到上海的《神州日报》，更未必知道黄宾虹其人及其众多时评所变换的笔名（包括"大千"）。那么黄宾虹早年使用的"大千"笔名，与逸琳法师为张正权取法名大千，又有什么关联？《年谱》这一条中，王中秀引了黄宾虹《自叙》（又名《八十自叙》）中的一段话：

> 近十年，来燕京。尝遇张季爰（张正权字爰，又字季爰，均为乃师曾农髯所取）、溥心畬诸君于稷园（即中山公园），继而寿石工君亦至，素喜诙谐，因向众云：今日我当为文艺界办一公案。众皆竦立而听。乃云：张大千名满南北，诸君亦知其假借于黄宾虹，至今尚未归还乎？请诸君决议。即以《真相画报》为证，众乃大笑。

文中所说近十年，也就是黄宾虹七十岁左右，亦即 20 世纪 30 年代中期。

明眼人一看便知，编著者在《年谱》中引述宾翁《八十自叙》中的这段故事，是借寿石工之口，牵出张季爰假借大千之名的来由。为了怕读者误会寿石工素喜诙谐，是说笑话，紧随其后编著者又引《夏承焘集·天风阁学词日记》1948 年 11 月 20 日条再证："与（王）伯尹往栖霞岭（杭州）艺专宿舍访黄宾虹先生……宾老本字存朴（应为朴存，夏老误记），居上海编日报短评，取所居洋泾滨（浜）虹口为名，又署名大千，后四川张季爰爰此名，宾翁乃举以为赠，伯尹云。"夏承焘是著名诗词家，他的日记当可为寿石工佐证。黄宾虹是位不苟言笑、治学严谨，说一是一的学者型书画家,他将寿石工笑说"大千"法名假借案,写入《八十自叙》,并在上海举办的首次个人画展中公之于世,刊印在《黄宾虹书画特刊》中(《年谱》1943年11月19—23日)。张氏说"大千"法名是逸琳法师所取;寿石工认为是张季爱借用了宾翁的笔名。张、寿两说,孰说为是?要弄清这个问题,关键是逸琳法师是否为张正权取过大千的法名?

20世纪二三十年代就已结识张大千,又为张氏治印百方、深受张氏推崇的密友陈巨来,在《记大风堂事》(《万象》2001年1月号)一文中,披露了不少张大千的秘闻,其中也包括张氏出家之事。文中有这样一段他与张大千的对话:"余惊问之曰:你做过和尚吗?大千云:是的。余又问之:你有法名吗?大千云:有的,叫弘筏。"半路杀出一个程咬金,破天荒地蹦出了"弘筏"是张大千出家为僧的法名,实属见所未见,闻所未闻。陈巨来是张大千艺事上的挚友,又是生活上的密友,彼此无所不谈,从不设防。这段对话的时间在1947—1948年,距大千出家将近三十年。问题是在这三十年间,为何从未听人(包括大千最亲近的亲友)说过呢?而陈巨来撰写回忆文章之时,是七八十年代之间,距对话时又隔了三十年,会不会是陈老先生记忆发生了误差?即使记忆无误,也是孤证,需要考证。

在考察"弘筏"法号的过程中,发现杨诗云在《张大千印说》(见香港《名家翰墨》丛刊,2004年版)专著中收录了五方"弘丘子"和"弘丘隐居"的朱白篆印,从边款上看,这五方篆印都是方介堪(又名方岩)应"大千八兄命"而作于庚辰(1940)年中秋,也就是他初赴敦煌,礼拜佛窟前夕。据杨诗云题介:"弘丘子"是大千先生遁入空门后取的法号。可见陈巨来的"弘筏"法号并非空穴来风,只是记忆有误,将"弘丘子"误成"弘筏"了。

张大千既有"大千"法号,缘何又有"弘丘子"法号呢?又据杨诗云说:"入佛门当和尚须受三坛大戒(沙弥戒、比丘戒和菩萨戒)。这是进入佛门的三大步骤,其规章制度非常严格。"而张大千初入松江禅定寺受的是沙弥戒,传戒师是逸琳法师,为他取的法名叫"大千",据杨说是按当时的沙弥字辈而取的,所以他将此法名一直用到老。

至于"弘丘子"则是张大千不满足于沙弥戒的初级阶段,想进一步受比丘戒。据张大千自述:"当时佛门中声望最高的,是宁波观宗寺的谛闲法师,我由松江募化到了宁波,观宗寺的知客僧,对我这个野和尚闭门不纳。我回到小客栈去想办法,就写了一封信给谛闲法师。据说谛闲法师正在闭关,外人见不到,我这封信发生了效果,老法师回信叫我去见他,观宗寺的知客僧一见是我,大不高兴,说我这个野和尚不知趣,又来找麻烦,我笑着告诉他,这一次是你们老方丈请我来的,直到出示了谛闲法师的信,他才无话可说,让我进门。"

"谛闲法师要我去,是看了我的信,认为字里行间颇有灵性,我与老法师天天论道,听他谈经说法,我虽说原本是去观宗寺求戒的,但临到要烧戒时我又怀疑了。"怀疑什么?怀疑信佛何必要烧戒?不烧戒难道就违反了佛教的教义吗?怀疑的结果是与谛闲法师辩论,"辩论了一夜,并无结论,老法师并未答应我可以不烧戒,我记得那天是腊月初八,第二天就要举行剃度大典,我实在想不通,要我烧戒也不甘心,终于在腊月初八那天,我逃出观宗寺"。(谢家孝:《张大千的世界》)

张大千想上进比丘戒,因不愿烧戒而未能受戒,但却从谛闲法师处得了比丘戒的法号,这个法号就叫"弘丘子"。弘,大也,通宏,宏大之意,弘丘即有宏大心愿的比丘。1940年中秋,张大千赴敦煌前，请老友方介堪治了这五方比丘戒法号的印章，以备西北佛寺作画应酬之用。他在尔后所作的佛家题材的作品中，常用"弘丘子""弘丘隐居"的题款和印鉴，其源盖于此：诚如杨诗云所说，世人多不知其故。

言归"大千"法名与黄宾虹曾用名的关联。查张大千最早使用"大千"名章是庚申年元月，也就是他出家三个月还俗后的第二年，详见张大千1920年所作的《设色仕女图》。在这幅设色仕女画中，张氏落的名款是"啼鹃"，钤的印章有两方，上方白文"张"，下方朱文"大千"。这是一幅王次回诗意画，是现存张大千作品中年代最早的仕女画，也是他第一次用"大千"名章的作品。

也许有人会问，张大千还俗几个月就用大千的名章作画，这不是恰好证明逸琳法师是为他取过大千法名吗？再从大千乃佛经常用语"大千世界"的简称，而大千世界又是"三千大千世界"之简称，逸琳法师为他取名大千当在情理之中。由此推断，逸琳法师为张正权取法名大千，于情于理于时，均属可能。

那么又该如何来解释寿石工所言"大千"借名之案呢？倘若张季爰的"大千"署名真是从宾翁处假借或宾翁所赐，则时间上不能晚于1920年——也就是只能发生在他还俗后到作王次回诗意图的一段时间内。这段时间，他正在曾农髯、李梅庵门下学书，而黄宾虹与曾、李又是老友故交，是曾、李家中的座上客，有可能见到张季爰，季爰也有可能向黄宾虹求教乃至求借或求赐"大千"署名。

当然也有这种可能：当黄宾虹从季爰口中听说逸琳法师为他取法名大千与自己早年的笔名不谋而合时，可能就把自己早年署名大千事告诉季爰，季爰出于尊老，就势请黄老将此赐他专用。如果这个推想可以成立的话，那么张氏、黄氏所说均属实不误。不谋而合取重名之事，古今中外屡见不鲜，本来不足为怪，只是发生在两位同时代的书画大名家身上而已。

奇怪的是，张大千听了寿石工的调侃后，既不解释，又不反唇相讥，默不作声，毫无反应。这似乎有点不合常规，不合张大千个性的常规。

果然不出所料，张大千不是省油的灯。在稷园聚会时，张氏可能碍于宾翁德高望重，又是前辈，不便反驳，又无法辩解。但他肚明心知，此事必出自宾翁之口，必是宾翁借寿石工之口来取笑他。他只能吃哑巴亏，一时难以答辩，只能伺机反扑回应。

张大千是一位讲故事、说笑话的高手，他发难的方式，也类同寿石工。众所周知，张大千二三十年代是靠作假画，尤其是作假石涛发的迹，原因很简单，当年他未成大名，卖假画比卖他自己的真画价格高得多。除了卖高价外，他作假画的另一个目的是，向鉴定专家权威挑战，同时检验自己作假画假石涛的手段。与其他隐姓埋名，只为谋利的假画贩子不同的是，张大千售假画，尤其是向专家权威售假石涛得手后，喜欢自我曝光。曝光的办法是向友人门人摆龙门阵说笑话。正因为是摆龙门阵、说笑话，所以加作料，添花絮，信口编来，于是听者一传二，二传三，口传成文出现了众多版本。张大千作石涛瞒过鉴定专家黄宾虹就是这样出笼的。也许王中秀认为此事版本众多，矛盾百出，近似小说野史、无稽之谈，不足为训，所以在《年谱》中只字未提。只是在他撰写的《黄宾虹十事考之十（下）——故宫读画》（简称《十事考》，载《荣宝斋》2002年11月号）长篇考释文章中，提出了有此传说，并对其中的三种版本，进行了梳理考辨，从考辨中寻找破绽矛盾，然后以子之矛攻子之盾，攻破传说的存在。

王中秀引述张氏作石涛瞒过宾翁的最早版本,出自大风堂门人巢章甫之手。巢氏在《张大千五十生辰》一文中写道:

> 曾农髯太夫子偶得石涛小幅,黄予向(宾虹别署)适有石谿小幅,尺寸相同,举座融洽。曾太夫子乞为匹,倍其值,予向靳不肯。吾师偶得旧楮,就其上作石涛书画,太夫子见而激赏,留置斋中,时悬壁上,赏玩赞叹。一日予向适来,一见以为苦瓜平生精构,爱不释手,自愿重申前约,以石谿相易,而媵以他物。太夫子笑而许之,此吾师初拟元章故事也。(《子曰丛刊》1948年第2期)

张大千最早向友人门人摆瞒过黄予向(宾虹)的龙门阵是何时何地,已无法考证了。从传说的当事人曾农髯尚健在来推断,此事发生在20世纪20年代无疑(曾氏卒于1930年);宾翁交换的方式

1932年上海抗战停火后,画家王济远赴战区写生,后在其画室举行"战区遗迹写生画展"。合影中右一坐者王济远,右后坐者黄宾虹,前坐者张善子

是"以石谿相易"张大千的假石涛,易画的地点是曾氏书斋。可见此事发生在寿石工笑说"大千"借名案之前。张氏为什么不早不晚,偏偏要在他做五十大寿之际,默许门人巢章甫在上海《子曰丛刊》杂志上刊文公布这个故事呢?原因就在五年前,黄宾虹的《八十自叙》中的这段故事,也正是他的门人友人为他在上海首次举办画展,而印发的《黄宾虹书画特刊》中披露的。水来土掩,兵来将挡,张氏以门人的五十祝寿文,回报宾翁的《八十自叙》,礼尚往来,这正是张大千的回应。

巢章甫,江苏常州人氏。20世纪30年代中期拜张氏为师,他是大风堂里的"秀才",善诗文,相当于张氏的"文秘",张氏的诗词文稿,《大风堂书画录》均由他整理。这篇庆贺乃师的五十寿文必经乃师寓目,文中披露的张氏效仿米元章的故事,也定是在张氏摆龙门阵时听得。

王中秀引述的另外两个版本:一个是谢稚柳的口述(郑重:《从寄园到壮暮堂——谢稚柳艺术生涯》,上海书画出版社1988年版;见附录一),一是刊发巢章甫文章的《子曰丛刊》的创始人黄萍孙的《张大千与黄宾虹交往趣闻》(载《两浙轶事》,第124页;见附录二)。谢、黄两本,与巢本的出入较大,最大的出入是将主要当事人曾农髯换成了李梅庵。李梅庵病逝于1920年,张大千从李梅庵学书不到一年,如果谢、黄两个版本属实,那么大千初入师门,就能作假石涛瞒过黄宾虹,显然于时于艺不合。这两个版本,都出于80年代。谢稚柳确是张大千的老友,按理说他不会犯如此常识性的错误。可能年时已久,张冠李戴,记忆有误;至于个中绘声绘色的细节描写,不知是谢公的加工,还是郑重的"创作"?《子曰丛刊》的创刊人黄萍孙,当年刊发巢章甫一文必经他手,他应该深知其情,也许与谢公一样记忆出了误差,也许道听途说,以讹传讹,将30年代后才出现的方地山赠张大千的嵌名联语"八大到今真不死,半千而后又何人"移到20年代,变成了黄宾虹的回赠联句。王中秀在《十事考》中,以"曾冠李戴"破绽百出的矛,来攻巢章甫之盾,显然是攻不破的。

笔者看到的较早传说版本,是张氏的香港老友朱省斋所写的《艺苑佳话——记大风堂主人张大千》,此文发表在香港《星岛日报》1951年4月17日副刊上。较诸巢本晚了三年。朱文与巢文大同小异,同在当事人及易画地点,异在曾氏欲觅黄氏的册页是什么?巢说是石谿,朱说是石涛。朱文比巢文写得细,将张氏如何作假石涛的细节也点了出来:

> 恰巧大千藏有石涛山水长卷,遂照摹其中一段,并仿石涛笔法,题句曰:"自云荆关一只眼"。又以他自己的两方图章,将张字截去弓字旁,将阿爱截去爱字,凑成石涛常用的印文"阿长"二字,天衣无缝地盖了上去,请正于其师,颇获称许。翌日,黄宾虹以事访农髯,在案头适见此画,大为赞赏,并一再坚求,以他所藏山水相易。农髯不便告以实情,只好勉允所请,于是皆大欢喜。

50年代初,张氏常住香港,朱文中的造假细节,定是径从张氏摆龙门阵中所得,不然是无法编造的。至于曾氏所藏是石涛,还是石谿册页?所觅的究竟是石谿,抑或石涛册页?朱、巢必有一人误听误记;但从大处着眼,朱本与巢本基本还对上号:张大千用假石涛为曾师换得了真石涛。如果巢、朱两说可以成立的话,那么曾农髯的一通无年有月日的手札,倒可作为曾、黄"对换石涛之件"的旁证:

> 昨夕得手书,知一言已成交易,仍旧髯受。二册乞交下(王按:从另函知《二册》,为马远册页一帧、《摘茶图》

伪石谿《黄峰千仞图》轴，美国耶鲁大学美术馆藏

一帧），款七十元，收店债即奉上。又隶书小方附上。又腊岁正思酬先生对换石涛之件，适奉书，正遂前志，甚慰。兹奉上东山临大年小卷，幸察收，随予数语，即颂朴翁岁佳。熙顿首。腊月十六。

信札中的腊月十六，不知是何年？王中秀在《十字考》中断为20年代后期，但又认为："此时的黄宾虹已没有人再敢小觑，包括张大千在内。"为了证明20年代后期的黄宾虹无人再敢小觑，张大千不可能再以假石涛瞒过宾翁的法眼，从而推翻曾熙信中的"对换石涛之件"出自张大千之手，所以他要将这通手札之年断为20年代后期。这是王中秀的"自设圈套"。其实信的断年，与张氏以假石涛换得宾翁的真石涛（或真石谿）无关。20年代后期的黄宾虹尽管在鉴定界声誉鹊起，1929年3月8日，被教育部全国第一届美展推举为"参考品部委员"（古代书画部鉴定委员）。但俗话说，老虎也有打盹儿的时候，谁又能保证没有看走眼呢？问题的关键，曾氏致黄氏信中的"对换石涛之件"，是否就是张大千以假石涛换得的黄宾虹的真石涛？但是要讨论这件事，在缺少"物证"的前提下，很难说得清楚了。

我们暂且放下这个难题，不妨听听张大千自己又是如何现身口述这件事的。

黄宾虹、罗振玉两位前辈与我们曾农髯、李梅庵两位老师都是好朋友，黄宾虹、罗振玉他们收藏的石涛的画最富，他们是当代鉴定石涛的专家，众望所归的前辈。我起初并不是存心要愚弄前辈，原本我是要向他们讨教的。我曾向黄宾虹先生求借他收藏的一幅石涛精品，想借回去仔细临摹研究，可是黄先生拒绝了。这本也不足怪，我心里有些不服气，心想你不肯借给我，我还是可以仿石涛的画。

于是乎，我花费了好些功夫，仿石涛的一幅手卷（包按：这里谢氏记录有误，应为手卷中的一段）包括由画到石涛的假印章，都是自己一手做的，我还在画上题了"自云荆关一只眼"，然后我把这幅画送给我们曾老师过目，我的原意不过是向自己的老师求教而已。

不料，黄宾虹先生那几天恰巧去看曾老师，无意之间，他在曾师案头上发现我的仿石涛（包按：案头上发现张大千的仿石涛，可见必是册页，手卷是无法在案头上发现，要打开手卷才能发现），反复欣赏，爱不释手。收藏家的癖好都是共同的，看见自己喜爱的珍品，恨不得立刻据为己有。黄宾虹即问曾师这画是谁的？我们曾老师当时大概未说清楚，只说这画是他的学生张某人的，或许未说明是张某仿石涛的习作。或许黄老前辈一心以为是石涛精品，根本未想到也不相信后生小辈中有谁能仿如此逼真的石涛赝品，黄先生说他要收藏这幅画，曾老师后来就叫我去看黄先生，让我们直接去谈。

到了这样的情况，也非我始料所及，至此我也难免颇为得意，见到黄宾虹先生时，我就请教他何以特别欣赏这幅手卷？这位老前辈老气横秋地说："这一幅石涛，乃其平生精心之作，非识者不能辨也。"我当时就想，如黄宾虹这样的鉴赏家都看走了眼，我的"石涛"也真仿到家了。他问我要多少钱才肯割爱？我当时念头一转就说，你老人家既然如此欣赏这幅石涛，照说我是舍不得割的，如果您老同意的话，我这幅石涛换你那天不肯借给我的那幅"石涛"如何？我是试探性地开开玩笑，他若不肯就算了。谁知他立刻答应，并且当时交换成交。这个故事后来就传遍

了,说我的假石涛,换了黄宾虹的真石涛!(谢家孝:《张大千的世界》,时报出版公司1968年版)

《张大千的世界》是一部时下流行的"口述历史"体的回忆录,著者是台北征信新闻报的资深记者谢家孝。事先张大千与记者约法三章:不愿录音;不要称传记;不要涉及他人。为了尊重张氏的意见,采取摆龙门阵的方式,"用他自己的话谈他自己的事",因此上面说引张大千的自述,也可以说是他直面读者摆龙门阵的现身说法。与巢章甫、朱省斋转述的张氏龙门阵相比,无疑生动、丰富多了,且增加了许多心理活动的描写。应该说,易画的作品与朱本相同,是以石涛换石涛,不是巢本的以石涛换石谿;而且假石涛上有"自云荆关一只眼"的题句。所不同的是换画者,不是曾、黄,而是张、黄。应该说,易画者的变换及易画的动机,是张氏口述与巢、朱两本最大的差异。是张大千年高健忘,忘记了中年对门人和友人摆的龙门阵?还是正如王中秀在《十事考》中所分析的两种解释:要么张大千骗了黄宾虹多趟,要么张大千信口开河,一如俗话所说的"吹牛不打草稿"。

说张大千年高健忘,谁也不信,因为张大千的记忆力之强,是惊人的;更何况这是一件造假(石涛)史上最得意之笔!他怎会记错呢?说张大千骗了黄宾虹多趟,张氏并没有说过。以张、黄的辈分和交情,张氏不敢也不忍心多次骗黄。况且张氏在口述的结尾明白告诉读者:"这个故事后来就传遍了,说我的假石涛,换了黄宾虹的真石涛!"言外之意是,别人的传说记载都是由此而来的,巢章甫、朱省斋当然也不例外。

最后归结到一点,张大千是否信口开河,吹牛不打草稿。表面看来很像,同一件事,出自同一个人之口,为什么版本如此不同?

以笔者之见,张氏四五十年代向巢、朱两人摆龙门阵的重点在，他当年造假石涛的动机，是为了满足老师曾农髯向黄宾虹求匹对石涛册页的愿望，黄氏不肯，才引出张大千以假易真的故事。也就是说，他造假是有客观原因的。巢、朱记述的重点也偏于张氏以假易真的客观动机。

而20世纪60年代张大千对谢家孝摆龙门阵，旧事重提，一是避免炒冷饭（这碗冷饭不知被多少人炒过），二是另辟新路，着重剖析造假的主观动机。大千起初向黄宾虹求借石涛精品临摹研究，遭拒绝后心里不服，进而仿石涛之作。由讨教到赌气，由赌气到挑战，向权威挑战，这就是张氏口述所要表达的主观动机。

也许王中秀先生要反问：既然张大千以假易真的客观动机是为

张大千仿石涛山水长卷《自云荆关一只眼》局部

了圆曾农髯求匹对册页之梦,为什么在口述中只字未提此事?这正是张大千善于卖关子的地方,因为这个故事的前半段,早已有他的门人友人传遍了,也已见诸报端,那他就乐得"闲话少说,言归正传",直奔"讨教、赌气、挑战"的主题了。当然,以上只是笔者的推理和一得之见,对与不对,诚望中秀老兄点拨!

张大千用假石涛换取黄宾虹真石涛的故事,尽管版本很多,真真假假,虚虚实实,但有一点,他当年在假石涛上曾题句"自云荆关一只眼",朱省斋1951年披露在前,1968年大千又口述重申在后。奇巧的是,这幅临自曾农髯所藏石涛手卷局部的《自云荆关一只眼》的山水斗方,1991年(张氏故去八年后)居然重新出现在美国华盛顿沙可乐美术馆举行、傅申博士策划的"张大千回顾展"上,藏主是纽约大都会博物馆。

又据张大千的忘年交,台北资深记者黄天才介绍:"这是大千二十三四岁时作品(包按:如果黄天才此说无误,那么张氏以假石涛瞒过黄宾虹之事,当发生在20世纪20年代前期,即1924年左右),不仅当年瞒过了黄宾虹,而且若干年后,辗转流传,又由纽约名收藏家顾洛埠当作真石涛购藏,后又转赠大都会博物馆珍藏至今。"(黄天才:《五百年来一大千》,羲之文化事业有限公司1998年版)

这幅《自云荆关一只眼》的山水斗方,从50年代初自朱省斋文中传出,到60年代后期,年近七旬的张大千在友人陈定山家中向谢家孝摆龙门阵时又一次点名,而今物证又在,可谓人证物证俱在。绝非中秀老兄在《十事考》中所言:"张大千版本的故事依然在蜕变,海外竟传来惊人消息,张大千骗了黄宾虹的那幅摹自曾熙所藏原本的假石涛依然存在。"当我把以上所见面告王中秀时,中秀回道:他已见过这幅《自云荆关一只眼》的假石涛,从印刷品中看,这幅假石涛作得太差、太假。他一眼就看出假来,怎么当年的黄宾虹会看不出来呢?我听后不由默然。西洋镜一旦拆穿,告诉你这是一幅假画时,那么你从这幅画中可以处处找出作假的痕迹,乃至拙劣的痕迹,但须知这是事后诸葛亮啊!

诚然,张大千摆龙门阵确有信口拈来,海吹神聊,乃至"吹牛不打腹稿"之嫌,但不管怎么编、怎么吹,总不出死后存放在纽约大都会博物馆中的物证吧?不知中秀老兄以为如何?

值得说明的是,笔者在前言中曾说,王中秀编著的《黄宾虹年谱》(包括《十事考》)为我撰写张大千与黄宾虹的交谊提供了丰富的素材,特此鸣谢。既有鸣谢在前,为何拙作副题就开宗明义提出商榷,岂非忘恩负义,蠹生于木而反食其木乎?我曰非也。君不闻西哲有言:吾爱吾师,吾更爱真理。以此类推,如果将师改成友(或亲友),难道有什么不妥吗?相信中秀老兄也许不以为谬矣!

此事的谢稚柳版本

某日,著名的山水画家黄宾虹到李梅庵家观摩石涛真迹,他的鉴赏力和绘画水平一样威震全国。他一边看,一边赞不绝口。看到后来,黄宾虹兴趣愈来愈好,拿出一卷画,对李梅庵说:梅庵公,今天我买了一幅石涛,花钱不多啊!他说着将画展到画案上。

李梅庵打开画卷,正在沉吟,张大千开腔了:"老师这个不是石涛的真迹,是我的仿作。"黄宾虹一听,连忙俯下身子,盯着画说:"这怎么可能呢?"

"的确是我画的,看看画的右下角就知道了。"张大千一边解释,一边轻轻地揭开宣纸右下角,那里果然有一个小小的"爰"

字，这肯定是张大千所作，而且这个"爱"字的写法就与众不同。这使黄宾虹的面子有些过意不去，李梅庵连忙喝道："季爱，休得无礼！"

包按：郑重记载谢本，是经过艺术加工的。其一，20世纪20年代初，黄宾虹的鉴赏力和绘画水平，尚未威震全国。其二，黄宾虹从市场上花钱不多买到了一幅张大千的假石涛，是不可能的。原因很简单，20年代初，张氏尚无作石涛假画能瞒过黄宾虹的水准，也无刚入师门就作假画到市场出售的胆量。

此事的黄萍孙版本

黄宾虹长张大千三十五岁，两人订交于上海李梅庵书斋。其时大千虽未扬名世界，以其初露的才华，已为李梅庵激赏，并加以培育。黄宾虹虽长于张却小于李，常往请益。一日，见李梅庵桌上有石涛画一幅，询李："花多少钱？"李答："五百元。"黄曰："虽然贵了一些……"接着从画的纸质到落款、钤印，细细地鉴赏了一遍，才肯定下来，说："确是苦瓜真迹，还是值得的。"翌日，黄游城隍庙古玩铺，亦购得一幅同是石涛所作。且胜于梅庵斋中所见，尤使其惬意地只花了一百元，他兴冲冲地重至梅庵，告以此行所获，并将百元的猎物摊开供梅庵鉴别，这时大千亦在案侧。梅庵笑而不语，大千忍俊不禁，实则亦其仿作。大千忙掏出百元钱，向宾虹致敬，并收回赝品。宾虹返杭后，书一联相赠，系录方地山句："八大到今真不死，半千而后又何人。"

包按：黄本人编造加工更加离谱，估计是看了或听了谢本后所写。黄宾虹花钱买了张大千的假石涛，张大千居然当面将钱还给黄宾虹，并向他致敬，天下哪有这样的作假画傻子？更何况黄宾虹返杭后，还书联相赠，请问黄宾虹返杭干什么？他当年又不住在杭州，黄宾虹迁居杭州是1948年以后的事了。至于所书方地山撰大千嵌名联，则是20世纪30年代以后的事，时段错位，如此，不是胡编又是什么？

张大千与谢玉岑

1986年5月中旬,我国著名词学家夏承焘在京逝世,享年八十七岁。由夏教授的寿终正寝,使我想起了半个世纪以前贫病而死的另一位词人——谢玉岑。这位词人比夏承焘长一岁,是夏承焘的挚友。他俩结识在一个甲子以前,也就是丙寅(1926)春,地点在永嘉(温州)。两人结识后一见倾心,许为知己,常常在一起吟诗赋词,推敲词学。

自古才子多薄命,处在乱世时代的这位人称"江南才子"的谢玉岑,贫病交加,天不假年,只活了三十七岁。死后五年,经友人王春渠(字曼士)多方搜集佚稿,才自费出版了数百本线装铅印的《玉岑遗稿》。当王春渠写信告诉夏承焘要出版《玉岑遗稿》,并请他为之作序时,他深有感触地写道:

> 昔荆公(王安石)之悼王深甫,以为深甫早死,并其书未具将无所传于后。嗟乎,吾友玉岑之遇,不知孰愈于深甫?今略具其书矣,虽早死同深甫而不酬于身,必将有传于后,抑亦可少慰欤?!……

写完序文,夏承焘意犹未尽,又填了一首《减字木兰花》,小引写道:"玉岑亡后,尝欲写其遗词,逾年,予亦大病几死,伤逝自念，辞不胜情！"其词曰：

    荒丘剑气，一诺犹孤人换世。残稿青山（玉岑有青山草堂图），玉笛孤云唤不还。 有涯无益，蠹简难青头易白。楚老重逢，后死龚生此恨同。

夏承焘曾悼过的就是常州词人谢玉岑，他是当代著名书画家、鉴赏家谢稚柳的胞兄。

谢玉岑（1898—1935）出生在常州武进的一户书香门第。祖父谢养田，父亲谢柳湖，皆是乡邑的饱学之士，家中收藏金石、文学图书甚富，这对幼年的谢玉岑颇有影响。他的妹夫钱小山在谢玉岑"小传"中说他"少工骈体文，于篆分书亦自有天分"。

谢玉岑的业师名叫钱名山，是常州的一位大名士，清末民初，他从北京弃官还乡，隐名乡里，闭门教授弟子，谢玉岑是他门下的第一个学生。钱名山是他的业师，也是他的表叔，发现他是一个可造之才，就将自己的长女钱素蕖许配给了他。

谢玉岑二十七岁辞家南游，在温州一所中学任教，任教期间，"尽识其地文学之士，暇日登谢客岩，拜康乐公（谢灵运）之墓，见者以为异人"。

他在温州结交的文学之士以夏承焘最为知己莫逆。

在温州执教一年后，他因祖母年迈，为便就近奉养祖母，转到上海爱群女学执教，授中国文学史。当时上海盛行文人雅集，文人墨客、丹青妙手定期聚在一起饮酒赏花、赋诗作画。其中有一个文人雅集名叫秋英会。秋英会的召集人叫赵半坡，能诗画，好宾客，1928年，仲秋时节，菊花盛开，河蟹正肥，就邀集诗画朋友到他家中赏菊品蟹，作画题诗。

正是在秋英会上，谢玉岑结识了上海许多书画名流，同时经张善子的介绍结识了其胞弟——当时尚未扬名的张大千。

谢玉岑

张、谢缔交后,谢玉岑迁居西门路西成里,与张氏昆仲结户为邻,很快就成为朝夕奉手、影形难离的朋友。谢玉岑赞赏大千的画艺,张大千敬佩玉岑的诗才。当年的大千尽管也能写诗,但诗学根底比起玉岑来显然不如,因此常常向玉岑请教诗词,并请他为自己的画题写诗词。20世纪30年代前后张大千的题画诗词,有不少是谢玉岑写的。其中有署名的,但大多不署名。在《玉岑遗稿》中辑录了十多首他为张大千的题画诗词。

1934年夏日,张大千赴北平开个人画展,客居颐和园昆明湖畔的万寿山听鹂馆达半年之久。谢玉岑在病中深深地怀念这位知交,提笔写道:

半年不见张夫子,闻卧昆明呼寓公。
湖水湖风行处好,桃根桃叶逐歌逢。
吓雏真累图南计,相马还怜代北空。
只恨故人耽药后,几时韩孟合云龙。

这首诗写在1935年初,曾发表在南京《中央日报》上,题为

《怀大千宣南》。当时张大千正携带新娶的三夫人杨宛君旅游日本东京,欢度蜜月。待他俩双双归来,回到苏州网师园时,谢玉岑已在常州卧病不起了。

谢玉岑病重期间,张大千坐火车从苏州到常州,"每间日一往,往必为之画,玉岑犹以为未足"。据说玉岑生性喜吃水果,但他患的是肺结核,病危时"食少畏寒,被八重犹不暖",根本不能进水果。张大千为他画的多属果品册页,聊慰思食水果之情。乙亥(1935)三月十八日,谢玉岑病逝,张大千亲自扶柩送葬,并题了一块"词人谢君玉岑之墓"的墓碑,竖立在谢玉岑的墓地上。谢玉岑故后数月,张大千一连三次梦见玉岑,最清晰的一次是在北游归途的火车上。事后,他绘了一幅谢玉岑生前曾作诗吟咏过的《黄花水仙》,赠给了谢玉岑的胞弟谢稚柳。画中抄录了玉岑所题的原诗:

黄花水仙最有情,宾筵谈笑记犹真。

剧怜月暗风凄后,赏花犹有素心人。

谢玉岑一生好画,结交了许多画友,爱画成癖,是个画迷,用他的诗来说是:

平生不好货与色,犹恨书画每年癖。

因贪生爱爱更怜,陶写哀乐难中年。

他一生收藏了不少同代画友的画,其中以张大千的画为最多。据悉他生前收藏了张大千的画作大小二百件,死后,他的灵堂里挂满了张大千的画作,谢氏家属用大千画作来送别玉岑的亡灵,可见张谢交情之深。

20世纪30年代初期,上海有一个画会叫"寒之友",谢玉岑与黄宾虹均是"寒之友"画会的会友。黄宾虹作画喜题诗,时人称他为诗书画三绝,玉岑在绝句中评道:

新安更数黄夫子，诗句清泠戛石流。

美术史家兼山水画家郑午昌，师法方壶、石涛，好以渴笔争长，如锥画沙，玉岑在诗中写道：

方壶渴笔石涛神，铁杵金刚腕下惊。

"寒之友"画会中年龄最小的要推郑曼青，次为张大千。郑曼青早年被人视为神童，其作花卉《芭蕉月季》颇得画友好评。玉岑评为"近作之冠"，亦有诗赞道：

曼青人冷如其画，赭墨萧疏冻未干。

留与天心验盈朒，芭蕉才展月初圆。

"寒之友"画会中有二虎，一个号虎痴，即张大千的二家兄张善子，另一个字虎卿，即常州画家房毅，虎痴画虎，虎卿画龙，玉岑在读画绝句中道：

善孖虎痴工画虎，虎卿字虎更呼龙。

刘郎英气消沉尽，闲看风云小丘中。

谢玉岑不仅喜画、藏画、论画、评画，而且能画，是"寒之友"画会中一员名副其实的"画友"，他的画逸笔草草，山石、松竹、兰梅，纯属抒写性情。请看他的《自题画梅被面》诗：

旧思百计负牛衣，瘦褪眉黄事亦非。

谁信梦中环佩悄，冻鲛微月见湘妃。

在绢上画的是梅，却是借梅思人，悼念亡妻。画友符铸评他的画道："幽淡逋峭，疏林远水，松石梅竹，令人意远。"张大千对他的画更为推崇，赞为"外行画（在这里泛指文人画）海内当推玉岑第一"。可惜他的画传世不多。

谢玉岑尽管可以算一位多才多艺的文人画家，诗词、文章、书画样样精通。但是平心而论，如果要品评甲乙，应该说他的词第一，诗第二，文章次之，书画最后。诚如夏承焘所说："世皆谓玉

张大千赠谢玉岑《天长地久图》

岑撰著,词为第一,而玉岑自恨累于疾灾,不能尽其才也。"在《玉岑遗稿》中,辑录的词也最多。他的词风以妻钱素蕖亡故为界,分为前后两期:前期词清逸绝尘,行云流水不足尽其态;后期词缠绵沉至,寒骨凄神,浅盏低吟务为语其苦。前期词取其室名,名为"白菡萏香室"词;后期词取其自号,定为"孤鸾"词。

为了说明他的词风转变,这里要补叙一段他与妻子钱素蕖的家庭感情生活。钱素蕖名亮远,她生时家中庭院白莲花盛开,故其父名之素蕖。她出身书香门第,是家中长女,自幼就学于父。"劬学乐道,读书不倦,致力温公通鉴尤勤",又"以家学,亦好书"。可是婚后因"有井臼女红之司,儿女之累,疏笔砚,终年不握管,其书可留者绝少,则妻平昔之所痛心也"(均见《亡妻行略》)。钱素蕖既是谢玉岑的舅表妹,又是同学,从小青梅竹马在一起学习、生活,婚后十分恩爱。谢玉岑有不少诗词是写给她的。如他在永嘉执教期间,远离故土,想起了在家中辛勤操持家务的素蕖,恰值素蕖又有信来,念及"素蕖寄书皆深夜所作",于是趁着"天涯梦醒,寒月在窗",提笔一连写了二首七绝,寄给了她。其中一首写道:

夜阑针黹苦辛勤,薄幸长游不救贫。

多谢梦回一阑月,故乡犹伴未眠人。

如果这首诗还只是记述他对辛勤操持家务妻子的感激之情,那么《解语花》一首词,则更多地流露了他对妻子深沉的爱恋和歉意:

别来几日,园林又见,春光如此。海样离愁,也被花枝勾起。花间况有如弓月,可似那人眉子?只多愁多病,料应不似,那般憔悴。　算流光弹指,争都难记,竹马青梅情味。安得春风,吹转十年年纪。分明翠墨银钩手,换了寒灯盐米。待几时有愿,凌云赋就,吐闺中气。

谢氏夫妇共生六个儿女，其中一个是哑巴，一个早夭。家计十分艰难。为了谋生，谢玉岑长期在上海执教，还当了一段税吏，又得了肺结核，常年有病；钱素蕖在家拖儿带女，家务繁重，亦多愁多病，最后劳累成疾，于1932年3月21日病故。对于妻子的死，谢玉岑十分哀痛，妻亡后，他请张大千绘《天长地久图》及丈幅白荷花，追祭亡灵，自号"孤鸾"，发誓不娶，并对人说道："报吾师，唯有读书；报吾妻，唯有不娶。"自此长调短阕，务为苦语，词风为之大变。试读《玉楼春》，小引曰："夜梦素蕖，泣而醒，复于故纸得其旧简，不能无词，癸酉（1933）七月十七日。"其词曰：

罗衾不耐秋风起，夜夜芙蓉江上悴。苦凭飘忽梦中云，赚取殷勤衣上泪。　起来检点珍珠字，月在墙头烟在纸。当年离别各销魂，今日销魂成独自。

钱素蕖病亡仅三年，谢玉岑亦故去。他的死，主要是贫病交加，也与悼妻伤逝有关。难怪他的老岳丈钱名山在痛失爱女又失爱婿后，要在《庭院深深》一词中含泪吟道：

万里烽烟黄蘖路，一卷珠玑（《玉岑遗稿》）幸脱秦灰数。莫道死生离别苦，如今直要论千古。　掌上明珠吾妇汝，苦向人间换得伤心句。欲展一篇还又住，老人清泪无多许。

附：关于"病重托弟"说

谢稚柳（1910—1997）是谢玉岑的胞弟，也是钱名山的学生，他与玉岑相差十二岁，但都是武进寄园培育出来的一代才人。

据上海《文汇报》记者郑重在《从寄园到壮暮堂》一书中记

载:"谢稚柳第一次与张大千见面,是在上海张大千开的一次展览会上。当时谢玉岑带着稚柳去参观大千的画作展览,玉岑把稚柳介绍给大千。"那么,张谢之交究竟是哪一年?郑重没有记载。幸有谢稚柳自己的回忆文章为证:"大千终年八十四岁,回想起相识之始,我才二十三四岁,屈指已是五十年前的事。"谢文题为《怀念张大千》写于1983年4月,也就是张氏逝世不久。由此推断,张谢之交在1934年前。

谢稚柳十九岁告别寄园,告别老师钱名山,到南京谋生。开始在南京官务处担任书记员,公务是抄抄写写。由于他少时喜好绘画,尤好陈老莲的花鸟。到南京后,他白天办公,晚上学画,临仿陈老莲的画,到处寻访陈老莲的画迹。结识张大千后,他曾到苏州网师园——张善子、张大千的客居地——玩过几天,并且在一起画画。张大千见谢稚柳学的是陈老莲的笔路,学得逼真,于是就把自己收藏的一部陈老莲册页借给稚柳观摩临仿,后来又将这部册页送给了谢稚柳。

关于张谢之交,谢家孝在《张大千的世界》一书中有专章记载,《从寄园到壮暮堂》一书中亦有较详尽的记述,笔者与谢稚柳老先生虽有多次交谈,亦曾约他写过回忆张大千的文章,只因掌握的史料素材上面两书的记载,所以在拙著中付阙。事隔多年,重理旧著,觉得谢稚柳在张氏的艺术圈中是不可或缺的一位重要人物。为此又细细梳理了一番两人的艺事交往,发现有一个争议问题——谢玉岑病重期间,是否有托弟(稚柳)从大千学画之说?这个问题本来也不是太大的问题,但经谢稚老提出,谷苇撰文发表后,也就成了张谢之交中的一段小小的公案。

最早提出谢玉岑病重托弟之说的是谢家孝,他在《张大千的世界》中"张谢之交"一章中写道:

谢玉岑许以张大千来日必叱咤画坛,他曾自叹命短不能目睹其成就,在病重时,始以其弟稚柳为托,以稚柳诗文有才,愿从大风堂门下习画,期能诗书画三才并具。大千对玉岑的感情,虽因诗画建交,彼此欣赏,知己难得,莫逆于心,论交情实又兼具手足之亲,闻玉岑之提议,即说:"我们是兄弟一般的交情,稚柳是你的爱弟,我必须视他如自家兄弟,他如有兴趣学画,我必须尽力,但不必入大风堂门下认师事我,兄弟之情实胜于师徒之谊……"

谢稚柳读了这段文字很是不满。20世纪80年代中期,笔者就亲耳听谢老说过两次,说谢家孝这段记闻是子虚乌有,凭空虚构的。谷苇在《谢稚柳与张大千》一文中,专就这段传闻进行辨正道:"这一段文字倒是写得有声有色,但是实际上却并无其事,而仅仅是出于作者的丰富想象。"(见上海《朵云》中国画艺术丛集第7集)显然谷苇先生的辨正也是出于谢老的不满和授意。那么撰写过谢稚柳艺术生涯传记的郑重又是怎么对待这个问题的呢?他在《从寄园到壮暮堂》一书中是这样记述的:"谢玉岑许以张大千来日必叱咤画坛,他自叹命短不能目睹其成就,在自知不起之时,以长子伯子(号宝树)相托。伯子小时失语,正在学画。张大千含泪允诺,随收伯子为门下。"

郑重记述的这段文字,显然是从谢家孝脱胎而来,只是将谢家孝所写的临终托弟改成临终托子。关于谢稚柳对谢家孝"临终托弟"的质疑,也曾当面向笔者说起过,由于对谢家孝这部口述传记的真实性尚未产生多少怀疑,所以对谢稚柳的质疑也未予理会。后来拜读了谷苇先生的大作,文中的矛头所指是"出于作者丰富想象",也就是说"临终托孤"是谢家孝想象出来的,并非张大千的口述。这里又出现了一个新的问题,谢家孝这部记载张大千的口述是否都真实,有无假传口述之疑?顺着这条思路,我从两方面着手来查证谢玉岑究竟有无临终托弟之事。

首先我从谢氏方面入手,谢稚柳否认此说有无旁证?谢伯子是谢玉岑的长子,又是大风堂的入室弟子,郑重在《从寄园到壮暮堂》一书中又有临终托孤之说。谢伯子会不会知道一些隐情?于是我给谢伯子写了封信,求询真情。

谢伯子现居常州市,是一位职业画家,年逾古稀。由于谢玉岑与其妻钱亮远是姑表亲,谢钱两族又三代联姻,近亲通婚的结果是长子谢伯子天生聋哑,自幼喜好绘画,后又拜张大千为师,专攻绘画,遂以绘画为业谋生。我与他有过两面之缘,一次是80年代末在常州他的家里,另一次是90年代中期在北京的中国美术馆,我看过他的不少展品,功力很深,但酷似乃师,脱不开其师风貌。他接到我的求询信,回信首先肯定了其父向大千师临终托孤之说:"先父病逝以前,嘱我向大千先生下跪叩头,拜他为师。大千师挥泪收下,我当时才十二岁,还是记清楚的。"谢玉岑病逝于1935年,其妻早亡三年,留下五个子女,最大的就是谢伯子,只有十二岁,最小的谢叔充只有五岁。谢伯子是长兄,理应挑起照应弟妹的生活重担,可是他却是个天生聋哑人。聋哑人谋生,总要有一技之长才行。幸喜他喜好绘画,因此乃父临终向张大千托孤,确在情理之中。

那么谢玉岑病重期间是否也托过张大千教授提携胞弟稚柳画画?谢伯子的回答是:"此事我当时因年幼,根本不知(因听不见),直到'文革'结束后才得知,大千当我父的面,不接受我父的请求,只愿与稚柳交友,互相交流艺术心得。但只记得,我叔叔稚柳曾否认。"读了谢伯子的回答,我不禁哑然失笑。成语中有

"问道于盲"一词,我不是"问听于聋"?不要说当年谢伯子年幼无知,即使年长有知,他也听不见其父与大千的这段对话呀!

从情理上推测,谢玉岑病重期间,张大千每隔一天就从苏州到常州探视,大千除了在病榻前为玉岑作画,慰藉老友外,谢玉岑膝下有五个子女必有一番善后嘱托。这一年谢稚柳二十五岁,正在南京当公务员,有诗文之才,喜欢绘画,又比大千小十岁,而张大千已蜚声南北了,因此在交谈中,谢玉岑拜托张大千在绘事上点拨提携胞弟,乃至收胞弟为门人习画,不是不可能,而是很可能谈到的。问题是张大千没有答应,张氏的回答也很大度:"稚柳是你的爱弟,我必视他如自家兄弟……兄弟之情实胜于师徒之谊。……"张大千不仅口头上拒绝了谢玉岑的托付,而且在行动上处处以兄弟视之,嘱咐子侄门人叫谢稚柳为叔叔(即使年龄长于谢稚柳的门人,如糜耕云、何海霞、王康乐,也一律以师叔视之)。不知为什么谢稚柳对谢家孝书中的这段记述会如此反感,一再予以否认?如果有人要抬杠,谢玉岑拜托张大千之事并非当着谢稚柳的面说的,而是他们两人之间的对话,既然是玉岑大千之间的私下谈而未成的对话,当时也不一定告诉谢稚柳,所以谢稚柳也未必知道。怎么又能以未必知道之事来否认曾经有过之事呢?!由此谷苇兄在文中指责谢家孝的记述"并无其事","出于丰富想象",似乎有点武断。

那么谢家孝的"张谢之交"立论有无失误之处?有!失误之处就在于既然张大千已经拒绝了谢玉岑托弟拜门之求,而是事事处处视稚柳"如昆若弟",那么谢家孝就不应该"哪壶不开提哪壶",总是要从谢稚柳的身上去寻找他师承张大千的轨迹。诸如:"谢玉岑托弟于病重之际,这就成了张大千日后对谢稚柳关顾、提携的感情基础,而谢稚柳今日亦成名家,虽从未明言他师承何门,但识者均知他受大风堂的影响甚深。大千张爰与谢稚柳在敦煌朝夕切磋逾年的共聚时期，必然也是谢稚柳直接领教张髯画艺的重要阶段。"明眼人一看便知，谢家孝的言外之意是，谢张之间实际上存在着不是师徒的师徒之谊。这样的推论当然激怒谢稚柳了，难怪他连胞兄病重期间善意的委托及大千婉言谢绝委托的对话，也要予以否认。

  画友之间在艺术上互相学习，互相帮助，互相影响，这本是一件十分正常的事情，故有亦师亦友之说。与谢稚柳相似的，张大千的另一位老友叶浅予，就公开承认过，他的国画是向张大千学习的，张大千是他学国画的老师。1945年秋，他在张大千家住了三个月，学到了不少手上功夫，"比如用笔用墨之法，层层着色之法，重复勾线之法，衬底渲染之法，在心领神会之后，用到自己的人物造型中去，获得了不少益处"。他的这种虚心拜师求教态度，丝毫没有影响他的身份，也没有影响叶氏在张氏门人子侄心目中的地位——大家照样喊他叶叔叔。张大千也照样以老友对待。当叶浅予向他请教画印度舞蹈人物时，他却反过来借用叶的画稿，用他的敦煌人物造型的方法，画成了大千式的印度舞蹈人物。在早年题跋中指出了自己画稿的出处，直至晚年居然这样题道："日寇入侵我国，浅予携眷避地天竺颇久，我受降之次，浅予归国，馆余成都近半年（三月之误）。每写天竺寂乡舞女（寂乡者，泰戈尔大学所在之村名也），奇姿逸态，如将飞去。余爱慕无似，数数临摹。偶有一二似处，浅予不为诃责，转为延誉，余感愧无似……"这段跋语写于壬戌（1982）九月，也就是距叶浅予当年在他家学国画的三十七年以后，他居然还感念借用叶氏的印度舞蹈人物画稿之事。明明是叶氏向张氏请教印度舞蹈人物的画法，张氏却说成对叶氏的画稿数数临摹，爱慕无似。叶张之间的互敬互重的亦师亦友关系，似乎更值得为人称道。

张大千与李秋君

1948年仲秋。上海书画界的一些名流会聚在李公馆的客厅里。客厅里点着一对巨型红烛，烛光映着墙上挂着的一幅红底洒金的寿字。客厅中央摆着几桌酒席，坐满了宾客，济济一堂。宾客频频举杯，庆贺两位寿星的五十寿辰。只见两位寿星，一位穿着墨绿印花的旗袍，脸上敷着淡淡的红粉，戴着一副金丝眼镜，看上去只有四十岁左右；另一位身穿深咖啡花呢长衫，一脸络腮胡子，下巴的胡子垂下来足足有三四寸长，胡子的颜色呈花白色。

两位寿星合坐在一桌上，男寿星居中，女寿星居右，左边照例坐着女寿星的哥哥。他俩落落大方地应酬着宾客朋友的祝寿。

席间，一位五短身材的篆刻家，从口袋里摸出一个小红绸包，站起来笑着对两位寿星说道："八哥，三小姐，今天是双寿临门，是你们二位的百岁大寿，小弟特此治印一方，望二位笑纳！"说罢，他走到两位寿星座前，递上这个小红包，两位寿星赶紧站起来致谢。女寿星接近小红绸包，打开一看，是一块方形鱼脂冻石印，用仿汉白文刻着"百岁千秋"。女寿星嫣然一笑，递给男寿星，男寿星接过一看，掀须哈哈大笑，说："巨来兄，你这方章刻得好哇，千金难买！"座上的宾客们纷纷离座前来争相观看。有一位

李秋君

戴着深度近视眼镜的看后,操着浓重的广东口音说道:"巨来兄这方印刻得好是好,可惜……"听他这么一说,室内一下鸦雀无声,被称为巨来兄的篆刻家,以为自己刻的印章有疏略之处,着急地问:"丹林兄,有何高见?"丹林微微一笑:"巨来兄,你别着急,我不是说你的印章刻得有毛病,而是可惜这方印章只能藏之私好,成为瓯湘馆主的纪念章罢了。"座上客都知道瓯湘馆,是女寿星调朱设粉、挥笔作画的画室,所以她自号瓯湘馆主。只见瓯湘馆主红霞满面,娇嗔地对男寿星说:"八哥,丹林的这句话岂有此理!今天咱俩就合作一幅画,盖上这方印章,公诸同好,免得人家说闲话,说什么藏之私好,是我的纪念章,怎么样?"丹林一听暗暗得意,女寿星果然上了他的圈套,但是他见男寿星稳坐泰山,于是又激出了一句:"八哥,我看算了吧,别夺人所爱嘛!"女寿星一听此话更急了,用手去拉男寿星,一边拉一边说:"走,八哥,说画就画,咱们现在就到瓯湘馆去画!"座上宾客无不拊掌大笑,陈巨来暗暗地捅了陆丹林一下,嘟囔了一句:"丹林兄,真有你的!"

张大千与李秋君（右二）、李祖韩（左二）等合影

两位寿星双双走进瓯湘馆，后面跟着陆丹林、陈巨来等十余名宾客。男女侍从马上磨墨铺纸。男寿星从笔架上取下一支特制大毫，饱蘸墨汁，略一沉思，挥笔如泼，画出了一幅墨气淋漓的高山，女寿星心领神会，在高山下补上一泓泉水，陆丹林在一旁拍手叫好："好一幅高山流水！"男寿星至此才开口道："好啥子呀，丹林兄，现在该劳你的大驾了！"陆丹林知道要让他题款，不敢推辞，笑着从笔架上取下了一支狼毫小楷，工工整整地题上"高山流水"的上款，又题上"大千、秋君合绘，丹林嘱题，戊子八月"的下款。女寿星取出"百岁千秋"的印章盖上。盖毕，两位寿星又当众相约，要各绘二十五幅、合作五十幅，凑足一百幅，互相题款，每幅画都用这方印章，开一个双人联展。李秋君，是张大千的艺术

知音、红粉知己,这一方印章就是取二人名字中的一字,合庆百岁的纪念。

关于张大千与李秋君何时相识,具体年月已无法考证。据张大千本人的回忆(见谢家孝:《张大千的世界》)是在他二十二岁,也就是1921年。且听他的自述:

> 宁波李家名门望族,世居上海,我在上海的日子,多半在李府做客,李府与我家是世交……这位三小姐(李秋君行三,上有二位兄长李祖韩、李祖夔,下有五个弟弟),与我常常谈画论书。因为我们是通家之好,李府上下从老太太到用人,个个对我都好,从不见外,我住在他们家里绝无拘束之感,而三小姐对我的照顾真是无微不至!

> 秋君小姐与我是同庚(张大千的生日是阴历四月,李秋君是八月),记得在我们二十二岁那一年,李家二伯父薇庄先生,有一天把李祖韩大哥、秋君小姐及我叫到身边私谈,二伯父郑重其事地对我说:"我家秋君,就许配给你了……"一听此言,我是既感激,又惶恐,更难过,我连忙跪拜下去,对二伯父叩头说:"我对不起你们府上,有负雅爱,我在原籍不但结了婚,而且已经有了两个孩子!我不能委屈秋君小姐!"他们的失望,我当时的难过自不必说了,但秋君从未表示丝毫怨尤,更令我想不到的,秋君从此一生未嫁!

从年龄来看,二十二岁的张大千,当时尚未在画坛扬名,他正在曾农髯老师门下学书法(他的一位老师清道人李瑞清已于前一年去世),他在曾、李门下学书卓有成绩,他学清道人的字体可以乱真,曾经代清道人写过笔单。在学书的同时,他还攻画,学石涛,仿石涛。可见这段时期的张大千,一定是以聪敏过人,富有艺术才华,方能赢得名门闺秀,又颇有书画才情的李秋君的青睐和爱慕。

张大千与李秋君由相识到相好,首先是由于艺术上的相识相知。据陈定山在《春申旧闻》中记载,当年的李秋君"才高目广,择婿苛,年已数逾摽梅,犹虚待字",据说开初她曾对杭州的一个画家很欣赏,认为他是一个才子。这位画家"长大白皙,自视甚高,谓之唐寅复生,画法新罗,字法清湘",后来才发现他的画是从张大千那里学来的。有一天,被李秋君发现了原稿,方知道天地间,除了这位画家之外还有一位张大千。陈定山的这段记载未指明年月,很可能记的是张大千二十五岁成名卖画之后,不然这位杭州画家何以得知张大千,为什么又要学一位无名青年画家的画呢?但是李秋君才高目广,择婿苛,恐怕是早已如此,不然像她这样一位名门才女是决不会自误青春的。

那么为什么张大千要一口回绝?据张大千自己解释说:"李府名门望族,自无把千金闺女与人做妾的道理,而我也无停妻再娶的道理。"这个解释的前一句是为李秋君设身考虑,后一句是谈自己的实际难处,当时他不但有妻曾庆蓉,而且有妾黄凝素,更何况黄凝素已生下了两个孩子。他要与李秋君结婚,除非与妻妾离婚,而这一步是行不通的。所以张大千当机立断,一口回绝。

奇怪的是,李秋君从此一生不嫁,而且她更加无微不至地照顾张大千,待他之好,"如同在尽一位贤妻的责任"。

先从衣食住行来看,据张大千自述:

> 李府大家庭的规矩,财产划分,在外赚了钱,也要提出一份缴为公用,我是住在李府的常客,我在他们家就是三小姐的客人,三小姐就拿私房钱多缴一份。三小姐的车子、车夫是给我使用。而我的穿着,都是三小姐亲手缝制,照顾饮食,做我爱吃的菜。

早年在上海我就有糖尿病,每有应酬,都是祖韩大哥及秋君三小姐陪我,熟朋友也都知道我们亲密的关系,几乎都是李家兄妹坐在我的左右两侧,吃的菜都要秋君鉴定后,夹到我面前的碟内我才能吃。我最馋甜菜,可是往往不能吃到口。只有一次,我很得意,那一天的宴会,男女分坐,我居然没有与秋君同席。我记得是梅兰芳与余叔岩坐在我的两旁,但秋君在邻席关照我,不许乱吃。等到上来了一碗撒着桂花末的芋泥甜菜,我大声问秋君,这道菜我能不能吃?秋君眼睛近视,错看桂花末是紫菜屑,她以为是咸的菜,回答可以吃,我赶紧挖了一大调羹就吃,太太小姐们总是动作慢些,等到秋君尝到是甜菜,大叫:"你不能吃!"我早已下肚了,还回她一句说:"我问了你才吃的!"

为了治疗张大千的糖尿病,防止他吃甜食,李秋君甚至不让全家吃甜食。有一年过端午,有人给李府送来了最甜的白沙枇杷,可是因为张大千不能吃,所以全家都不吃。

有一次,张大千在李府,一顿吃了十五只大螃蟹,然后又到街上去偷吃了两杯四球冰淇淋。贪吃出了大毛病,一到晚上,他上吐下泻。李秋君与她的母亲住在后院楼上,听说张大千病了,深夜赶来探视,又派人请医生来看急诊。医生来了问明了病情,给他打了针,又对在床边照顾他的李秋君说:"太太,不要紧的小毛病,您请放心!"张大千听了,有些难为情,又不好解释。第二天他的病好了,就向李秋君道歉。谁知她竟坦然一笑,回答道:"医生误会了也难怪,不是太太,谁在床边侍候你?我要解释吧,也难以说得清。若不是太太,怎么半夜三更在你房里侍候?反正太太不太太,我们自己明白,也用不着对外人解释。"

张大千有四位夫人，大夫人曾庆蓉，二夫人黄凝素，三夫人杨宛君，四夫人徐雯波（原名徐鸿宾），其中三夫人、四夫人都在李秋君家里住过。据杨宛君回忆，20世纪30年代，她每次随张大千到上海，都在李秋君家中住，李秋君待她很好，如同亲姐妹一样，看不出张大千与李秋君有什么暧昧的关系。而对徐雯波，据张大千自述：“我现在这位太太，真是秋君视同学生一样教导出来的。我太太敬重她，她常对我太太说，这样要注意我，那样要留心我。秋君说：'大千是国宝呀，只有你是名正言顺地可以保护他、照顾他，将来在外面，我就是想到也做不到呀！你才是一辈子在他身边的，还得你多小心，别让他出毛病。'"徐雯波见李秋君大约在1948年深秋，当时张大千应印度政府之邀将去讲学，所以有这番教导。

除了对张大千的夫人视同同室之外，李秋君还要求张大千将他的长女张心瑞、幼女张心沛"寄名膝下"，过继给她，并由她按照李家"祖"字辈以下，"名"字辈的排行，改名为"名玖""名玫"。名为义女，实际上有嗣继之意。据张心瑞告诉笔者说，由于李秋君未婚嫁，所以称她为"寄爹"（干爸爸）。

在艺术事业上，李秋君也是以张大千的"贤内助"身份自居。据张大千自述，他在上海时，大风堂的画室等于设在李府上，向大风堂拜门的弟子，李秋君可以代他决定收不收，如果他不在上海，李秋君可以代表他接帖，受门生叩头大礼：拜了她，等于拜了"师娘"，就算是大风堂的弟子。

李秋君学画原来是专攻山水的，是吴杏芬老人的高足，自从与张大千订交后，又向张大千学小写意仕女，"以写生法作古装美人，神采生动，几夺大千之席，故大千亦为之馨折不已"（陈定山：《春申旧闻》）。难怪有人传说，张大千留在上海时期的作品最靠不住，画多半是他人（指李秋君）的代笔。对此，张大千解释道："其实，我与秋君合作的画不少，他们一家都能画，大哥李祖韩也常要为我补衬景，他们是好玩凑兴的性质，倒不是为我代笔作赝品。"

由于张大千与李秋君如此深交又不加避讳，所以他们的交往常常成为上海小报上的花边新闻。

有一次，张大千刚由四川到上海不久，与李祖韩一起去浴池洗澡，无意间他看到一份小报，上面赫然有"李秋君软困张大千"的标题，文章说他被李秋君软禁在家里，秋君要独占大千，禁止他参加社交活动等等。他看了极为不安，很不好意思地把报纸递给李祖韩说："小报如此乱写，我待会儿怎么好意思见三小姐？"回到李府，谁知李秋君反而主动地把报纸给他看，他说："外面如此乱说，我真对不起你！"李秋君却说："只要我们心底光明，行为正大，别人胡说也损不了我们的毫发，不要放在心上！"

当时追求李秋君的名士很多，向李府做媒求亲的人也不少，但均为李秋君所婉却，张大千都想极力促成，但李秋君只淡然一笑置之……更为微妙的是，据张大千自述："我们生不能同衾，说来也不足为外人道，我们曾合购墓地，互写墓碑，相约死后邻穴而葬，秋君也顾及名分并不逾规，她还说我有三位太太（当在娶徐雯波之前所言），不知谁先过世，因此她写了我的三种墓碑，半开玩笑地说，不知是哪位太太的运气好，会与我同穴合葬，我也为她写了'女画家李秋君之墓'。"

1973年8月，李秋君在上海病逝，徐雯波怕张大千知道后过度伤心，所以全家封锁消息，不告诉张大千。隔了一年，张大千在香港举办画展，全权委托李秋君的七弟李祖莱处理，他由李祖莱想到李秋君，至此徐雯波才不慎泄密地说，李秋君怕再也见不着了！

张大千得悉他情逾金石的李秋君已离开人间，他们生不能同衾，死后又不能如约邻穴而葬，哀痛之余，精神恍惚，久久不言，

李秋君的画作《粉笔难描》

终于写了一封长达八页的信札,致李祖莱伉俪,哀悼李秋君,自称"将以心丧报吾秋君也",信中写道:

……自四月初一贱辰(生日)前,身体即感不适,屡欲作书奉告,辄以困顿辍笔。三小姐捐帏,八嫂(徐雯波)萝侄(张葆萝)秘不令知。一日,偶谈及此番港上展出,弟与弟媳如何措施,感其盛况不减二十年前大哥三小姐处置,惜大哥已归池壤不及见,而三小姐陷在上海,亦不得闻此消息,良以为憾!八嫂忽喟然曰:"三小姐亦不复见矣!"兄怪问之?八嫂与萝侄始以见告,惊痛之余,精神恍惚,若有所失!以兄为国宝一语,乃始自三小姐。兄年五十时,初与八嫂结缡,居祖模康乐新村。一日,三小姐来,执兄手付八嫂手曰:"此国宝也,我侪当极力保护之!"三小姐诚为兄生平第一知己。自二十二岁于云书大伯府中一见倾佩,订为兄妹。三十年间,饮食衣服疾病医药,无不关切周至,以此亦颇为兄受谤。而三小姐亢爽之情,初无所计,且令心瑞、心沛二侄女寄名膝下,为之命名,瑞为名玫,沛为名玫,从尊府排名也。似此豪直,求之古之闺彦亦不可得,况在末世乎!方兄在大吉岭时,曾寄小诗与大哥三小姐云:"消渴文园一病身。"偶思七十子之徒,于夫子(孔子)之殁,心丧三年,古无与友朋服丧者,兄将心丧报吾秋君也!呜呼痛矣!兄之于三小姐,视之若妹,敬之如师,今与弟通信,犹如见秋君,望宝爱此信,以见我两家交情耳。……

关于张大千与李秋君的这段恋情,有人称作基于情,止于礼,名媛雅士之间的诗情画意的金石盟,也有人比作柏拉图式的精神恋爱,当然也有人从自古名士多风流,张大千一生又纵情声色来判断,他们免不了俗,逃不脱男女私情韵事。究竟孰是孰非,而今两位都已作古,又无第三者可以做证,姑且不下结论。

不过高阳先生在《梅丘生死摩耶梦》一书中有这样一段文字,分析李秋君终身不嫁的心理状态及其形成时代背景颇有见地,特此引文如下,当作本文的结尾。文中写道:

> 诚如张大千所说:"李府名门望族,自无把千金闺女与人做妾的道理。"然则李秋君应该持何态度?亦就是何以自处?她不能表示失望,倘有此表示,便会有人觉得她可怜;而他人有此反应,对她来说便是屈辱。同时,必然还会有人劝她,将张大千抛开,为自己的终身另做打算,这更是一种屈辱,仿佛不相信她对张大千是一片真情。为了维持她的自尊心,唯一的自处之道是,付之泰然。此心此身,早付大千;因为一种无可克服的障碍而不能结论,犹如居孀,则但有守节而已,不过到底不是丧失,无须悲戚。
>
> 她这种心态是如何产生的呢?这就要谈到民国初年,影响闺阁极深的一部小说,这部小说叫作《玉梨魂》,作者徐枕亚……内容是说一个寡妇,爱上了教他儿子读书的教书匠……寡妇钟情于有妇之夫,只要此念一动,在道学家即认为"大逆不道",徐枕亚否定此一观念,《玉梨魂》中的男女主角,不及于乱,又合乎"发乎情、止乎礼"的孔孟之教……此一普遍为闺阁寄于深切同情的《玉梨魂》中的女主角,无疑便是李秋君心目中的圭臬。

附:关于李秋君

关于李秋君,张大千在人前人后,在媒体上讲得很多。从20

世纪 30 年代上海滩小报的花边新闻，到 60 年代台北《信报》的长篇连载，李秋君的故事真真假假、虚虚实实，煞是热闹。毋庸讳言，笔者曾盲从过《信报》资深记者谢家孝所著《张大千的世界》，以为他的张大千"口述自传"是第一手资料，是"信史"，还参照他书中的两章"百岁千秋金石情""大千心丧报秋君"，撰成《张大千与李秋君》。

承中国美术史学者王中秀先生告知，张大千的传记记载中，有不少不实的地方，尤其是谢家孝的《张大千的世界》，打着"口述自传"的旗号迷惑了不少读者，不少海内外研究张大千的学者，都误以为该书是研究编撰张大千传记年谱的最可靠的第一手资料，并以此为本，编撰张氏年谱传略。又承中秀兄寄示了他在《东方早报》上先后刊发的《张大千的悲哀——张氏履历笺证五则》，其中有一则是涉及张、李恋情的笺证。1920 年，李秋君的二伯父李薇庄在李氏兄妹和张大千面前，提亲做媒，将秋君许配给大千，这是不实之词，为此中秀君又寄示了《民国人物碑传集》中所收录的《李薇庄墓志》，这篇由马其昶撰写的墓志翔实地记载了李薇庄在清末民初的生平业绩，并准确无误地点出了李薇庄卒在"癸丑十二月"，也就是说，卒于 1914 年年初。张大千口述中的李薇庄，为他与李秋君提亲做媒的年代，是 20 年代初。而在墓志中，李薇庄早已就木，一个死去六年的李薇庄，怎么又能在光天化日为张、李做媒呢？更何况李薇庄也不是李秋君的二伯父，而是生父。李薇庄有七男四女，李秋君行三，人称"三小姐"。张大千在这里说了自己是有妇之夫，岂能让李家的名门闺阁当"妾身"的谎话。他为什么要编造这段谎话呢？我看是为了表白他对李秋君的"真情"，为尔后描写秋君无微不至的种种"关怀"，及誓言终身不嫁打下伏笔。张大千要把李秋君塑造成可敬而不可近的圣女形象，将他们的这段私情,美化为柏拉图式乌托邦的"金石之情"。

鉴于张大千习惯于将摆龙门阵式的口述,当作自己真实的身世经历。"假作真时真亦假",所以我们不能把谢家孝的《张大千的世界》当作可以引经据典的史料,只能当作传说故事,当作创作文艺作品的素材。当年谢家孝表示要为张大千"树碑立传"时,张氏也曾暗中婉拒过。故而读者切莫当真,研究张大千的学者更要小心求证。最后还是要感谢中秀兄,他捅破了谢氏"口述自传"中张大千与李秋君的"媒妁之言"。为此,我写下了这段引以为鉴的文字,立此存照。

张大千与池春红

1978年11月,张大千应韩国《东亚日报》的邀请,从台北乘国际班机飞抵汉城,参加当地艺术界人士为他隆重举办的《张大千画展》。

飞机平稳地在机场降落,一位银须飘拂的老人,身着黑色披风,头戴东坡帽,足穿黑色船形布鞋,在一位体态丰满、雍容大度、看上去只有四五十岁的中年妇女搀扶下,缓步沿阶而下。迎候在机场的东道主——《东亚日报》总编辑和几位韩国画家快步迎了上来,一面俯身鞠躬,一面不约而同地说:"大千先生、夫人,辛苦了!"张大千抬头看了看东道主,赶紧用手抱拳作揖道:"多谢!多谢!"说完,在机场上稍事寒暄,就随东道主走出机场,乘上一辆专为他们夫妇准备的崭新小轿车,飞快地驶向一所雅致的别墅。

张大千已经是八十高龄的龙钟老人了。他在海外漂泊了整整三十年,直到这一年才从美国迁回,在台北外双溪摩耶精舍定居。老友张群劝他说,年岁大了要服老,要注意调整自己的生活、习惯和嗜好,要避尘劳,辞应酬,戒远游。他虽然口口声声说:"要得,要得。"答应了下来,可家里来的朋友络绎不绝,不是求画,就是求字，或是请他鉴赏字画，他都有求必应，早把老友的叮嘱给忘了。这次办画展，许多朋友劝他不必远途跋涉，亲自出马；他的夫人徐雯波深知他有糖尿病，心脏也不好，并且前几个月才远渡重洋搬了一次家，也劝他找个代理人去参加画展算了，可是他执意不听，偏偏要亲临韩国。

张大千亲临，名为参加画展，其实是另有缘故的。三十年来，他侨居南美洲、北美洲，周游过西欧、北欧、东南亚，在十多个国家开过几十次画展，这也许是他画展史上的终点站，他怎能不参加？

可是张大千为什么要在八十高龄——在即将走完人生的最后一段旅程，在他誉满全球的时刻，偏偏要把自己的最后一次个人画展放在韩国举行呢？

在台北机场上机前夕，他悄悄地告诉夫人，这次汉城之行，他要了却一桩藏在心头三十多年的心愿——到一位已故的韩国女郎的墓前去扫一次墓。

这位韩国女郎姓池，名叫凤君，艺名春红，张大千称她为春娘。

张大千与春红相识在1927年，那一年，张大千受邀随一位日本友人——古董商江腾陶雄一起，从上海出发到朝鲜观赏金刚山风景。

早在日本留学时期，他就听一位朝鲜同学说，金刚山是著名的风景胜地，群峰挺秀，林木参天，瀑布倾泻，更妙的是金刚山上还保留着一座唐朝新罗时代的古寺。金刚胜迹早就使张大千神往了，然而十年后，他才如愿以偿。此时他已在上海画坛上初露头角靠卖画为生，尤以造假石涛名闻海内。

张大千来到汉城后，接待他的东道主日本三菱公司经理，特地

张大千与春红摄于 1931 年

邀请了日、韩两国的诗人墨客和艺术家,在一家豪华的日本酒楼大摆宴席,为远道而来的中国画家洗尘。在宴席上作陪的还有几位"伎生"("伎生"均为"官伎",都是从"伎生学校"毕业的,相当于日本的"艺伎")。她们载歌载舞,为宾主添酒助兴。

这一年,张大千二十九岁,可是两腮却蓄起了络腮胡子。诗人杨度曾形容他为"秀目长髯美少年"。这位翩翩少年,还是一位风流才子。宴席上,他目不转睛地看着一位脉脉含情、娇涩温柔的妙龄少女。她,就是春红,这一年刚刚十五岁。东道主发现张大千对春红颇有情意,就让春红每天到张大千下榻的旅馆去侍弄笔砚。

春红是位美丽聪敏的姑娘,不仅善歌善舞,还粗通绘画。每天,她到张大千的画室中牵纸磨墨,看张大千作画,倒也增进了不少绘画知识。张大千见她对绘画有兴趣,于是就教她握笔用墨的方法,还找出几幅简易的花卉画稿,让她临摹。一天,他见春红穿着长袍,挽起衣袖,专心地伏案画兰,一双纤纤小手在高丽纸上缓缓

移动,神情煞是可爱,于是提起笔来,在她的画稿上题诗道:

　　闲舒皓腕试柔翰,发叶抽芽取次看。

　　前辈风流谁可比,金陵唯有马湘兰。

春红天天与张大千在一起看画学画,她倾慕张大千的艺术天才,惊异他能双手同时下笔,写各种字体,还能临摹历代名家的画,摹仿谁就像谁,真假难辨。她觉得张大千的手,仿佛魔术师的那双万能的手,什么奇迹都会出现。在他的笔下,一会儿是一幅烟雨蒙蒙的山水,一会儿又是一幅亭亭玉立的古代美女;一会儿是一朵含苞待放的水仙,一会儿又是一片娇艳欲滴的荷花。这些倾慕和景仰,使她忘掉了两人的年龄差异,逐渐产生了爱恋之情。然而言语不通,又如何来互诉衷情呢?张大千不懂朝鲜话,春红又不会讲中国话,两人的相恋之情总不能找翻译来传达吧。对,用画。张大千终于找到了表达感情的最好形式。他曾经写过两首诗来描述这种有趣的情景,诗前还有一段小序,序文写道:"韩女春娘日来旅邸侍笔砚,语或不能通达,辄以画示意。会心处,相与哑然失笑,戏为二绝句赠之。"其中一首写道:

　　夷蔡蛮荒语未工,又从异国诉孤衷。

　　最难猜透寻常语,笔底轻描意已通。

张大千作画有个习惯,喜欢有人在一旁与他摆龙门阵。当时同在平壤的江腾陶雄经常来看他作画,边看边聊天。为此,站在一旁看画的春红时常皱起眉头,流露出厌烦情绪。她希望室内保持清静,独自静静地欣赏大千作画。张大千发现了她的这个秘密,又在另一首绝句中写道:

　　新来上国语初谙,欲笑伴羞亦太憨。

　　砚角眉纹微蓄愠,厌他俗客乱清谈。

书画之余,张大千教春红学写汉字,讲几句生活中常用的中国话；春红则在饭后茶余唱几支民间小曲，跳一段民间舞蹈，为张大千娱乐。有时春红正在边歌边舞，他突然画兴骤起，连忙来到画案前，提笔将春红的舞姿画下来；有时则请春红手拿一把团扇侧身掩面地站着，他迅速地在画稿上描摹；而更多的是记取春红的一个舞姿神态默写在画稿上。因此，在他这段时期的仕女画中，多多少少可以看到春红的倩影神态。

有一天，张大千对春红说，两位日本友人要陪他去金刚山一游。春红兴奋地告诉他说，她的家就在金刚山下。她从小随父兄上山背柴、采药，金刚山的山路她都很熟悉，可以当他们的向导。张大千一听喜出望外，欣然邀她同游。

金刚山位于朝鲜半岛的东海岸，濒临日本海，在太白山脉的北段，属江原道。那时候从平壤到金刚山须先乘火车至元山，过了元山还得再改乘马车。张大千一行四人乘马车来到了金刚山下。江腾陶雄与另一位日本友人在前引路，把张大千和春红带到三菱公司在这里建的一所别墅住了下来。

金刚山有一万二千多座小山峰，主峰叫毗卢峰，海拔1630米，主峰以西称"内金刚"，以婀娜的峡谷美闻名；主峰以东叫"外金刚"，以蜿蜒的群峰、瀑布和光怪陆离的巨岩等山岳美著称；沿海一带叫"海金刚"，恰似把金刚山的奇岩怪石一举搬到了海上。

金刚山有三大金刚，先游哪座金刚好呢？站在金刚山下，江腾陶雄询问张大千，张大千目视春红道："春娘，你看先游哪里好？"春红笑着说："当然是先游外金刚。"

翌日凌晨，一行四人早早起身了，春红背了一袋食品，张大千带上纸墨画本，每人手里拄了一根竹杖，从山麓新溪寺的旧址出发，爬坡登坎，过溪涉涧，沿着逶迤的山路向山上攀登。

过了一山又一山，真是山外青山峰外峰。约莫走了一个时辰，到了金刚门。金刚门是外金刚的门户，它像一块巨石从中劈开的一道门缝，只能单人通行，并且尚须侧身而过，春红矫健地侧身先过，张大千和两位日本友人随后跟上，只走了十多步，就走出了山门。

穿过金刚门，又是另外一片天地：层峦叠嶂，奇峰深谷，百花竞放，万木争荣。张大千一路走，一路暗自称奇。

不知不觉四人又来到了玉流洞。只见峡谷两岸奇峰对峙，一条长溪顺谷而下，清澈见底。溪水流过光滑的平岩时，激起了雪白的水花。又走了一程，忽听得春红一声呼唤："先生，快来看瀑布！"三人赶紧快步向前走去，耳边水声隆隆，周围凉风飕飕，雾气蒙蒙中隐约可以看见，山石上用朝鲜文镌刻着"九龙渊"三个大字，而春红正在九龙渊前面的一座九龙阁上向他们招手。

登上九龙阁，向前望去，只见对面巍峨的峭壁上，瀑布如千丈白练、万斛珍珠，奔腾倾泻，扑面而来。张大千看着此情此景，一手拄着竹杖，一手抚着髯须，大声说道："好哇，好一幅九龙观瀑图。"在九龙阁上，张大千在随身携带的画本上勾勒了起来，过后春红打开了食品罐头，一起吃了午餐。

午餐后，春红又领着他们去九龙台看上八潭。去九龙台的路更难走了，要先下九龙阁，然后再上山。上山的路上，春红不时弯腰去捡树上掉下来的落物，一会儿是一把松子，一会儿是几片枫叶，一会儿又是几朵鲜红的野花。这时，也只有在这时，她才忘了自己是一个陪人歌舞、供人取乐的"官伎"，浑然一个自由自在、天真活泼的农家少女。

上了九龙台，他们俯视谷底，上八潭就像穿在一起的八颗珍珠，潭底卵石彩色斑斓，好像伸手可触。潭水上面有薄雾笼罩，犹

春红在海金刚的留影

如盖了一层面纱,给人一种缥缈的感觉。张大千不由赞道:"好一个幽静美妙的神仙所在!"江腾陶雄插嘴道:"听说上八潭还有一个八仙女的传说呢。"张大千兴致勃勃地问春红:"八仙女的故事?妙哉,春娘,你可晓得?"春红羞涩地点了点头,于是春红用朝鲜语说,江腾陶雄用中文翻译,讲了一段八仙女的故事:"古时候,有个猎人正在深山里追赶一只梅花鹿,一个青年樵夫见了,觉得梅花鹿怪可怜的,便把它藏在自己打的柴火里。梅花鹿得救了,便到樵夫家里去致谢,发现樵夫孤身一人,还没有娶妻,便对他说,天上有八位仙女,每天都要到上八潭来洗澡。洗澡的时候,你可以偷偷地将其中一件轻纱藏起来,这位丢了轻纱的仙女就回不去了。你何不选择其中的一位仙女做妻子呢?樵夫听了梅花鹿的话,偷走了其中最年轻美丽的那位仙女的轻纱,并与她成了亲。俩人生活得十分美满,还生了一个孩子。过了几年,樵夫把轻纱还给了仙女,这勾起了仙女对七位姐姐的思念。于是她带着孩子回娘家探亲去了。樵夫打柴回来,不见了自己心爱的妻子,感到万分痛心。这时梅花鹿又跑来向他献计说，天宫饮用的水是金刚山的泉水，等天上垂下吊绳汲水时，你可以抓住绳子上天，与妻儿团聚。可樵夫却说，他舍不得离开美丽的金刚山。仙女在天上听到樵夫的话后，出于对丈夫的眷恋，又携带孩子同七位姐姐飘然而下，在金刚山享尽了人间的欢乐。"

春红讲完了八仙女的故事，深情地望着张大千，张大千也若有所思地看着春红。江腾陶雄早就看在眼里，不由打趣道："大千先生，你在韩国也找了一位仙女，不知你是把仙女带回中国？还是留下来，长住韩国？"一句话，勾起了张大千和春红两人的心事，不由都红了脸，低头不语。

春红成了张大千生活中得心应手、须臾难离的助手。光阴如箭，张大千在这里不知不觉中度过了愉快而难忘的三个月。一晃眼，到了中国的旧历年。按照中国人的传统风俗，凡是离家外出的游子，每逢过年都应回家团聚。更何况张大千早已有了妻室，老母亲也从上海寄来了家书，说孩子们想他，盼他早日回去。此时的张大千真有点"乐不思蜀"，实在舍不得离开相爱日深的春红姑娘。怎么办？他如实地把自己的烦恼告诉了春红。谁知春红却是一位识大体的姑娘，她虽然舍不得离开张大千，但还是婉言规劝他回家团聚。张大千由衷地感激这位明理的春红姑娘。他想，把春红也一起带回国内，又不知道家里的两位夫人能不能同意？于是就把他与春红的一张合影寄给二夫人黄凝素，信中还附了一首小诗，征求她的意见。诗中写道：

　　依依惜别痴儿女，写入图中未见狂。
　　欲向天孙问消息，银河可许小星藏？

黄凝素接信后，尽管心中不十分高兴，但是又不敢将此事告诉大夫人曾庆蓉。思之再三，还是回信表示同意。张大千从来信中揣度出黄凝素踌躇的心情，虽然不甚乐意他在异国私纳小星，私结良缘，但是她又被春红楚楚动人的容貌打动了，顿生无限怜爱之意。于是他又以夫人黄凝素的口吻，续了一首小诗：

　　触讳踌躇怕寄书，异乡花草合欢图。
　　不逢薄怒还应笑，我见犹怜况老奴。

　　黄凝素同意是同意了，但是究竟带不带春红回国？春红的心迹已经表明：反正此身此心已经交给了你，随不随你回国由你自己定。张大千当然愿意带春红回国，但是考虑到春红毕竟是异国姑娘，到中国后一是人地生疏，语言不通；二是社会上的流言蜚语，一定会给她的生活带来诸多不便，也会给她纯洁的心灵罩上阴影，思考再三，最后决定还是让春红留在韩国。临别的一个晚上，张大千赠给春红一本册页，在册页的扉页上题道："客舍无俚，春红日来侍几砚，意有未达，以画询之，会心处相与哑然一笑。因缀截句于画末，亦客中一段姻缘。"又从卖画所得中取出一大笔钱递给春红，劝春红不要再当伎生，可以用这笔钱开一个药铺，以此谋生。同时留给春红几幅只题单款的山水和仕女画，告诉她，万一经济上有困难，可以将此画卖与识主。春红双手一一接过钱与画，泪眼汪汪地向张大千深深地鞠了一躬，鞠完躬又怔怔地看着张大千，似有千言万语涌上心头，但是话到嘴边又咽了回去。她只是用手轻轻地点了点自己的心，然后又指了指张大千，说了声："一切我都明白了。请君多加保重！"张大千双眼湿润了，他深情地执着春红的双手，哽咽地说道："春红，你也要保重！明年我再来看你。"提起明年，他忽然想起了唐朝一位十五岁的少女杜秋娘写的一首《金缕曲》：

　　劝君莫惜金缕衣，劝君惜取少年时。

花开堪折直须折,莫待花落空折枝。

会不会是秋娘再生了?望着眼前这位十五岁的春娘,他若有所思地走向画案,随手提笔在一张高丽信笺上为春红题写了一首别离诗,诗曰:

盈盈十五最风流,一朵如花露未收。
只恐重来春事了,绿荫结子似湖州。

一年后,张大千应一位日本友人之邀,到东京鉴赏一批中国书画。他想在回国途中,绕道汉城探视春红,并事先写信告诉了春红。

不巧,正当他要起程,忽然染病住进了东京的一家医院。日本医生诊断为重感冒,需要住院静卧,打针服药。他是一个热闹惯了的人,在病房里没有朋友来摆龙门阵,又不能作画,冷冷清清颇有寂寞之感。寂寞之中,使他增添了对一海之隔的另一位寂寞之人春红的思念。自从与春红分手后,她曾写信告诉过他,她已辞了伎生的营生,离开平壤,到汉城投奔一家亲戚。在亲戚的帮助下,开了一爿小药铺。后来还给他寄过几支名贵的高丽野参,嘱他泡水饮服,滋补身体。不知现在药铺生意如何?她近来身体可好?

寂寞人正在苦思寂寞人,一位日本护士小姐却送来了一封书信。信封上写着三种文字,收信人的地址用日文,收信人的名字是中文,寄信人的地址则是朝鲜文。不用拆信,他就猜到了九分。拆信一看,果然是春红的来信。信中诉说了一年来的离愁别绪,她有多少回在梦中与他欢聚相会,又有多少回泪湿枕巾依依惜别。听说他要来,心中十分高兴,不知何日才能成行?

读罢来信,张大千不由得想起了一年前春红送别的情景,她送了一程又一程,眼里噙着泪水,可是千言万语只变成了一句话:"祝君平安,一路顺风。"想到这里,他思绪万端,浮想联翩,向护士小姐要了笔墨,在病榻上假借春红的口吻,一气写成了一首七言古诗,诗前还写了一段短序:"春娘书来,凄婉欲绝。予因檃栝其辞,译为长句都二十韵,仍名之曰《春娘曲》。"诗曰:

> 朝出辽阳城,暮过信州市。奔车轳辘断人肠,载郎一日行千里。渡海难禁破风浪,黄月照人薄如纸。生小不更别离难,凄厉何为至于此。灯昏无焰写满笺,下笔竟从何说起。相思相望空复情,顺时自保千金体。与君未别讳言愁,一别撩人愁乃尔。红泪汪汪不敢垂,归得空房啼不止。望断蓬山几万重,隔来东海一泓水。敢怨萧郎爱远游?母书迟不谅人只(原约其母,书至始行)。柳丝早许结同心,嘉木生来自连理。愿共朝云侍长公,犹堪几案供驱使。旧事凄凉不可论,妾身本是良家子。金刚山下泣年年,铜雀悲深亡国妓。舞腰无力媚东皇,倩影惊回春梦里。攀折从君弃从君,妾心甘为阿郎死。泪点斑斑纸上看,梦魂夜夜君怀倚。私语喁喁恨未通,裙开半解空传喜。镜台已毁旧时妆,脂粉消残瘦谁似?问郎何日得归来,寄我平安一双鲤。

写罢长诗,题上戊辰(1928)十一月十日书于日本东京京桥之中岛病院。病愈后,他即刻乘船前往汉城。

张大千与春红的一年一度的鹊桥会,持续了将近七年,直到中国抗日战争全面爆发才中断。抗战期间,张大千不愿在孤岛上海、沦陷区北平与日寇为伍,就绕道香港、桂林,返回了故乡,蛰居青城山上寄情书画。他虽与春红音讯不通,但对日寇统治下的这名弱女子的命运却是日夜挂念。在这段时期创作的一些仕女画的题诗中,均可以感受到他的弦外之音。1944年,他在《红拂女》的四首题画诗中,自比传奇小说《虬髯客传》中的虬髯客,而把春红比作红拂女,其中有两首这样写道:

> 绝忆当年采药师,侯门投刺擅丰仪。
> 谁知野店晨妆罢,能识虬髯客更奇。

> 渌江(鸭绿江)江水清见底,渌江女儿柔似水。
> 恨无侠骨有回肠,如此江山愧欲死。

可是当时的张大千并不知道,早在四五年前春红就已身亡,死时还不到三十岁。而他得悉春红夭折的消息时,已经是在抗战胜利以后了。

那一年他重返上海画坛,正举办个人画展。

张大千在国内开画展,从不亲临展厅,据他自己说,亲临展厅有三怕:一怕有拉生意之嫌;二怕朋友恭维,难以应酬;三怕有人对画展不满意,又不能痛痛快快地批评。所以在画展期间,他总是退避三舍,在朋友家中摆龙门阵。一天,正当他在李祖韩、李秋君兄妹家中摆龙门阵时,突然来了一位不速之客——原来是老相识,日本古董商江腾陶雄先生。

二十年前,正是这位江腾陶雄,把他第一次带到韩国,使他有缘结识了春红;今天,又是这位江腾陶雄,把春红遇难的消息告诉了他。事情发生在1939年秋天,一名日本军官到春红的药铺买药,发现了药铺女掌柜是一位美貌的少妇,于是上前调戏,被春红正色拒绝。这下惹怒了日本军官,要对她强行非礼,春红执意不从,就这样,活活地被这个军官用枪打死了。

张大千听罢江腾陶雄的叙述,低头哀思了良久良久。他请李祖韩给江腾陶雄一条黄金，托江腾陶雄转交给春红的亲属，一来表示慰问，二来用这些钱为春红修一下墓。江腾陶雄小心地藏起金条，唯唯应道："大千先生请放心，我务必转告、转交。"江腾陶雄正要告辞，张大千忽然用手拍了拍额头说道："噢，江腾先生请稍候，我写几个字，先生一并捎去。"说罢，走到画案前，随手取过半张宣纸，挥起大笔，写下"池凤君之墓"五个大字，又在左下方题上"张爰敬立"四个小字。嘱江腾陶雄在汉城找一个石匠，刻一块石碑，竖立在春红的墓前。

三十多年过去了。张大千由于种种政治及家庭的原因，去国远游，客居过印度、阿根廷、巴西、美国。何处是家处处家，就是不入外国籍。他几乎成了世界闻名的中国游方画家和明星画家，一年换一国，在二三十个国家巡回举行过画展。日本更是他常去的地方。可是说也奇怪，与日本毗邻的汉城，往昔曾是他一年一度鹊桥相会的都市，几十年来，却始终没有在这个城市落过脚，更没有在这个城市开过画展。要说原因，也很简单，是怕触景伤情，睹城思人吧。但是他每次飞越韩国国界时，又都免不了俯身去寻视，寻视汉城，寻视金刚山，寻视那过去的梦。

数年前，他在香港曾经与故友林语堂摆起了苏东坡的龙门阵。苏东坡是张大千心目中的偶像。他对东坡居士佩服得五体投地，从诗文书画到衣食住行，处处师法。林语堂是个学贯中西知识渊博的著名学家，他对苏东坡也格外敬仰，并有独到的研究。早在20世纪30年代，林语堂就搜集积累了不少苏东坡的传记材料，后来用英文写成了一部文笔清新、见解新颖的《苏东坡传》。这两位老朋友在一起摆苏东坡，当然是棋逢对手了。

张大千问林语堂："语堂兄，你是研究苏东坡的专家喽，我有一事请教,据说苏东坡年轻时与堂妹有过一段初恋,此事可有根据?"林语堂笑着拱手说:"不瞒老兄,苏东坡对他的堂妹岂止初恋?他到死前还思念着这位初恋时的情人呢。"接着,林语堂背诵了两首为前人研究忽略了的写得比较隐晦难解的苏诗,指出苏东坡对堂妹的恋情在这两首诗中表白得最清楚不过了。林语堂又说道:"苏东坡心灵的这一角,很少被人发觉,但苏太太一定知道。可惜他堂妹的名字无法察知,只知道她嫁给了柳仲元,住在靖江附近。苏东坡在杭州做官时曾专程到靖江住过一个多月,前面念的那两首诗就是在这段时期写的。1101年6月11日,苏东坡六十五岁,也就是在他去世前的五十来天,还抱病带着三个儿子和外甥,从常州到靖江去祭扫堂妹柳氏的亡灵,又重写了一篇祭文,据说写完祭文的第二天,苏东坡蜷卧在床上向壁啜泣不止。可见他对这位堂妹的思恋之深。"

不知为什么,林语堂的这番话时时响在他的耳边。张大千一生风流倜傥,妻室情人可谓不少,但是真正称得上知己知音的是女画家李秋君,真正谈得上儿女情长的却是春红姑娘。他思念李秋君,也思念春红,但恐怕是一样思念,两种情感。苏东坡临死前硬是要抱病前往堂妹的墓地祭扫的逸事,触动了张大千的心事,他也想学一学苏东坡,在即将走完人生旅途和结束画展生涯的最后一站,到青年时代曾经相思相恋过的一位异国姑娘的墓前扫一次墓,了却一件夙愿。

"张大千画展"在汉城展出了十天,画展轰动了这座城市。韩国各界知名人士和美术爱好者络绎不绝,一批又一批地涌向展览大厅,赞不绝口地观摩欣赏这位中国画大师的精心杰作。这次画展,绝大多数画作都标上非卖品的字样,是一次带有回顾性质的画展,其中有他的早期作品和各个时期的代表作五十幅。汉城的各家报刊都以显著的版面报道了画展的盛况。

在五十幅展品中，有一幅展品尤能引起韩国观众的极大兴味，这幅画的画题叫《九龙观瀑图》，作于1927年，是张大千的早期作品之一。展出前，张大千特意补题了一段跋语，跋中写道："此予五十年前与韩女春娘同游金刚山所作，今重游韩城，画在人亡，恍如隔世，不胜唏嘘。"

奇怪的是，画展快结束的一天，展厅中来了一位韩国老人，年纪七十多岁，他缓缓地沿着展厅走了一圈，突然在《九龙观瀑图》前站住了，他细细地看着这幅画，又请厅中一位办事员翻译画中的题跋，当他听完后，情不自禁地双泪直流。办事员感到蹊跷，于是就问老汉为何掉泪？一打听才知道原来这位老人就是春娘的亲哥哥。老人请办事员转达他对张大千的问候，如果方便的话，他很想见上先生一面，叙叙阔别之情。临走前他又留下了自己的家庭地址和姓名。

张大千想了却心头的一件夙愿，到春娘的坟上扫一扫墓。可是偌大的一个城市，到哪里去寻找这座坟茔？他托《东亚日报》的总编代为寻访一下，可是近几年市郊扩建，好多坟地都铲平了，变成了高楼的地基，一时难以寻访到。

张大千夫妇正在别墅里为这件心事而犯愁，忽然电话铃声响了。张大千示意夫人徐雯波接电话。电话是展厅的一位办事员打来的。办事员传达了一位韩国老人的问候，并说这位老人叫池龙君，是春娘的哥哥！并把老人希望与大千先生见上一面的心愿也转告了夫人。徐雯波一听，大喜过望，忙问：这位池龙君家住何处？办事员又把池龙君的地址告诉了张夫人。张夫人高兴地道了声"谢谢"。

徐雯波挂上了话筒，笑着问张大千："老先生，你知道是哪个打来的电话？"张大千茫然地看着徐雯波道："哪个？"徐雯波又说："是展厅的一位办事员。"我当是哪个老朋友呢？原来是办事员噢！"有啥子事？"张大千有些失望地问。今天徐雯波要故意逗逗他，让老先生多高兴高兴，也好扫除一下几天来的烦闷。她又笑着说："这个办事员的电话好金贵哪？"张大千一听话中有话，也凑趣道："一定又是哪个达官贵人要来重金订画啰，恭喜你呀，夫人，又可进财了！"徐雯波忙说："哪个要财嘛？我才不稀罕哪！说正经的，大千，春娘有下落了！"张大千一怔："什么？春娘的坟地找到了？"徐雯波点了点头，然后把办事员的电话内容复述了一遍。张大千听后，马上从沙发上站了起来，说："赶快，去看池龙君。"徐雯波赶忙上前按住他说："你这个人哪，就是这么心急，说来就来，说走就走。你先坐着，去看望春娘的哥哥也该准备一下。我去准备一下，咱们下午再去。"

当天下午，张大千夫妇带着翻译乘车来到汉城郊外的一所农舍前，池龙君闻声开门而出，翻译下车与池龙君交谈了几句，又反身打开车门，把张大千夫妇接下车来。两位将近半个世纪未能晤面的老人，在农舍前手拉着手，相视良久，不胜感慨。

11月下旬的汉城，已经纷纷扬扬地飘起了雪花。张大千冒着雪花，拄着龙头拐杖，在夫人徐雯波的搀扶下，亦步亦趋地随着池龙君走在一条通向春娘坟地的土路上。路上积了薄薄的一层雪，一脚踩下去就是一个脚印。春娘的坟茔四周种着稀稀朗朗的松柏，圆形的坟头上长满了枯黄的杂草。坟前竖着一块灰白色的墓碑，碑文是用中韩两国文字写的。左边是用中文写的五个大字："池凤君之墓"，张大千心中十分清楚，那正是三十年前，他托江腾陶雄捎来的亲手书写的碑文。

池龙君小心翼翼地将随身带来的一小篮供品——春红爱吃的水果、糕点,一件一件放到积了一层白雪的墓台上。张大千默默地站在墓前,摘下了头上戴的东坡帽,将手里的龙头拐杖递给夫人,向长眠在九泉之下的春娘深深地弯腰鞠躬,一鞠躬,二鞠躬,三鞠躬……

雪纷纷扬扬地越下越大,白茫茫的一片,雪覆盖了春娘的坟地、供品,也给张大千和在场扫墓的人披上了晶莹的雪衣。

附:张大千笔下的春红

1994年初,无意中在"翰海迎春拍卖会"中国书画(近现代)图录上发现了张大千作于1934年夏日的两幅白描仕女册页,尺幅不大,只有24.5cm×14.7cm。一幅画的是平壤女郎,另一幅画的是玉霜小影,都是应"静亭五兄"之嘱,在北京宣南客居中随手画的游戏之作。玉霜是谁?从题款中得不到确切的答案:"甲戌六月,宣南旅窗凉爽异常,与知己二三纵谈为乐。静亭五兄强予背写玉霜小影。予素不工此,无乃唐突西施也耶?大千并记。"1934年张大千在北平宣武区罗贤胡同居住期间有过一位恋人名叫怀玉,因出身妓女,家中反对,未能纳妾。这位玉霜是否就是怀玉姑娘?待考不表。

本文单说白描平壤女郎,只见她身着韩国服饰,刘海发式,青春年少,看上去只有二十来岁。这位女郎是谁?她就是张大千在韩国的恋人春红(又称春娘)。1928年(戊辰),张大千应日本三菱公司董事会之邀,首次游览金刚山诸名胜,于平壤旅舍遇到了伎生(艺伎)春红,一见钟情,呼为春娘。春红,姓池,名凤君,时年

张大千笔下的春红

十五岁。初见此画，似曾相识，马上使我联想到春红。十五年前我撰写传记文学《春娘曲》时，手中并无多少文字素材，也无照片画像之类的形象资料，说来也奇怪，单是从张大千写的几首长曲短诗中，我居然写出一篇万字传记，并揣摩出她的形象，故一见此画，大有似曾相识之感。

我最早知道春红其人，是在翻阅20世纪30年代《北平晨报画刊》，在于非闇编发的张大千诗作中有赠《韩女春红》二首，诗曰：
　　盈盈十五最风流，一朵如花露未收。
　　只恐重来春事了，绿荫结子似湖州。

　　闲舒皓腕试柔翰，发叶抽芽取次看。
　　前辈风流谁可比，金陵唯有马湘兰。

不久又在香港沈苇窗主编的《大成》上，读到《再赠春红》《与春红合影寄内子凝素》四首七绝。《再赠春红》前有小序曰："韩女春娘日来旅邸侍笔砚，语或不能通达，即以画示意，会心处相与哑然失笑，戏为二绝句赠之。"读了这一组张大千的艳情诗，我断定春红是张大千在韩国的恋人，他还想纳她为妾，曾将两人的合影寄给了二夫人黄凝素征求意见："欲向天孙问消息，银河可许小星藏？"

于是我就向张大千的门人刘力上求询，回答是："大千先生在韩国是有一位恋人，二三十年代老师数次去平壤、金刚山旅游。这位姑娘还寄过高丽参给大千先生，听说她年纪轻轻就病死了，详情不清楚。"

数年后，我从张大千的另一位上海门人糜耕云口中获悉，陆平恕医师家中收有不少大千先生二三十年代的早期作品，劝我一访，并告诉我陆医师的住址，还要我用他的名片做引荐。我拿了他的名片，登门拜访陆医师，谈起我与常熟诗人曹大铁合作编纂《张大千诗文集编年》，希望陆医师予以支持。陆医师看了看糜耕云的名片，又听说大风堂门人曹大铁也参与其事，就说："张大千的画作，家中有几十幅，一幅一幅看起来很费事，你要画中的诗文题跋，待我抽空抄录下来寄示如何？"我听了大为高兴，可以免去许多抄录时间，但也为看不到大千原作真迹而遗憾。他看出了我的遗憾，又说道："你从北京来上海一次不容易，今天我给你看三件大千早期的字画，其他地方恐怕是很难看到的。"我表示感谢，只见他从壁柜中取出两幅画、一轴手卷。两幅画是张大千庚申（1920）、乙丑（1925）以啼鹃署名的仕女画。这确是我见到的两幅张氏最早的仕女画（于是撰文在香港《名家翰墨》、上海《朵云》上分别做了介绍，这是后话）。另一轴手卷，随着他的手转动，跳出《春娘曲》

来，我怦然心动，只见曲前有小引写道："春娘书来，凄惋欲绝，予因骤栝其辞译为长句，都二十韵，仍命之曰《春娘曲》。"原来是张氏用古诗形式写的拟书信体的情诗（诗文见前）。

全诗都是拟春娘口吻来写的，写她的相思之苦，别后境况。我看了拍案叫绝，联想起往昔所见六首艳情诗，断定这是大千戊辰（1928）同一年写的。心想这倒是写传记的绝妙素材，但是从何入手？

一次在编排张大千艺术年表时，发现张大千定居台北后，最后一次去国外开个人画展的时间是1978年，地点是汉城。1978年距1928年他首赴韩国，整整半个世纪。这一年他已八十高龄。

为什么八十高龄的张大千，要把自己在国外的最后一次画展放在汉城来举行？据有关报道，张大千在汉城期间，还扫过墓。他在韩国有什么亲友需要他亲自前去扫墓？这段传闻一下子触动了我，有关春娘的零星事迹和印象全部浮现我的脑中，跳跃错落，时断时续，我下了写《春娘曲》这篇传记的决心。故事人物有了，但没有去过韩国，更未游过金刚山。写文学传记，光有故事还不行，还需领略一些韩国金刚山山水风光，才能写出特定情景中的特定人物来啊。于是我到原来我工作过的广播事业局（后改名为中央广播电视部）资料室，借阅了一厚本金刚山游记通讯报道剪报，自己先在金刚山神游一番，然后再"请"张大千与春红"同游"金刚山。

《春娘曲》只花了几天工夫就一气呵成，最早发表在哈尔滨的一家刊物《北国》上，由于该刊发行量不大，又地处北疆，没有引起多少反响，只有几位文友看了叫好。不久此文又收入《张大千艺术圈》（辽宁美术出版社1990年版），改题为《张大千与春红》。此书初版只印一千本，发行量更少，但熟悉张大千的读者对这本书十分喜爱，并告诉我说全书写得最好的就是这篇传记。辽宁省委宣传部长兼作家王充闾看完拙著，还写了封长信，信中对这篇传记褒扬有加，还问我是否游过金刚山？他曾游过金刚山，认为我文中写张大千春红游金刚山的一节写得情景交融，令人有身临其境之感。更为有趣的是，这篇带有一点虚构想象色彩的传记，居然引起专门研究张大千的同道的重视，有位同道还错将我虚拟的一段张大千题赠春红的画跋抄录了下来，编进了他的《张大千年谱》中。假作真时真亦假，传记文学虚虚实实，真真假假，作者引述史料当要慎之又慎，免得谬种流传，以讹传讹；读者也要留一个心眼，切莫全信，尽信书不如无书，尤其是文学传记。

一幅白描平壤姑娘册页，引出了偌长一篇文字，意在说明几十年前张大千的这段异国恋情的来龙去脉。奇怪的是，这篇传记因发行量的限制，张大千与春红的故事，发表时流传并不广，也很少有报摘编。近年据友人告知，不少报刊文摘登了张大千的这段故事，内容与我的传记大同小异，我付之一笑，未予理会。心想文抄公自古而然，于今尤烈，要追查还查得过来吗？

张大千与余叔岩

张大千是一个戏迷。他迷戏迷了一辈子，若论一生交友之多，除了画界同道外，当推梨园艺友。他从小爱看家乡戏川剧；出川后，又迷上了平剧（亦称京戏）。作为一个戏迷，他不仅常看戏，而且在摆龙门阵中掉戏文、念韵白，有时高兴起来，还与大家一起穿戏装摄影，自娱娱人。

张大千迷戏，应该说是一种娱乐消遣，一种精神享受。戏曲，作为一门舞台艺术，一门与书画渊源相近的姐妹艺术，张大千听戏，自然又是一种艺术欣赏，一种艺术交流。毫无疑义，他从舞台人物的服饰、道具、身段、台步、亮相，以及唱、念、做、打中，潜移默化地汲取了不少有益的艺术营养。

早在20世纪20年代初，青年时代的张大千刚从日本留学回国，在上海拜名书法家清道人李梅庵、曾农髯为师学习书法。那时正是谭鑫培在平剧界称雄叫座之时，人称谭叫天。这对张大千来说，具有十分巨大的吸引力。他怕曾、李两师教训他："勤有功，戏无益"，于是瞒着老师偷偷地去听了几回谭叫天的戏。

有一天，他的老师李梅庵突然叫着他的名字问道："季爰，你去听过谭叫天的戏？"这一问，问得张大千六神无主，他暗叫不

余叔岩

妙,以为东窗事发,要挨老师骂了,又不敢撒谎回说"没有"。正在不知所措,他的老师又接下去说:"叫天的戏实在好,他唱得韵味十足,尤其是拖腔,常有一波三折之妙,就如同我们练字,有神气相通之处,多听他的戏,玩味了解其中奥妙,对书法会有帮助。"听了李梅庵老师的这一席话,张大千心中的一块石头才算放下。从此以后,他就名正言顺、冠冕堂皇地"奉旨"看戏了,而且还结交了平剧界不少名角——余叔岩、孟小冬、梅兰芳、程砚秋、马连良、金少山……其中,余叔岩是他结识最早、交往较深的一位。

张大千第一次与余叔岩见面,大约是在1929年。当时张大千正值"而立"之年,在画坛上初露头角。那一年,张大千到北平卖画,借寓在长安客栈,余叔岩家住在东华门外。有一天,友人对张大千说:"今天下午,余叔岩与我约好同来看你,请你不要出门。"张大千听后喜出望外,他久仰余叔岩的大名。于是,就一口答应在客栈恭候。

当天,两人一见如故,谈得十分投机。余叔岩比他大九岁,当时已退出舞台,辍演在家,于是交上了朋友,时常往来。

交往长了,余叔岩见张大千在北平以客栈为家,终非长久之计,就邀他搬到家里同住,并说:"你画你的,我唱我的,一点儿也不碍事。"张大千知道余叔岩睡得晚、起得晚,往往在半夜里还练功、练嗓子;而他却习惯于早睡早起,两人的生活起居方式不同,就婉言谢绝了余的美意。

张大千虽然没有搬到余家同住,但饭倒经常在一起吃,常同吃的饭店是翠花楼。翠花楼的掌柜名叫白永吉,做得一手好菜。他俩去后,根本不用点菜,每次都由白永吉配菜,而每次配的菜又都合两人的口味。后来有些捧场的朋友编了一句顺口溜:"唱不过余叔岩,画不过张大千,吃不过白永吉。"把他们三人配在一起,戏称之为"三绝"。更有一位好事的朋友——同仁堂的小老板乐韵西做导演,要他与余叔岩、白永吉合影留念,称为《三绝图》。乐韵西

张大千与夫人徐雯波戏装照《春草闯堂》

让余叔岩拿胡琴作自拉自唱状,让张大千在中间作挥笔绘画状,又要白永吉拿锅铲作炒菜状。

事隔数十年后,张大千与友人回忆起这段往事,说道:"现在回想起来,好笑也难为情嘛,其实余叔岩根本不会拉胡琴,他一辈子也未自拉自唱过,这张照片找不到了,否则留下来给人看了会笑痛肚子的,这哪里是啥子《三绝图》啊,简直就是出我们三个大人的洋相!"

张大千很敬佩余叔岩的为人。余叔岩为人刚正不阿、重义气。1931年,上海青帮头子杜月笙新建家祠落成,设堂会遍邀京沪名演员演出。北平的许多名角都去演出,只有余叔岩未去。余的好友薛观澜问道:"三哥,那你今后就不想去上海啦?"余叔岩好像打拍子似的用手往大腿上一拍,念了一句韵白:"那我就不去!"他俩说这段话时,张大千正巧也在座,所以留下很深的印象。难怪张大千的好友、余叔岩的名票友张伯驹作诗忆道(《红毹梦诗注》):

笑他势力岂能移,直节干霄竹是师。

纵使沪滨难再到,不来出演杜家祠。

余叔岩对于书法也非常在行,学米襄阳颇见功力,写得一手好米字。他喜欢张大千的画,敬佩张大千的艺术才能。张大千在北京开第一次画展时,他的兄长张善子也特此北上。余叔岩对张氏昆仲说:"我要求贤昆仲二位给我画一幅特别的。"画什么好呢?张大千知道,余叔岩比他大九岁,生肖属虎,而二家兄张善子又以画虎驰名,人称虎痴虎公。于是请二家兄先画一只玉虎,张大千补上丹山碧坡,大红大绿颇为壮观。张善子还在画上题了一首诗。余叔岩得到了这幅《丹山玉虎图》,喜出望外,连说过瘾!用他自己的话来说,叫作:"这比唱全本《四郎探母》还过瘾!"这幅画,他平时轻易不肯悬挂,只是在新年正月,以及农历十月他的生日前后才肯挂出来，足见对画的珍重。张大千也认为这是他们兄弟合作中最精彩的一幅画。有趣的是，余叔岩病故三十年后，这幅《丹山玉虎图》竟出现在一位香港收藏家的手中，当时客居美国的张大千得悉，急忙致函在香港的老友沈苇窗，向收藏家祝贺，并借此画参加旧金山 1972 年举办的"张大千四十年回顾展"。

  包按：此文多处引述张大千在美国的秘书林慰君女士编著的《环荜庵琐谈》（香港皇冠出版社 1979 年 1 月初版）中的《大师谈余叔岩》一文。特此说明，以表谢意。

张大千与方地山

数年前,我在大风堂门人何海霞的画室墙上,发现一方书札,这方书札写在元始纸上,书风清丽,十分眼熟。近前细观,原来是张大千致方地山的书札,推算年代当在20世纪30年代中期。张氏书札遍及环宇,但都散在亲友学生手中,很难汇集。十年前,我为了编辑《张大千诗文集编年》,曾走遍大江南北,访询公私藏家,广征张氏遗墨,所见诗跋序记颇多,但书札却见之不多。主要原因是,中华人民共和国成立后,一次又一次政治运动点燃起来的焚书之火,早就把他留在大陆的书札烧得灰飞烟灭。这通书札得以留存,可谓劫后余灰,实在难能可贵。

我问何老,这件宝贝是哪里觅来的?何老笑道是一位小朋友从天津书画冷摊上淘得的。他反问我道,你知道大方是谁?我点了点头说,正在搜集方地山的素材。他笑着说,来得早,不如来得巧,这封书札又可为你增添素材了。

我赶紧从书包中取出纸笔,抄录下来:

大方先生道席:

日前承赐题诸画,感甚感甚!兹更有无厌之求,欲乞楹帖五副,都缘爱慕,致忘烦劳。先生当掀髯一笑,俯而见之也。专此敬颂,动定安适,它不了,谨定。后学张大千顿首。

善子一副:二家兄,喜画虎,故号虎痴。

文修一副:四家兄,以造林居皖南。

大千自求一副,以上三联求赐撰。

丹林:与散原先生交颇深。

玉岑:朱方征先生之弟子。

原来这是张大千代亲友向方地山(字大方)求楹联的书信,由于一连求五副,故有"无厌之求"之称。书中的丹林,即老报人陆丹林;玉岑,即江南才子谢玉岑(谢稚柳之兄),短命早亡,卒于1935年3月,故此信当写在1935年3月之前。

方地山何许人也?他是江苏扬州人氏,姓方名还,又名尔谦,

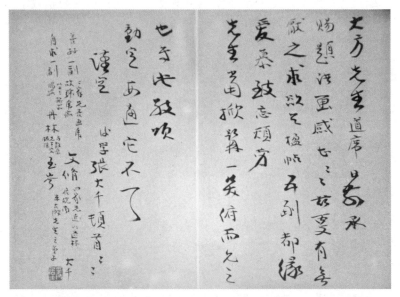

张大千致方地山书

刊于《南京杂志》的方地山像

字大方，号地山。有弟名泽山，也有才名，时人以大方、次方称之。泽山早死，前辈诗人陈含光挽诗道："一代才名两兄弟，长公豪放次公清。"（见高拜石：《新编古春风楼琐记》）据说他的祖籍是安徽桐城，是桐城派领袖方苞之后。

方地山出生扬州，扬州是长江沿岸的商业口岸，文风很盛，多文人墨客，是个出才子的地方。据说方地山十岁中秀才，是个神童才子。后来他在北洋武备学堂教书，常在天津《大公报》上发表文章，文名渐著，被天津直隶总督袁世凯看中，重金延聘他为家馆西席（家庭教师），教授二子克文、三子克良、四子克端、五子克权诗文。袁世凯调任军机大臣兼外务部大臣时，离津进京，方地山也随袁家大队人马来到北京。袁世凯曾为他捐了四品官衔。他就在南城租了三间房，纳了一个不缠足的姑娘为妾。在堂屋的门柱上，自撰了一副楹联：

  捐四品官，无地皮可刮；赁三间屋，以天足自娱。

俨然一介恃才傲物的文人。在袁氏诸公子中，他最赏识天性风流、才华卓著的袁克文，而在生活方式上，对袁克文影响最大的，又莫过于方地山。方地山比袁克文年长二十多岁，但视克文为忘年交，许为莫逆。

旧礼教中，师生如父子。不是同辈人，哪有定亲成亲家的道理，可是方地山和袁克文都是风流文苑中的豁达之辈，不拘成例，更何况袁家老太爷袁世凯闹洪宪帝制，一命归天，树倒猢狲散，袁府今非昔比，袁克文也从堂堂王孙公子沦落为靠吃股息（开滦煤矿的袁家股份），卖字为生的落魄文人。方地山先是袁府的教馆先生，后来又成了袁克文的幕僚，袁府大树一倒，他也就成了无树可依的文人，靠卖字卖文为生。师生两家彼此彼此，倒也门当户对。于是袁克文的长子娶了方地山的小女为妻。成亲时方地山做了一副对联贺喜：

  两小无猜，一枚古钱天下定；八方多难，三杯淡酒便成亲。

方地山是典型的旧式文人才子，终日流连于诗文酒色之间。他善作诗词文章，尤善制联，制嵌名联更妙。他为人嵌名联，全为即兴，从不起草，浑然天成，词意极工，往往将典故自然融入，不留斧凿之痕，堪称一绝，20世纪二三十年代在京津文坛享有"联圣"之誉。

据天津集萃山房古玩商周殿侯回忆，30年代中期，他与方地山相识于天津。集萃山房在天津有一个分店，大方是店中常客。他一进店铺，小伙计就端茶让座，他却不坐，在店铺里东看看，西走走，嘴中念念有词。小伙计见机，马上磨墨铺纸，请他写对子。他提起笔来，默念一遍，一挥而就，不一会儿就写下了十来副对子，然后从裤腰兜里摸出两方石章，让小伙计为他盖章。周殿侯记得方地山为他制作的嵌名联是：

　　既有长生殿；何需不夜侯。

又据张大千在美国的秘书林慰君在《环荜庵琐谈》中记载，张大千与方地山相识于1934年初夏。张氏由天津乘海轮赴韩国远游，天津友人在紫竹林为他饯行，方地山应邀出席，即席以大千两字作嵌名联相赠，一联写道：

　　世界山河两大；平原道路几千？

此联将大千两字嵌在句末，嵌得较工，但辞意平平；另一联却能结合张大千的艺事特点：

　　八大到今真不死；半千而后又何人。

以明末清初的遗民画家八大山人和龚半千为张大千的艺术作铺垫张目，可谓巧妙切题。张大千当年还年轻，只有三十六岁，却已名震京津。方地山慧眼识人，看出了这位小老弟今后必能出于蓝而胜于蓝。张大千自是十分高兴，当众挥笔作画相赠。何海霞收得的那通代亲友求联的书札，就是张大千这次结识方地山后，自韩国回到上海后写的。

1935年7月，张大千偕兄张善子赴津举办扇画展，序云："一别津沽，倏焉半载。杜门侍母，开径将雏。山川间阔，群惊物故之谣；书问殷勤，苦觉人情之美。"序中提到的书问殷勤，怕也有大方与他的书札往返。天津扇画展期间大方又为大千书诗扇一帧，诗曰：

　　放大光明照人我，我无我相人无人。
　　无人无我还是相，一一光明不坏身。

又据何海霞回忆，方地山也为他作过两副嵌名联，一副五字

联,一副七字联。五字联集古人联语,点易两字而成(改天空为霞长):

  海阔凭鱼跃;霞长任鸟飞。

七字联上句亦取成语,下句自撰,对得工整贴切:

  曾经沧海难言水;但看云霞未见天。

叶浅予生前也说过,30年代中期,他与梁白波北游,游到天津,在友人为他俩接风的宴席上,见到了这位人称"联圣"的干瘦小老头。友人请方地山为他和白波制嵌名联,方地山深思片刻,即席挥毫,为浅予书写的联语是:

  相见深人无浅语;敢言世上莫予知。

而为白波制作的联语是:

  相见自然浮大白;未敢随意托微波。

两副联语、句式相近,联词均取一慕名已久而一见如故之意。

30年代的方地山,早已家境萧条沦落。沦落在古玩字画铺中制联卖字为生,在文人雅集上充当"花瓶"点缀。他先后纳过七房姨太太,姨太太个个抽大烟,抽得他倾家荡产,连一张写字的桌子也没有。要写字,只得坐炕上,扶着炕桌,姨太太在一旁为他牵纸磨墨,最后穷得连自己的名章也卖掉了。有人问方地山:"您怎么不抽大烟?"他苦笑地回道:"我抽上了,谁来替她们运粮啊!"一句话,说出了他心中的无限凄凉。大方说的运粮,不光指柴米油盐,也包括大烟,而运粮的钱,主要靠笔单润金了。他的润金,主要来自为豪富人家写墓碑。据说他写碑文有一绝,先不问墓主事迹,而问多少字,然后依据字数写墓主行状,一气写完,不加修改,最后一数字,一字不差,正是要写的字数。有此一绝,津门富贵人家有丧事,总是上门求写墓碑,润格确实也很高。写墓碑毕竟是可遇而不可求,由于家中开支太大,总是入不敷出。张大千深知方地山的艰难家境，常常送他一些没有上款的画，好让他解燃眉之急。

方地山是清末民初的一位较典型的封建文人，他的诗文联语对今人研究当时的艺林掌故逸闻不无裨益。据悉，张大千的门人巢章甫曾将他收集的大方联语集腋成册，不知是否付梓出版？他的墨迹散在津门坊间当为不少，笔者数年前在天津文化街冷摊上见过两副楹联，价格也适中，不知津门有无方地山墨迹的藏家，可否将藏之私室的诗联影印出版，以俟同好赏析？

包按

关于方地山与袁克文的儿女定亲成亲家之事。参阅周岩先生的《袁寒云与孙菊仙》一文（载香港《大成》第227期）。另说方地山把女儿嫁给了袁克文，师生联姻，既是师，又是翁，袁克文称方地山为"亲家夫子老丈人"。此说是周殿侯当面告诉我的。

袁克文出生于1890年，1905年（十六岁）成亲，妻名刘眉云，并非方氏；1907年，袁克文随父进京，开始纳妾，他纳妾的办法是玩走马灯，纳一个，出一个，用袁家的话来说是"留子不留母"。袁克文纳妾是受方地山的影响，但青出于蓝而胜于蓝。不过袁克文娶方地山女为妻之事，实属误传；娶方氏为妻不可能，纳方氏为妾更不合情理。

张大千与吴湖帆

吴湖帆是现代中国画坛上的著名书画家、鉴赏家、收藏家。他出身于苏州名门,叔祖父吴大澂是个文武全才,以进士取得功名,官至湖南巡抚,甲午战争中还任过督师。吴大澂善书大篆,兼治印绘画,喜写山水花卉,用笔秀逸,颇有书卷气,收藏金石书画颇富。吴湖帆自幼秉承家学,临写金石,朝夕观摩家中珍藏的历代名迹,悉心领悟。初学书画,均从董其昌入手。1924年移居上海嵩山路,与冯超然住对门,经常过从,切磋艺事。冯超然以人物为主,吴湖帆以山水为主。他俩的书画名重江南,笔单润例,最初冯超然名列第一,吴湖帆后来居上。

由于吴湖帆出身名门,成名又较早,所以吴湖帆与张大千由相识到相交,经过了一番周折。

20世纪20年代初,张大千从日本学画回国,客居上海向曾农髯学书期间,吴湖帆已扬名画坛。据张大千早期的学生胡若思回忆,吴湖帆(包括冯超然)最初对张大千的画采取轻视、排斥的态度。他们认为张大千的画是"野狐禅"。南纸店的画商听说后,就拒收张大千的画。这对张大千来说,无疑是一大打击。为了在画坛上立足,张大千下苦功学传统,临仿古人名迹,尤以石涛、八大为精。笔者认为,在这段时间内,张大千之所以能在临仿古人名迹上,做到临谁像谁,以假乱真的地步,怕与吴湖帆等人说他是"野狐禅"不无关系。

张大千第一次开个人画展,是在1925年秋,地点是上海宁波同乡会。画展由宁波望族李祖韩与其妹李秋君主持。展品一百幅,每幅二十大洋。据说,购画者一律以编号抽签取画,不得自行选择。这种售画方式近似游戏,但购画者多为李秋君请来的票友,倒也不失为文人的一种雅趣。因此,展品一百幅全部售出。这次画展,吴湖帆当然不会参加,但必有风闻。

翌年暮春,张大千跃跃欲试,决定挂笔单鬻画,他在上海《申报》上登了一则启事,题为《张季蝯卖画》,文中写道:

> 蝯幼研六法,不敢自为有得。人多不厌拙笔秃墨,未干而追呼,有若逋负不及。定例取予,不无范枯。自今以始,欲得蝯画,各请如直,润格存上海派克路益寿里佛记书局及各大笔店……

这则启事,一方面是对以往不收他画的南纸店的通告,也是对曾经轻视排斥他的一些画家(包括吴湖帆)的一种挑战。

当然,在20年代后期,张大千赖以生存的看家本领,还不是靠卖自己的画,而是靠卖假画。他当时的名气,也主要在卖假画上。因此吴、张之交,与买卖假画密切相关。

众所周知,二三十年代,张大千的假石涛是名扬海内的。吴湖帆是否买过张大千的假石涛,没有听说,不敢妄言。但是吴湖帆买过张大千的假梁楷却是实有其事。吴湖帆买张大千的假梁楷,是一幅《睡猿图》,据说花了四千大洋。

张大千的这幅《睡猿图》是在苏州网师园作的。据当时在场的他的一位学生刘力上回忆,南宋梁楷的真迹传世极少,这幅《睡猿图》是根据史籍记载，仿照梁风子的笔意制作的。裱画作旧是周龙昌，收藏印章由他自刻。而今这方假的，用木头橛子做的收藏章还留在刘力上处。假画作成后，张大千将它带到天津，嘱咐天津的古董商到上海兜售。吴湖帆闻讯后，派人找来了这位古董商，一问来路，说是从旧王府散出来的，打开画一看，果然是南宋气息，梁风子笔意。再问价钱，开口一万。吴湖帆怦然心动，认为是无上至宝，还了一个四折，从古董商手里买了下来。

事后吴湖帆特地把老友叶恭绰请到家里，打开《睡猿图》请他鉴赏、题跋。叶恭绰一看之下，赞不绝口。吴湖帆对叶恭绰说，这幅画，原是他叔祖父吴大澂奉为至宝的旧藏，后来失散了。近日由天津古董商携来过目，一见之下，如遇故人，就花重金留了下来。这段故事编得天衣无缝，竟然连一代书画鉴赏名家叶恭绰也信了，于是将这段故事写进了他的题跋中。

事后，叶恭绰遇见了张大千，将吴湖帆的这段收藏逸闻告诉了他。张大千听后，不动声色地说道："是真的梁楷《睡猿图》吗？怕有些靠不住吧！"据说吴湖帆日后也发现了这幅出自张大千之手的破绽，就以十万元日币让给了一位日本古董商人。

吴湖帆对张大千的认识，就是一步一步由相轻相斥转向相敬相亲。1932年春，张大千觅得一幅无名款的《松壑鸣泉图》长卷，这幅水墨长卷，高不足一尺，宽一丈五，云壑间苍松罗列，涧泉潺潺，天地间只有一个文人坐松下闲赏。张大千初步鉴定为元人之作。一日，他携了这卷画来到吴府拜访吴湖帆。门差把张大千引进了吴湖帆的书屋。两人坐下寒暄了一番，张大千才从长袍中取出长卷，请吴湖帆鉴赏、题跋。吴湖帆俯首在画案上一段一段，边看边卷，看毕暗暗称奇，张大千果然好眼力！然后在张大千带来的一张旧纸上题道：

>壬申二月，大千道兄访余于书屋。袖此卷相赏。析定为元人名笔宋纸本也。盖宋人较此更缜密，明人又无此重量耳。余曾睹巨然《海野图》，用笔用墨法此卷颇类之，应亦吴仲圭一家眷属。大千具真法眼，故能宝之。吴湖帆题。

这段题跋也许是吴湖帆首次公开承认张大千的鉴赏水平。至于肯定张大千的艺术成就，则是1932年在他与张大千一起加入苏州彭恭甫组织发起的"正社"书画社以后，通过一起参加书画社的雅集，有机会互相切磋艺事。尤其是应中国画学研究会之邀，一起赴北平举办正社书画展，在举办画展的过程中，他听说北平政府主席黄郛以一千元大洋订下了张大千的巨幅山水，张大千的仕女以其生动的造型，古雅的设色，工细的技法轰动了整个北平画坛。至此，吴湖帆对张大千的艺术水平，才予以充分的肯定。

正社赴北平举办画展的第二年，张大千和吴湖帆的社友兼文友、上海新闻记者陆丹林，有一个情人心丹因病逝世。陆丹林请张大千为心丹女士绘了幅遗像，又请吴湖帆题词，吴湖帆当场填了一首《菩萨蛮》，词曰：

>意中有个人如玉，几番拨尽相思曲。看到蹙眉峰，无言尤态浓。　　真真何处去，往事如云雨。寄语有情天，阿谁恶剧怜。

这幅遗像及词作，当年在《国风月刊》上一起发表，这也许是张、吴较早的一次合作诗画。

吴、张较晚的又一次诗画合作，是在抗战胜利后的第二年初冬。这一年，名旦梅兰芳为庆贺抗战胜利，在上海重整粉墨，登台演出，恰逢张大千也从北平飞到上海。吴湖帆就在嵩山路80号——他的丑簃画室，邀请梅兰芳、张大千、谢稚柳等作迎春雅集，老友相见，不可无画无诗，于是摊纸作画。吴湖帆先画一握幽兰，梅

兰芳补上红梅一枝,张大千口占《浣溪沙》小令一阕,与谢稚柳商榷推敲后,题于画上。词曰:

试粉梅梢有月知,兰风清露洒幽姿,江南最是好春时。　珍重清歌珠簇落,定场声里动芳菲,丹青象笔妙新词。

吴湖帆看罢,也用周邦彦创制的《蕙兰芳》引律,题词道:

歌散舞零,访重奏大晟新乐。听笛里阳春声啭,断肠似续。韵余袅,缀一字一珠盘玉。叹定场信息,正是江南花落。　渐筑苍淳,琰笳哀怨,漫赋荣辱。忍丝管升平,珍重翠华旧曲。江山无恙,怎堪疼哭?金缕长,千载绕梁犹昨。

吴湖帆在词后跋道:"丙戌初冬,畹华同庚兄重整粉墨,以挽十载乱离,歌坛颓风,庶望升平于元音也。因制小词博粲。吴湖帆画并识。"

1946年,(右起)郑午昌、张充仁、张大千、吴湖帆、许士祺、汪亚尘、颜文梁聚于黄山画社

吴、张都是多面手，山水、花鸟、人物兼备，在花鸟中，两人均擅荷花。吴湖帆擅长工笔重彩之荷；张大千喜作泼墨写意之荷。30年代后期张大千蛰居成都，一变写意画风，亦以工笔重彩写朱荷，为此，常常遭到画界的议论，认为他画朱荷是标新立异，违反荷花色彩的常规。

有一次，张大千与余啸风、杨孝慈、丁少鹤三位友人在成都乘独轮车同访老诗人林山腴。途中谈起了画朱荷之事，余啸风对张大千说："君往好写朱荷，颇为时贤所议，予力为君解嘲。画家以笔墨为先，岂得以形色求之耶？"张大千正想作答，不料一位独轮车夫却言道："世上真的没有朱荷吗？《洛阳伽蓝记》不是写道：'准财之间有开善寺，入其后园，见朱荷比池，绿萍浮水。'"车夫引经据典，又连举了荷花的典故数十条，说得张大千一行人大为诧异，后闻这位车夫曾是一位大学教授。于是他画朱荷更加理直气壮，并题《洛阳伽蓝记》中的这段话作为依据。赴敦煌后，从壁画中，他又找到了借鉴，在画荷上用色更为大胆，索性以金碧画荷。1947年冬日，张大千仿唐人装画法画了一堂金碧荷花，请吴湖帆指正，吴湖帆看后大喜，集宋人句填《浪淘沙》一词赞道：

　　西北倚昆仑，笔扫千军。十年流水共行云。渐入唐人诸老画，壁上传神。　　血染赭罗巾，瞪眼消魂。华阳仙裔是今身。蜀道尚惊鼙鼓后，着意温存。

并跋道："大千张君此作，纯用唐人图案法出之，洵妙迹也。"

张大千看后，也提笔写道："吾友吴郡吴湖帆，山水外尤擅画荷，红衣翠佩，妍媚欲绝。予偶效唐装法为此，殊为拙重，分朱布绿，比于关垂，君乃叹赏不置，无乃阿好耶？爰再题。"无独有偶，以石涛起家的张大千，对吴门传人吴湖帆临仿石涛的《烂石堆云图卷》，也推崇备至，近似阿好，请看《西江月》题赞：

湛湛长江去水，层层烂石堆云。何人效笔写苍旻，勃气欲忘睚径。　　海上微言适我，江南画手推君。清湘未必拨吴门，试取画禅参证。

吴湖帆才思敏捷，艺术修养又很深厚，堪称诗、书、画三绝。故而，张大千对吴湖帆十分敬重。在张大千的心目中，无论从才学、地位、修养、画艺来看，当时真正能称得上传统文人画家的只有两位，一位是溥心畬，另一位是吴湖帆。因此，正当他风靡北平画坛，有人提出"南张北溥"的口号时，他却认为不妥，应提"南吴北溥"。尽管画坛上无人响应，但是张大千独持己见。在去国前夕，对友人周殿侯重申了自己的看法，稍稍不同的是加了半个谢稚柳。数十年后，他在美国举办的"四十年回顾"自序中，提及了中国画坛上有数十位画家在艺术上有比他高明的地方，其中首先提及的就是吴湖帆、溥心畬，名列一二；他对吴湖帆的评赞是："山水竹石，清逸绝尘，吾仰吴湖帆。"

附一：吴湖帆日记中的张大千

张大千与吴湖帆相识于20世纪30年代初，断断续续交往了二十年。笔者曾以采访大风堂早期门人刘力上为主线，参阅了有关张、吴交往的记载，撰写了《张大千与吴湖帆》一文。这篇文章，侧重写了张、吴从相轻相斥到相敬相亲的交往过程，其中还记述了刘力上所亲见亲闻——张大千伪造梁楷《睡猿图》，诱骗吴湖帆重金购藏一事。事过十多年，我一直在寻找吴湖帆生前对购藏《睡猿图》后的反应以及他对张大千的真实看法，以便印证记述拙作的失误。

功夫不负有心人，2004年开春，收到梁颖先生寄赠的《吴湖帆文稿》（以下简称《文稿》），梁颖是《文稿》的编校。据他在后记中说，这部《文稿》是他受吴元京先生（吴湖帆之孙）的委托，根据上海图书馆收藏的湖帆先生遗稿以及书跋整理而成的。《文稿》内收《丑簃日记》《梅景书屋随笔》《梅景书屋书跋》《私识心语》《吴氏书画记》，有三十余万字（因非公开出版物，未标明字数）。这些文字是吴湖帆亲笔所写，绝大部分为首次面世，自是研究吴湖帆生平业绩、家庭生活、书画鉴藏、艺术交往的第一手资料，弥足珍贵。

《文稿》中最夺人心魄的是吴氏日记——《丑簃日记》（1931—1939）。丑簃，顾名思义是又丑又小的屋室，与"陋室"相近。据说是他早年获得隋代《常丑奴墓志》，于是刻了一方白文印"丑簃"，钤在卷首，意谓陋室所藏。据梁颖介绍，这是一部残缺不全的日记，共存五册。第一册封面题"丑簃日记"，始自辛未（1931）4月14日，工笔小楷，壬申（1932）后变为行书，迄于乙亥（1935）5月16日。第二册封面题"丁丑记事"，起丁丑元旦，迄9月19日。第三册封面题"丁丑记事第二册"，起9月20日，迄11月30日。第四册封面题"丁丑日记第三册，戊寅年后续"，起丁丑12月1日，迄戊寅6月10日。第五册封面题"日记簿"，戊寅6月15日至己卯（1939）11月30日止，这一册中有若干页用钢笔书写。查阅第一册"日记"（1931—1935），除癸酉（1933）全年外，其他都有残缺，只有数月之记。庆幸的是，在这册残缺得很厉害的日记中，尚留下了数十处吴、张交往的记载，虽说是鸿爪泥印，却真实地记下了吴湖帆对张大千的真实印象，可以弥补和纠正拙作的部分缺失。

日记中首次披露吴、张会晤的日期是1933年1月3日（壬申十二月初八），即阴历"腊八"日"在（何）亚农处午饭。晤大千、

(谢）玉岑，观王觉斯书一件，画四五件。戏谓亚农曰，觉林（疑为觉斯）又见石涛《岁岁平安图》。晚在（彭）恭甫处宴。大千、亚农合作仿石涛画，大千画水仙及瓶座，亚农画松，玉岑画梅，（陈）子清画柏，恭甫画竹，余画兰及瓶"。吴湖帆移居上海后，每逢阴历年节必回苏州老宅，一是祭祖，二是向母亲贺岁，三则访友。何亚农、彭恭甫都是苏州知名画家，又与吴湖帆同是正社社员（大千、玉岑尚未入社），因此可以断定，吴、张这次会晤地点当在苏州无疑。他俩除了在何、彭两家吃了两顿饭外，还一起合作了一幅仿石涛画，画题与贺岁有关，很可能就是吴湖帆那句戏言：仿石涛《岁岁平安图》。

那么这次会晤，可否断为吴、张的首次会晤？不可。因为就在十个月前，壬申二月，吴氏为张氏购藏的《松壑鸣泉图》题过跋，跋语中写到"大千道兄访余于书屋，袖此卷相赏"之事（见《张大千与吴湖帆》）。

《丑簃日记》记得最多最详的莫过于他的书画购藏、鉴赏、转让、抵押、易赠……真所谓三句话不离本行，而吴、张的交往也多与此有关。就拿1933年1月来说，就连续发生了两起张氏让画和欲让、欲押之事。1月15日："叶誉虎（恭绰）、何亚农、陈淮生、张大千来。假大千董香光（其昌）仿荆关山水，临一角。"请注意，张氏到吴府是有备而去的（带了董其昌的仿荆关山水和另一件仿云林山水而去的）。而张氏让画总是先将画留在吴处，供其鉴赏多日，让其做出抉择。吴氏留下"其昌仿荆关山水，临一角"。数日后，他决定代彭恭甫购下这两件董画。张氏知道吴湖帆是董迷，他的本意是让给吴氏，吴氏不是不想要，而是临近年关，银根较紧，所以代"为恭甫购得香光仿云林、荆关山水，系六十九岁（所作），二题均不钤印，墨笔绝佳。此香光画中至精妙者。向为黄莘田物，张大千曰得自故家者。今恭甫以(金)冬心画佛轴,又出九百金易之。据大千云,其师曾髯翁向藏一轴,与此一稿。系赝迹,后售与姚虞琴,曾乞吴昌硕题之"。吴氏详记了张氏所云董其昌画的来历流传,这是吴氏的精细处,不过,过于精细,也会为精细所误。这是后语,暂且不谈。

张大千花钱无计划,往往右手的钱尚未接过,左手已把钱花出去了,故自谓"富可敌国,贫无立锥"。不过此时的大千,尚无"敌国"的藏品。1月21日,经吴湖帆手刚易得九百金和金冬心佛像一轴,才过四天,在吴氏梅景书屋又出现了如此戏剧性的一幕:25日"为阴历除夕,终日未出门。午,张大千携杨龙友《水村图》卷来,喜形于色,曰此卷为其旧物,昔年已渡海至日本矣。今忽购归,且岁底穷于应付,东拉西扯而来,故更喜也。噫,余与大千,真可谓同病者也。午后大千往嘉善去,此卷留余,借为度岁娱乐品。余数年来,今年度岁最窘:一则时局影响,画况减色;二则年收特欠,支出特强,故囊中羞涩,几于无法应付。乃不得不以嗜爱物为抵押品,直如诸葛亮斩马谡一样,忍痛了去也"。吴氏这段文字曲折含蓄,大可玩味。首先"张大千携杨龙友《水村图》卷来"究系何干?是旧物购归,喜形于色,向吴湖帆报喜来了,还是岁底穷于应付,东拉西扯,要将此画向吴氏抵押借款来了?日记中未点明,只是用"噫!余与大千真可谓同病也"一句感叹语带过。病在哪里?病在"今年度岁最窘……故囊中羞涩,几于无法应付",病在"乃不得不以所嗜爱物为抵押品,直如诸葛亮斩马谡一样,忍痛了去也"。吴氏的这段苦涩心声,想必定在同病者张氏面前倾诉过。大千携带杨龙友《水村图》到梅景书屋的动机,也就不言自明。壬申除夕,大千急需用钱,在吴处未能押出或让出《水村图》;第二年年关(1934年2月15日),他却以吴渔山的大青绿山水——仿《仙山楼阁图》，从吴湖帆手中换到了三千二百金。

张大千比吴湖帆小五岁，在吴氏面前显得豪爽仗义，能急人所急，颇具江湖义气。当他听说吴湖帆急需从一位藏家手里让归两件钤有吴氏高祖藏印的故物——傅山册页和吴铁生仿米山水。可是藏家迟迟不肯应诺。数日后，大千不动声色地来到吴府。吴氏在日记中记道："大千赠傅青主（傅山号青主）书册，为余向陈季鸿易傅青主写经册子（先高祖旧藏），余检得秦钵□□，假作张大千三字之省文送之。又检何子贞书《衡方碑》以备向陈氏换吴铁生仿米山（高祖上款），托大千办之。又赠张尔唯书《喜雨亭记》一小卷。"大千果然不负重托，只隔了两天就办成了此事。日记26日载："张大千携吴铁生仿米山水及傅青主写经册来，一旦得两故物，不胜快感！"

前面提到吴湖帆鉴藏古画，十分注重来历流传，是他的精细之处。但"精细反被精细误"，有时也会上当受骗。刘力上在苏州网师园的亲见亲闻，就是证明。他亲口告诉笔者道，张氏在网师园仿造了南宋梁楷的一幅《睡猿图》（裱画作旧是周龙昌，收藏印章由张氏自刻。而这方用木头橛子做的收藏章至今尚在刘力上处），嘱咐天津古董商到上海兜售。吴湖帆闻讯后，派人找来了这位古董商，详问来路，古董商编造了一段从旧王府散出来的故事。吴湖帆并不知道画史上并无《睡猿图》的记载。打开画一看，"纸本整洁，泽如明镜，笔墨亦飞舞动人，精光射十步外，淘宋画中无上剧迹也"。画上还有"廖莹中题字。廖氏精鉴别，富藏弃，且距梁不远，题曰'神品'，可知此画六百年前早具连城身价矣！"（见《吴湖帆文稿》）如此流传有序的"珍品"，必真无疑。一问价钱，开口一万。他怦然心动，认为是无上至宝，还了一个四折。以上故事，是刘力上转述古董商人的话，而吴湖帆看画观感，则是我从《吴氏书画记》中抄录的。

说句实话，翻阅吴氏日记，笔者首先关心的就是吴氏购藏《睡猿图》的记载，意在印证刘力上的口述。可惜遍寻无着，只是在《吴氏书画记》中留下了叶、吴的两段题跋。吴湖帆究竟何年购藏《睡猿图》？题跋均未写明。不过从已有的日记中可以推断，《睡猿图》不可能购在1933年前：一是张大千迁居网师园是1932年秋冬之事，二是1933年全年日记从未提及此事。而《睡猿图》在"日记"中最早出现，是在1935年元旦的寥寥一笔："周湘云来，观梁楷《睡猿图》。"紧接元旦后，4月6日、14日又先后出现两处吴氏供人观赏《睡猿图》的记载，有一处还是张大千和何亚农一起介绍粤友到吴氏梅景书屋观梁楷画。联系叶恭绰题跋《睡猿图》的"去冬得观此《睡猿图》于吴氏梅景书屋"。可以推定，吴氏购藏《睡猿图》是1934年冬天的事情，很可能未到年关，张大千又缺钱了，才想出了这一损招，狠狠地敲了吴湖帆一笔。多年后，吴湖帆也看出了《睡猿图》作伪破绽，高价转手让给了日本古董商人。

吴氏日记还记载了张大千往来于四川、苏州、嘉善的行踪和多次在上海陶乐春请客做东，唯独对张大千的画品、人品不着一字。

注：关于梁楷的《睡猿图》，历代图画著录中并无记载，且梁楷不画动物走兽。据《图绘宝鉴》卷四《宋·南渡后》梁楷条记载："梁楷，东平相义之后，善画人物、山水、道释、鬼神。师贾师古、描写飘逸，青过于蓝。嘉、泰间画院待诏，赐金带，楷不受，挂于院内而去，嗜酒自乐，号曰梁风子。院人见其精妙之笔，无不敬服，但传于世者皆草草，谓之减笔。"（见《辽宋金画家史料》第720页，陈高华编，文物出版社1984年）

《图绘宝鉴》五卷是宋人夏文彦的著录，他与梁楷是同时代人，记载梁楷传世画迹品类，当不会相差太大。梁楷不画动物走兽，何来《睡猿图》？可见《睡猿图》是大千伪托梁楷之名而作的。至于廖莹中题字，也是张氏伪造的遮眼法。

又据《万象》2001年第1期陈巨来在《记大风堂事》一文记载："湖帆受绐之梁楷《睡猿图》，余问之：'何以用日本乌子纸，而湖帆亦专用乌子纸作画之人，会看不出的？'大千云：'画好后，放于露天之下，任日晒雨淋，纸质变成黑暗破损了，然后再加工修补治之，题了一首廖莹中字，没有古本可对呀？'"

附二：《睡猿图》的去向与来历

无独有偶，这幅被吴湖帆转手给日本古董商的《睡猿图》，半个世纪后，竟出现在由傅申一手策划的《张大千回顾展》（展出时间是1991年12月，地点美国华盛顿沙可乐美术馆）上。这次被主办人定名为《血战古人展》（结集出版改名为《向传统挑战——张大千的画》）是傅申策划多年，从世界各大博物馆及公私藏家商借了110多件张氏历年代表性画作举办的张大千回顾展，旨在介绍张大千对中国历朝历代名迹临摹、研究及仿作的情形，借以追索张大千艺术成长的轨迹。其中还有七件被欧、美、亚三大洲公私藏家当作古画名迹珍藏的张氏伪作，这七件名迹伪作及藏主如下：

    伦敦大英博物馆藏——北宋巨然《茂林叠嶂图》轴

    纽约大都会博物馆藏——清代石涛《自云荆关一只眼》斗方

    纽约大都会博物馆藏——清代梅清《黄山文殊台》轴

    檀香山美术馆藏——南宋梁楷《睡猿图》轴

    纽约私人藏——南宋梁楷《睡猿图》

    耶鲁大学美术馆藏——清代石豁《黄峰千仞图》轴

私人藏家——唐代张萱《明皇纳凉图》横披

梁楷的《睡猿图》赫然在目，且不止一轴，有公私两家藏主。历来的"双包案"，是指两幅真假相同的名作，而今却出现了张大千伪作的两幅同名《睡猿图》，大小尺寸，构图造型全相同，所不同的是，檀香山博物馆所藏的一幅有叶恭绰题诗塘的"天下第一梁风子画"，纽约私人所藏的一幅则是傅心畲的两则题跋，诗塘里写的是"梁风子睡猿图真迹神品 大风堂藏画第一"，下面裱绫上题诗一首：

剪剪西风雨似丝，寒霜凋尽岁寒枝。
青猿睡起应悲啸，已是藤枯树倒时。

显然有叶氏题"天下第一梁风子画"的那幅《睡猿图》，就是当年吴湖帆转手出让的那幅，需要补充的是吴湖帆将自己当年向叶恭绰讲的流传故事也题写在左下方裱绫上：

宋梁楷画睡猿图，上有廖莹中题字，钤印为邰武廖氏药洲是也。下角朱氏泽民印与高房山《春云晓霭图》及朱泽民自画林下鸣禽所钤者同。此画元明以来，故家秘藏，未显人世，迨光绪壬辰，先容斋公养疴临安得之，后定兴相国鹿文端公抚吴，转归鹿氏，不知何故流落都市，余乃以千金骏马百琲明珠之价易归也。乙亥春吴湖帆识。

也许是为了显示自己在鉴藏上的学识和眼光，他洋洋洒洒地题下了这段长跋，但可笑的是，他把莫须有的流传，传到了叔祖父吴大澂的头上，吴大澂死于清末，他死时，张大千这幅《睡猿图》尚未出笼，怎么可能在壬辰（1892）年购得此幅呢？众所周知1892年，张大千还未出生呢！吴湖帆题《睡猿图》，千不该万不该，不该捏造事实，编造吴大澂子虚乌有的收藏故事，并盖上了吴大澂的一方收藏印章，须知吴大澂也是晚清的一位鉴藏大家啊！至于纽约

张大千伪作《梁风子睡猿图》两幅

私人所藏的那幅题有溥心畲诗跋的《睡猿图》，又是如何出笼流入藏家之手的，尚待后文分解。

恕笔者孤陋寡闻，20世纪90年代初发生的轰动海外的张氏伪作《睡猿图》"双包案"，我在2005年岁末才获知，还是在阅读台北著名记者黄天才先生惠赠的大著《五百年来一大千》中转述得来的，至于傅申先生的大著《向传统挑战》（英文版），至今尚未拜读。

又据黄天才在其著中记述："以往数十年间，大家都以为大千所作这两幅《睡猿图》的构图，可能是临摹梁楷的一件原迹，或可能是大千依据梁楷画猿的造型而创作出来的画面。可是，在此次华盛顿大展中，却让我们知道了一项新事实：原来这两幅《睡猿图》的构图，既不是梁楷的原作，也不是大千所创造，而是宋代另一位画家——法常和尚，俗号牧溪的作品，大千也许是发觉梁楷和牧溪的画风接近，遂摹仿了牧溪，欲署名梁楷，让人不易发现他伪作的'来历'。可是，这秘密仍然被发现了，而发现此一秘密的，正是筹办此次华盛顿大展的傅申。"

黄天才还记述了一段张大千坦认伪作的故事，50年代初期，张大千访美途中，特地在檀香山小作停留，亲自到檀香山美术馆参观，见到该馆馆长埃克（Custave Ecke），大千向馆长当面承认此画是他早年所伪作，埃克馆长并未表示意外，并说他早已听说此画的风风雨雨，所以在标签上，也已改为"传系梁楷所作"了。（均引自《五百年来一大千》）

张大千与黄君璧

20世纪80年代末,一个偶然的机会,我与香港中文大学高级讲师、台湾现代中国画派先驱者之一刘国松君在京城晤谈,问及溥心畬、张大千故去后,当今台湾传统文人画派还有没有传人?代表人物是谁?刘君笑曰:"当然还有传人。代表人物当推黄君璧。"

九旬高龄的黄君璧,自1949年迁居台北,历任台湾师范学院(今师范大学)艺术系教授、主任,至今已三十八年。早在三四十年代他已历任徐悲鸿主持的中央大学美术系教授,与徐氏同执教鞭十一年;他也是画坛上为张大千所推重的一位著名画家。张氏自称,山水画的"云瀑空灵,吾仰黄君璧"。由于黄君璧客居台北近四十年,内地中青年读者大都对他不太熟悉。

黄君璧原名韫之,别名允瑄,号君璧。生于1898年,祖籍广东省南海县。家境富裕,家中古玩字画收藏颇丰。他少年时一直就读于家中的私馆,颇喜观赏字画,十七岁拜师李瑶屏习画。当时父亲本想送他赴美留学,而他既遇良师,也就放弃了留美的机会,专心学画。不久,加入了表兄陈丘山所组织的楚庭画院,兼学西画。

学画的初期,经裱画店藏珍阁主人介绍,他认识了广州的几位大鉴赏家、收藏家如田溪书屋何丽甫、何冠五父子,劬学斋主人黄慕韩，小廉州馆主人刘玉双等。黄君璧以自己的画艺和勤学博得了他们的赞赏，特许他将古画珍品带回家中临摹。他的绘画技艺由此日进。

1921年，得业师李瑶屏的推荐，他任教于广州培正中学，开始走上绘画教学岗位，不久又任广州市立美术专科学校教务长。1923年，他在李瑶屏的协助下，与广州画家潘志中、黄少梅、赵浩公、卢振寰、卢观海、卢子枢、何冠五、邓芬、黄般若、李凤公、罗卓、张谷雏、姚粟若等十五人，组成"癸亥合作画社"，在广州、香港举办画展。黄君璧作画轻易不示人，可是在广东省第一届美展中，却以一幅山水画夺取了金牌，一鸣惊人。从此以后，他名扬岭南画坛。

1929年，张大千东游日本，在东京的一个中日画展中，看到了黄君璧的《仿石谿幽居图》，留下极为深刻的印象。过了两年，张大千南游广州，便到黄君璧的画室"容安居"相访。两人一见如故，谈及中日画展的往事，大千题诗相赠，其中有两句写道："众里我独能识君，当时俊气超人群。"

大千嗜古画如命，看到壁上挂着一幅董其昌的墨笔《秋山图》，赞叹不已，黄君璧取下相赠。

第二年深秋，张大千应湘潭友人之邀，赴南岳衡山写生。从南岳又赴东粤，重游广州。两位画友再次相晤。黄君璧听说大千刚从南岳而来，就请他画几幅南岳山水，以资留念。张大千当即在"容安居"画室中将四尺宣纸打开，挥笔画了四幅画：《南岳图》《仿清湘山水》《衡山第一处》和《观瀑图》。黄君璧最喜观瀑，他问大千，南岳何处瀑布最胜？大千答道："听说是黑沙潭，可惜我没有去成。"黄君璧却偏要大千虚拟黑沙潭观瀑，并要着色，"可涂脂则脂，可用赭则赭"，大千不得已，只得勉力为之。到过黑沙潭的广

黄君璧（右）与张大千、张群合影

东画家黄般若看了，不由拍案叫绝。

黄君璧大喜，在一家著名的粤菜馆设宴招待张大千。席间，介绍大千与广东著名收藏家何丽甫、何冠五父子相见。在粤逗留的几天中，大千与何氏父子朝夕聚首，纵观何府书画收藏，其乐无穷。恰逢黄君璧的画室中又新挂上一幅石涛《梅石水仙图》立轴，气雄力厚，并有隶书题诗，墨色之佳，无出其右。大千是个石涛迷，自称要在大风堂中收藏一百幅石涛画，曾请著名金石家方介堪刻了一方"大风堂供养百石之一"的闲章，而今见了这幅石涛的精品，怎能轻易释手？黄君璧笑着对大千说，暂时先让我把画挂在墙上，多看一些日子。过几个月我要到上海来，到时一定携画相赠！

不久，黄君璧来到上海，在西门路西成里拜访了张大千。刚见面，就随身取出《梅石水仙图》相赠。张大千大喜，也从画箱中检出元人的一幅《虎溪三笑图》和一幅石谿山水相赠。

大千知道黄君璧是学石谿起家的,取石谿山水相赠,算是"物遇其主,画获知音"的意思。

1936年春,张大千应中央大学罗家伦、徐悲鸿之邀,赴"中大"美术系任兼职教授,恰值黄君璧也赴南京举办个人画展,徐悲鸿遂聘请黄君璧也留任"中大"美术系教授。

翌年4月10日,第二届全国美展在南京开幕,张大千与黄君璧、方介堪、于非闇、谢稚柳等同为美展审查委员。美展结束,他们五人同赴雁荡山小游,并在杭州一座寺院合作了一幅《雁荡山色图》。因方介堪、谢稚柳分别为浙东、江苏人,张大千属西川,黄君璧生于岭南南海,于非闇是山东蓬莱人,所以方介堪当场刻了一方"东西南北之人"印章,盖在画上,以资纪念。

过了三个月,"七七事变"爆发,中央大学内迁重庆磐溪。黄君璧独身随校迁渝,仍任美术系教授,与徐悲鸿朝夕共处结为知交。

黄君璧当时住在重庆郊外一所公寓的三楼,底层是茶店。他是广东人,素喜饮茶,他的四川朋友又喜欢摆"龙门阵",常常一壶茶、一碟花生、一碟瓜子,便摆上大半天。他的居室很宽敞,徐悲鸿住在沙坪坝,每逢节假日,就到君璧处来聊天。

1938年的一个夏日,徐悲鸿又到黄氏公寓聊天,聊着聊着顿起画兴,便为黄君璧画起像来。当时黄君璧身穿衬衣,打着领带,持手杖,坐在一张木椅上。作画时,徐悲鸿却把木椅换作石崖,背景配以古松云天。这正是徐悲鸿为人画像,往往采用真人假景的一大特色。

画像过程中,有几只老鼠出没,徐悲鸿不由浮想联翩,挥笔在画像上题诗道:

1937年,(右起)谢稚柳、黄君璧、于非闇、方介堪、张大千同游温州雁荡山

天下何人不识君，黄君到处留清名。
　　入川能使耗子化，亲爱精诚来往频。
　　倘以君璧比群山，应似黄山境界宽。
　　巉巉峰峦君之笔，溶溶云起性情闲。
　　剧感强权公理争，自然烽火会消沉。
　　看他倭寇全军没，便下夔门下白门。

诗后还写了一段跋语，语曰："以浪漫主义之画，为打油格调之诗，不免令天下才子绝倒，以赠君翁，聊证吾人在渝之啼笑而已。"

隔了几天，徐悲鸿又手持一幅画赠给黄君璧道："见先生家中耗子出没，不胜感慨。可惜我在南京的狮子猫没有带来，无以为助。偶检画箧，发现去年年底所写狮子猫，今日以纸猫代真猫相赠，不知能否助君捕鼠否？"黄君璧得画大喜，展开来一看，确是一幅十分精妙生动的狮子猫，画中还有一段跋诗：

　　在宁曾蓄狮子猫，性温良勇健，转徙万里，未能携之偕行，殆不复存于世矣！图纪其状，并为诗哭之：
　　剩有数行泪，临风为汝挥。
　　嘻憨曾无节，贫病盖相依。
　　逐叶频升木，捕虫刮地皮。
　　故园灰烬里，国难剧堪悲。

这一年暑假，徐悲鸿、黄君璧几乎同时收到老友张大千从上海寄出的一封短信，说他已脱离虎口，从北平逃到上海，准备近日绕道香港返蜀。二人十分兴奋，正巧李宗仁将军从桂林来电，邀徐前往一游，徐便决定在桂林迎接张大千，并邀他重返"中大"任教。临行前，他又画了一幅《三马图》赠给黄君璧，画中题道："侧身长顾求其群，君璧道兄赐存。"黄君璧心中明白，这是徐悲鸿有感于当年他们三人曾经在"中大"同执教鞭的一段往事而写的。这幅《三马图》采用豪放的笔调和浓烈富于变化的墨色,刻画了骏马的雄壮气,画得颇有气势。事后黄君璧对学生说:"徐悲鸿画马,事前多思考,如何布局。然后大笔挥洒,一气呵成。下笔水墨淋漓,东一块浓墨,西一笔淡色,他的每笔线条、每块墨色,都有根据,不但传神,而且合乎真实性。这也是徐悲鸿留学法国,专攻素描所得的技巧。"

徐悲鸿在桂林住了三个多月,才见到绕道香港归来的张大千。可是张大千根本无意重返"中大"任教,他要返蜀蛰居,闭门作画。不久,他就携带妻儿,由桂林途经重庆回到了成都。黄君璧闻讯前往探视,正巧大千要作青城之游,于是探视变成了送行。

黄君璧把张大千送到了青城山上,张力劝黄也留下。两人遂朝夕相处,一起写生,一起摆龙门阵,作画谈艺。有时互相出难题,争奇斗胜。在一幅《仿石谿山水》的题记中,张大千记述了这种乐趣:

> 君璧道兄自擅石谿,而乃强余为此,迟迟不敢落笔。越岁同在青城,督促甚急,因以水渍旧纸仿佛其形,图成请正,布鼓雷门,不自知愧汗几斗耳。

不久,张大千又作了一幅《仿石谿垂钓图》,并题跋表达他对黄君璧高超技艺的敬佩心情:

> 石谿一脉,三百年来惟吾友黄君璧独擅其秘。自与订交,予为搁笔,敬之畏之,又不仅如惮草衣之于王山人。客来山中,传其远游西康,遂放胆为此,它日君璧或见此画,应笑我于无佛处称尊也。己卯二月,爰。

1938年5月19日,即农历四月初一,是张大千四十岁生日。黄君璧与张大千的老友严谷声、张目寒相约,在成都骆公祠严氏贲园设宴,为张大千做寿。席间,张大千约黄君璧、张目寒次日同行,作剑门之游。

黄君璧、张目寒等自5月20日至30日,游历了青龙寨、西秦第一关、飞仙关、剑门、明月峡、七盘关、千佛崖、嘉陵江、皇泽寺等名胜古迹。一路上画了不少山水写生稿。君璧兼任摄影,大千一路吟诗,目寒著文,沿途将所见所闻、传说、诗文以及他们一行的趣闻乐事,用日记的形式写了一篇近万字的游记——《剑门纪游》。

同年仲夏,黄君璧做东约张大千、张心智父子同游峨眉、青城。据黄君璧回忆:此行"盘桓匝月,两人写生,获得很多好画稿,互相切磋,得益匪浅"。

在峨眉之游中,黄君璧意外地获得了张大千的一幅《时装仕女》。张大千在题记中记道:

己卯六月,峨山旅舍待车,酷暑如蒸,君璧强予为时装以御炎威,漫图并赋诗博笑。诗曰:

每逢佳士亦写真,却恐毫端有纤尘。

眼中恨少奇男子,腕下偏多美妇人。

短短袖衣饶别致,非非想天现全神。

画眉莫笑趋时样,此是摩登七戒身。

年前,徐悲鸿在"中大"曾经为黄君璧画过一幅手持团扇,若有所思的古装美人——《落花人独立》,戏喻黄君璧远离故土妻儿,只身一人在重庆执教的形神。徐悲鸿是学西画的,很少画古装人物,古装美人更是偶尔为之。因此黄十分珍惜。而今又得到了以画古代美人著称的张大千的这幅《时装仕女》,可谓珠玉合璧。当然,这两幅"美人""仕女"也都归为他的"白云堂收藏"的珍品了。

黄君璧在重庆"中大"整整执教了八年,直到抗战胜利,才迁回南京。在这八年中,他与徐悲鸿、张大千的交往最多,切磋最深,结下了深厚的情谊,难怪他在晚年回忆起这段往事时要感叹道:"此等朋友之乐,以后再难获得了!"

在这八年中,除了备课治学、编写讲义教材外,黄君璧大部分时间用在游历名山大川并进行写生、创作上。因此,这是他治学最用功的时期,也是他创作精力最旺盛的时期。

抗战胜利后,"中大"东迁,徐悲鸿将美术系主任的职务交给了吕斯百,然后北上,出任国立北平艺术专科学校校长;张大千则以成都为据点,开始了他上海、北平、成都三地"飞来飞去"开画展、收购历代名迹的穿梭活动;而黄君璧仍在南京执教。直到全国解放前夕,黄氏才随国民党政府由南京而上海、广东,最后迁居台湾。

从此以后,黄君璧与徐悲鸿再也没有见面。悲鸿长君璧四岁,为人豪爽,待君璧如兄弟。他俩在"中大"朝夕相处,执教达十一年之久。君璧前后得悲鸿作品近十幅,从画的立意到所题诗文,又多与抗日救国有关,诸如抗战一周年之日,徐悲鸿画了四只喜鹊赠他,题有"抗战周年,预祝胜利"之句;抗战胜利的前一年,徐又画了一幅《鸡鸣图》赠他,题"雄鸡一声天下白"之句;抗战胜利后,徐则画了一只飞鹰,雄鹰高飞,题有"飞扬跋扈为谁雄"之句。由此可见,在国家民族生死存亡的关头,这两位手执教鞭、心系天下的艺术教育家的爱国情思。

黄君璧迁台不久,张大千也离开大陆,迁居海外。他们见面机会不多,据黄君璧回忆:"1969年,我应南非开普敦博物馆邀请,前往访问及展画,曾访大千于巴西之八德园,相见喜极。是晚,大千即在家招待我晚餐,并手书菜单,嘱其夫人入厨整治,他平生好客,待朋友热情诚挚,令人难忘。"

直到 1977 年，张大千由美国返台北定居，两位年近八旬的老人才有较多的机会相聚，回首往事，合作书画。黄君璧长大千一岁，两人相见，便以老兄、老弟互称。张大千八十岁的那一年，从美国运回了四棵树龄七十蟠曲矫劲的古松。他送了一盆给黄君璧，并说道："这几盆松树由巴西运到美国，再由美国运到此间，你是爱松的高士，所以一定要送一盆给你。"黄君璧将这盆古松带回家中，朝夕观摩，爱不释手，不久写生了一幅龙蟠古松，作为寿礼，赠给八旬寿翁张大千。

20 世纪 70 年代末，香港的"中国文化协会"分别征集了两位画师的部分近作，另加已故国画家溥心畬的作品，举办了一次"中国现代画坛三杰作品展览"。这次画展，在西方现代画派、画风影响较深的香港画坛，展示了一下台北三位最有影响的传统中国画家的实力。

黄君璧经历了现代中国画的继承、演变、革新的全过程。他从学中国画之日起，就兼学西画，是一个通西画的中国画家。尽管在当今的台北画坛上，他仍被现代画派视为保守的传统画派的代表人物，可是在西方艺术界，他却赢得了"中国新古典派"（意为革新的传统派）的称号。

张大千与叶恭绰

张大千一生好交朋友，爱朋友，但是真正能在艺术上对他有所影响、有所帮助，使他心悦诚服的朋友却并不太多，叶恭绰是其中的一个。

叶恭绰（1881—1968），字誉虎，又字玉甫，自号遐庵，广东番禺人。自幼长在书香世家，诵诗词，习字画。他先后任过北洋政府的交通总长和孙中山先生的大本营财政部部长。四十岁后才摆脱政务，弃政从文，从事文化艺术教育，弘扬中国文化，倡导美术教育。1929年春，蔡元培主持教育部筹备全国第一届美展，应聘担任审查委员的有叶恭绰、徐悲鸿，还有任干事的张大千。这一年正是张大千步入而立之年，也正是在这一次筹备美展期间，张大千结识了两位艺事上对他十分有影响的朋友，一位是徐悲鸿，另一位就是叶恭绰。

张大千步入而立之年，为自己画了一幅三十自画像，在画像的四周遍征南北名家题咏，而在这些名家题咏中，叶恭绰自是被征的一个。叶恭绰在大千嘱题自画小像一诗中写道：

未妨俊似六朝人，陶冶宗工下笔亲。

戒体有时防败道，空囊从古不忧贫。

叶恭绰

填胸五岳犹行脚,极目千秋好置身。

异代孙阳知有在,漫随凡马走埃尘。

比张大千年长十九岁,被大千尊为"丈人行"中的叶恭绰,对这位小老弟并无过誉之词,相反对他的好女色,不无规诫之意,这就是"戒体有时防败道";而对他的好花钱,入不敷出,超前消费,则戏谑道"空囊从古不忧贫"。在诗中,叶恭绰也没忘了提醒小老弟,当一个画家应该行万里路,游遍三山五岳,胸中要有丘壑;还应该读万卷书(画),博览历代名画,方能找到立足之处。所谓"填胸五岳犹行脚,极目千秋好置身"就是说的这个意思。当然,对张大千的人物写真的艺术才能,叶恭绰还是给予充分的肯定,并深信古代的孙阳(伯乐)如果还活着的话,他一定会把他这匹"千里马"从凡马群中选拔出来。

三年后,叶恭绰又为张大千画的钟馗装束的自画像题过一首词,词牌叫《浣溪沙》。关于这幅自画像,张大千在一首自题诗中写道:

> 世上漫言皆傀儡，老夫粉墨也登场。
> 天中借得菖蒲剑，长为人间祓不祥。

诗后还有一段小跋："壬申（1932）午日（端午），戏写此图作虎艾之饬，聊同避兵之符，大千居士。"历来画钟馗，都是借钟馗打鬼避邪；张大千粉墨登场充钟馗，也是为了借钟馗手中的菖蒲剑来为人间祓除不祥，抵挡兵灾战乱。实际上是暗指日本人发起的侵华战争（前此一年，日本飞机在9月18日轰炸了东北沈阳，酿成了震惊全国的"九一八事变"，当年，上海又爆发了"一·二八"淞沪战争）。可是，谁都知道一纸钟馗、一把纸画的菖蒲剑，怎么能抵挡得了日本人的飞机大炮？因此这一幅自画像与民间张贴的打鬼避邪的钟馗像一样，无非是一帖精神胜利的镇静剂。那么叶恭绰又是如何看待张大千的这幅自画像的呢？他在《浣溪沙》词中写道：

> 畴向三千觅大千，掀髯一笑故依然。不知皮骨为谁妍？　衣锦倘争山薜制，簪花应继海棠颜。尘中游戏自年年。

词中以开玩笑的口吻对比了钟馗装的自画像与生活中的张大千，指出了其中的神似之笔——"掀髯一笑故依然"。也就是说你张大千怎么乔装打扮，我也能从你这个"掀髯一笑"的特定动作中，到三千大千世界中去寻找出你这个独一无二的大千来。

二三十年代之际的张大千，虽然花卉、山水、人物兼善，是一个多面手。张大千是以花卉在画坛上起的家，人称"张水仙"，后来又以仿石涛山水名噪一时，并以"假石涛"作为自己卖画的主要收入。但是当时张大千的人物画在写生、传神方面也很突出，尤其是仕女画。张大千的仕女画，最妙的是画中的仕女能与观者息息相通，脉脉传情。因此，叶恭绰对张大千的人物画格外欣赏。据张大千回忆，当年叶恭绰曾对他说过："人物画一脉，自吴道玄、李公麟后已成绝响,仇实父失之软媚,陈老莲失之诡谲,有清三百年,更无一人焉。"因此力劝他放弃花卉山水,专攻人物,振此颓风。张大千虽然没有完全接受叶恭绰的意见,但是他认为,40年代初期,他之所以"西去流沙,寝馈于莫高、榆林二石室者近三年,临抚魏、隋、唐、宋壁画几三百帧,皆先生启之也"(见《叶遐庵先生书画集》序言)。

张大千与叶恭绰交往最密,可说是"共数晨夕"的一段时间是1932—1936年,当时他们同寓苏州网师园,张氏兄弟住前院,叶恭绰住后院。据张大千在《叶遐庵先生书画集》序言中记载:

先生与予同寓吴门网师园,共数晨夕者近四年。已而先生购得汪氏废圃,葺为履道园,仍无三日不相过从。见必评论古人名迹山水名区,以为笑乐。一日,先生忽欲作画,即就予案头扫竹一枝,予大惊,诧以李蓟丘、柯丹丘复起!于是日益精研,求者垄集。先生殊自矜贵,不轻应人,而予所得独多,俱藏于吴蜀两地,未能携出。先生极赏予长短句,以为得坡翁神韵。予对以未尝研读坡翁乐府,何得而似之耶?先生笑曰:"果尔则山川之气所钟耳!"先生继谭复堂为广箧中词,且以拙制滥厕其中,先生之奖掖后进如此。

在这段序言中,张大千记载了他们在苏州网师园中的两件趣事。一件是从来不作画的叶恭绰,忽然有一天心血来潮,在他的画案上扫竹一枝,张大千见了大吃一惊,叹为李蓟丘、柯丹丘再生。另一件是叶恭绰十分欣赏张大千的词,以为张词颇得苏东坡的神韵,张大千答道:"我连苏东坡的乐府都没有认真读过,怎么能得到他的神韵呢?"叶恭绰笑着答道:"如果真是这样的话,那么就因为你和苏东坡都是四川人,是四川的山川之气酿成的。"

关于叶恭绰画竹之事，张大千是故作惊人之笔。其实叶氏画竹并不是在网师园中开始的，关于画竹起因，他在《自绘竹石长卷》的跋文中有详尽的记述：

> 余于十五六岁，先父命从陈君衍庶习画，虽承奖许，实无所得也。越三十年，因收藏名画渐多，一日颜韵伯谈次，谓画中以画兰竹为最难，且论及与书相通之理，劝余试为之，余漫应之而已。南下居沪与余君绍宋、吴君湖帆往来，始究心于绘竹，习之不懈，三数年间，积之二三百幅，自不惬意，则悉弃之废篓。

叶氏在跋文中说，他真正画竹是在上海与余绍宋、吴湖帆往来后开始的。而叶恭绰南下定居上海，是在1929年。他与余绍宋、吴湖帆、张大千等人往来、订交也正是在这一年。因此他开始画竹是在1929年以后。而叶恭绰移居苏州网师园是1932年以后，张大千在网师园见叶氏扫竹，当然也不能早于1932年，而在1929年至1932年间，正是叶氏"究心于绘竹，习之不懈"的时期。叶氏的这段画竹经历，未必会向张氏保密，以张大千的眼力也不会不知道叶氏笔下之竹是经过了一番磨炼的。那么他为什么要这么写？这就是张大千为了抬高叶氏作画的出手不凡而显露的善解人意、尊老敬贤之处。

叶恭绰画竹，继承了历代文人画竹的传统，借画中之竹，抒胸中之臆气。而现存的叶恭绰近百篇自己创作绘画诗跋中，绝大部分是题竹的。抗日战争爆发后，叶恭绰移居香港，被日本人软禁在卧室中，终日画竹自遣。两年后，张大千绕道香港返蜀，在香港见到了叶恭绰，叶恭绰画了一幅竹子，题了一首长诗"以送其行"。诗中有一段，就是写他被软禁后的心迹。诗曰：

> 劫来海峤一握手，衔石欲语增酸辛。斩蛟意空骄，屠

龙手方缩。余也频年寄空谷,自撷芳馨媚幽独。待洗闲愁三百斗,看尽春兰与秋菊。偶然弄笔貌筼筜,何异秭蒐赛嘉谷。

叶恭绰早期画竹,纯粹是为了自娱,既不卖,也很少送人。正如张大千所说的"殊自矜贵,不轻应人"。直到抗日战争爆发后,为避难,他从上海逃到香港,后又从香港搬回上海,"财物荡尽,无以给朝夕。遂与梅畹华(兰芳)、张大千诸君卖字及画"(见《自绘竹石长卷》序)。叶与梅、张一起卖字画,是在抗日战争胜利后的上海。当时叶恭绰从香港迁回上海,梅兰芳重新粉墨登台,张大千从成都飞到上海多次举办画展。应该说,当时张大千的画名大振,画价卖得很高;而叶恭绰虽然是社会名流,但毕竟不是职业画家。为了提高叶恭绰的书画价格,张大千经常与叶恭绰合作书画,或是张大千作画,叶恭绰题诗,用这种方式来资助抗战中倾家荡产的老朋友。在叶恭绰的《纪画诗集》中,还保存着几首他俩当时合作书画的题画诗,如他在《与大千合作兰竹》的诗中题道:

  清风满大千,遐心在空谷。

  纷红骇绿中,一样能医俗。

张大千是一个重感情的人,他采用合作书画的方式来资助叶恭绰,实际上是一种以德报德的行为。叶氏对大千的恩德,叶恭绰从未对人说过,在他残存的诗文稿中也无一处提及。这个秘密,乃是张大千在晚年为台湾出版的《叶遐庵先生书画集》的序言中端出来的。

事情要追溯到20世纪20年代初期,从青年时代的张大千在上海"颇好博戏"谈起。何谓"博戏"?博戏就是赌博的游戏。当然他参加的不是一般的赌博,而是文人的博戏——诗钟博戏,也就是打诗谜、打诗条。张大千在序中说道:

予少略不检束,颇好博戏,江紫尘丈于上海孟德兰路兰里,创诗钟博戏之社,当时老辈如散原、太夷、映庵皆常在局中,予虽腹俭,亦无日不往,无日不负也。

序中提到的几位赌局中的常客:散原为陈三立,曾当过末代皇帝溥仪的太傅;太夷为郑孝胥,也就是溥仪后来在伪满洲国当儿皇帝时的伪总理大臣;映庵为夏敬观,曾出任浙江教育厅厅长。当时这几位遗老都是"同光体"以来的诗坛领袖,乳臭未干的张大千与这些诗坛领袖一起打诗谜,岂有不输之理。

这里特别要提到的是摆赌局从中抽头的江紫尘。这个江紫尘,是上海滩上的闻人,名叫江梦花,行四,人称江四爷。江紫尘在前清捐过一个小官,当过两江总督的"文巡捕",所谓"文巡捕"也就是后来说的"副官"。江紫尘追随总督大人出入,因而认识了许多在上海当寓公的遗老,如陈三立、郑孝胥、夏敬观等。当时江紫尘的生财之道,一是在梨园行组织堂会当提调;二是设赌局抽头提成;三是倒卖古董字画。民国初年,碑帖很吃香,索价大相悬殊,人称"黑老虎",江紫尘就是倒卖"黑老虎"的老手。

据张大千自述,当年他家中珍藏着一件先祖传下来的碑帖《王右军曹娥碑》。这卷碑帖有"唐人前后题名,前为崔护、崔宴、冯审、韦皋四人;后为杨汉公、王仲纶、薛包三人,而王书久佚,此碑为项子京、成亲王先后所藏,并有详跋"。应该说,这是一件较珍贵的碑帖,碑中前后题名的七位唐人中,有三位是知名人士:崔护即《人面桃花》中的主角;韦皋在唐德宗贞元年间封南康郡王;杨汉公曾任荆南节度使。这三位在新旧唐书中均有传略记载。

话说张大千有一天忽然身揣《王右军曹娥碑》,来到兰里江紫尘的赌场,进门后向江紫尘亮了一下怀中的碑帖。江紫尘大为好奇，从张大千手中取过来细细一看，不由双眼发亮，心想这是一部唐拓本碑帖无疑。也不知为什么，这一夜入局后，张大千输得特别惨，不一会儿带去的现金全部输光。于是他就向江紫尘借了二百元，才几局，又输光；如此向江氏屡借屡输，一眨眼已经超过一千元。江氏笑着对张大千说："大千老弟，这卷曹娥碑归我所有了吧？我再添你二百元，怎么样？"张大千咬了咬牙，将这卷祖传珍品交给了江紫尘。走出赌场后，他心中十分后悔，从此以后，他再也没有进过赌场，也告诫子女门人千万不要赌博。

且说张大千绝迹赌场十年有余，正当祖传曹娥碑的痛失在他的记忆中渐渐淡化之时，也是合当有事，他的母亲曾友贞在安徽郎溪病了。老母亲病居老四张文修的家中，张文修行医，可以随时诊治母病。当时，张大千与其兄善子仍住在苏州网师园，兄弟两人每隔一周就轮流到郎溪去看望一下老母亲。可是老母亲的病不见好转，反而日趋恶化。有一天老母亲唤着大千的名字把他叫到床前，张大千忙问母亲有何吩咐？谁知老母亲忽然问起祖传的曹娥碑来，为什么久而不见？张大千心中一惊，又不敢实言相告，只得谎称曹娥碑好好地留在苏州家中。老母亲嘱下周带来。张大千只得答应。可是，听说曹娥碑早就被江紫尘售出，也不知转来转去转到了谁的手里，而老母亲又嘱他下周要带来，怎么办？张大千心中万分焦急。

回到苏州网师园，他将母亲要看曹娥碑之事与二家兄张善子一说，张善子早就知道八弟的这件荒唐事，也不知当面埋怨指责过多少次。但是在老母亲面前，从未透露过一字，一直帮着大千隐瞒。而今老母亲忽然要看此物，到哪里去找呢？兄弟两人面对面地坐着，就是想不出安慰老母亲的好办法。

正在兄弟俩一筹莫展之际，忽然家中走进两位友人，一位是广东书家王秋斋,另一位就是原来住后园,现在搬到履道园的叶恭绰。两人进得门来,首先省问老夫人的病情。张大千将老母亲病危之事据实相告,接着又将这件焦心事一五一十地告诉了两位友人,并向友人探听曹娥碑的下落。

谁知叶恭绰听罢,用手指了指自己的鼻尖说:"这个嘛,在区区这里。"张大千听说在老友这里,高兴得连眼泪也流了出来,他忙拉着王秋斋到一旁悄悄地说:"誉虎先生是不会卖文物的,我有三点意见,请你与他商量:一、如能割让,请求以原价偿还;二、如不忍割爱,愿以我收藏的书画,任其挑选,并不计件数来换回。如果这两点都做不到,那么就暂时借两周,送到病榻前让老母亲看一看,然后归还。"王秋斋马上把张大千的意见转告给叶恭绰,叶恭绰听后大声说道:"呀,这是什么话?!我一生爱好古人名迹,从不巧取豪夺,玩物而不丧其志。这卷东西既然是大千祖传遗物,而太夫人又在病危之中要看一看,我愿以原物璧还大千,就算是送的,千万不要说值多少钱,也不要说以物易物了。这卷东西没有放在履道园,而放在上海家中,我明天就去取,三天之内一定送来。"张氏昆仲听了叶恭绰的这番话感激涕零,双双跪下,向叶恭绰叩头致谢。三日之内,叶恭绰果然将曹娥碑送来,使张母在弥留之际看到了祖传的旧藏还在,安然瞑目而逝。

此时的张大千,与叶恭绰已交往了六七年,也在网师园朝夕相处了四年,对叶氏的艺品、人品,张大千素来敬重,事情发生后,他就格外敬重,据说当时叶氏还想在苏州木渎购买一座严园以供张氏兄弟读书绘画,后来因日寇攻占江南一带,彼此避难星散,才未能实现。

这一段艺坛佳话,充分说明叶恭绰当年对张大千的仗义和恩德。难怪张大千要念念不忘,十年后,多次与叶恭绰合作书画,以抬高有燃眉之急的老友的画价;也难怪数十年后,他在《叶遐庵先生书画集》的序言中,一开头就老泪纵横地写道:"遐庵先生归道山倏忽逾岁矣。殁不能哭其门,葬不能临其穴,心中哀疚,无时或已。"在这篇序言中,他还将这一段不为人知的艺坛佳话和盘托出,告诉世人,告诉子孙后代,以示永世不忘之意。

张大千与郎静山

张大千过生日喜欢作自画像，可是1974年新年刚过，他却收到年逾八旬的著名老摄影家郎静山的一件生日礼物，打开大信口袋一看，原来是一幅为他精心摄制的近影。收到这份珍贵的七十六岁寿辰礼物后，张大千抚今思昔，诗兴大作，填了一首《减字木兰花·题郎静山为予七十六岁造像》，词曰：

    坠鞭侧帽，走马长楸年正少。容易秋风，短鬓萧萧一秃翁。 闲情无着，陶写恒妨儿辈觉。吾爱今吾，犹有红妆唤老奴。

七十六岁的张大千，竟然如此儿女情长地在一位比他年长七岁的老友面前抒发风流不减当年的情怀——"犹有红妆唤老奴"。由此可见，这两位老友的交往一定非同一般。

的确，在张大千的众多友人中，郎静山是一位情同手足、事无不可对之言的老友。据郎静山回忆，张大千侨居美国环荜庵，郎静山携儿过访，张大千盛情接待，曾将自己的卧室让出来，让郎静山下榻。这样亲昵的关系，在张大千的友人中只有一人可比，这就是谢稚柳的胞兄谢玉岑。张大千与郎静山的交情为何如此之深？怕与艺术上的帮助不无关系。正像谢玉岑在诗词方面对张大千有极大帮助一样，郎静山在摄影方面也对张大千有极大的帮助。

郎静山结识张大千甚早。据郎静山回忆，早在民国初年，他住在上海东有恒路德裕里，与张大千的老师曾农髯是近邻，他从曾农髯处得悉张大千是他的学生，后来他与张善子成了好朋友，由兄及弟，也与张大千交上了朋友。

1930年，上海天马会第八次成绩展览，张大千展出的作品引起上海画界的轰动。正巧这一年，国民党元老派许世英为桑梓效力，发起建设黄山活动，聘请张大千昆仲、郎静山、黄宾虹等人为黄山建设委员，同时组织成立"黄社"，以绘画、摄影为黄山做大规模的宣传，正是在这次宣传活动中，张大千创作了大量黄山山水，被日本人称为当代"黄山派"山水的创始人；也正是在与郎静山同游黄山搜尽奇峰打草稿的过程中，张大千从郎静山的摄影中获益匪浅。

众所周知，具有世界摄影家地位的郎静山，在摄影上最大的艺术成就是"集锦"摄影，所谓集锦就是将不同时间、地点、场合的画面通过暗房作业，剪辑成具有国画神韵的摄影作品。郎静山的这个艺术主张和技巧，与张大千的山水创作可谓不谋而合。张大千笔下的山山水水，绝不是大自然中某山某水的简单翻版，而是经过过滤、沉淀后的增删改造，是重新创造过了的山水，从这个意义上来看，他的山水画创作，本身也是一种集锦。所不同的是，郎静山是用照相机摄取素材，而张大千是用"目识心记"来储存素材；郎静山是在暗室中拼接加工素材，张大千是用毛笔提炼摄影素材。目识心记，是古人在没有现代化的摄影手段的情况下采用的一种传统写生方法，这种写生方法，如果从储存素材的角度上来看，当然比不上照相机来得快，来得精确，保存得久远。因此，张大千在与郎静山同游黄山的时候，一方面向郎静山请教摄影技术，同时也研究、探讨郎静山是如何将一幅幅摄影素材加工成具有国画特色的艺术摄影作品的。在这方面，张善子、大千昆仲确从郎静山处学得了不少东西，而且摄影艺术也大有提高，20世纪30年代中期，张氏昆仲还出版过一部黄山、华山摄影作品集。据郎静山在《怀念大千先生》一文中记述，张善子还常带回张氏昆仲在华山、黄山拍的照片与他讨论山水的构图。于此可见摄影对张大千进行山水创作的影响。张大千游历名山大川，除了目识心记外，照相机也是他的必备工具，在三四十年代，他没有眼病时，常亲自拍照，50年代后期，他的眼睛出了毛病后，就请友人代拍。有时他创作巨幅山水时，就先搜集摄影作品，从中提炼素材。据悉，他晚年创作的《庐山图》——他从未游历过的庐山，主要就是依据友人帮助他搜集的摄影作品。饮水思源，摄影在张大千创作中既然占有这样的地位，那么他当然要如此敬重最早指导他拍照的摄影大师郎静山了。

1961年夏，旅居巴西的张大千听说老友郎静山要在日本东京举办《郎静山摄影展》，他特地从巴西赴香港，再由香港赴日本参加摄影展的开幕式。据其旅美友人张孟休在《大千先生两周年祭》（载《传记文学》1985年第4期）中记载：

> 7月8日上午，张大千与张孟休在东京一起参加开幕式，先生到场后，与静山先生及在场的人寒暄了几句，就拖着我去看照片，从头到尾把挂出的很多照片都一一看过，而且对每张都仔细端详一番，花费了不少时间。我忍不住了，问他为什么这样慢条斯理地有耐心，他凑近我耳边细声说："这是我们老一辈人的规矩礼貌。从前我在北平开展览会，梅兰芳无论如何忙，总要抽出时间来看。他不是签了名就走，而是在每一张画前都要站立注视片刻。"……在展览场地巡礼一周后，我跟着大千回到一张竹子照片前，

1961年,张大千在东京参加郎静山(左二)摄影展期间合影,右三为张大千的红颜知己山田喜美子

复看一遍。那张竹子实在照得好,富有诗情画意。他说:"文与可的墨竹,也不过如此,我要买下来。"(他)叫人把相片取下,由我们自己带到四川饭店,他才对我说:"这张照片照得好,送给你,拿回去作画竹的参考。"

摄影展期间,张大千夫妇在郎静山和东京川菜馆名厨庄禹灵的陪同下,一起赴日本名胜地松岛旅游。松岛位于本州北部仙台县的东海岸,海中岛屿星罗棋布,岛上长满苍松,景色极为秀美,郎静山、庄禹灵摄影颇多,张大千作七绝一首记之:

移梦澄波百岛浮,遮迎拱抱万苍虬。

掀髯老人供长啸,散发佳人识莫愁。

两年后，郎静山从香港赴巴西八德园，留宿月余，亲眼看张大千全家人凿池运石自作山水实景，又看到张大千穿着苏东坡式的古式衣冠徜徉于八德园中，他以此为素材，拍下了许多集锦摄影作品。据郎静山回忆，他拍摄张大千生活照片最集中的有两段时期，第一段是20世纪30年代初期，张大千与乃兄合住苏州网师园期间；第二段即是巴西八德园。笔者认为，郎静山之所以在这两段时期拍摄作品较多，原因是这两地均有园林山石，景色宜人，可以集锦入画。当然，70年代后期，张大千由美国迁居台北摩耶精舍后，两位老友见面机会日益增多，摩耶精舍园内园林山石、花卉禽鸟虽然不能与网师园、八德园相比，但亦具规模。两位大师，一位是摄影大师，一位是绘画大师，相识于20年代初，相交六十年，可谓交情久远。张大千由衷地以兄视之的态度，也绝非常人可比。

张大千与徐悲鸿

徐悲鸿与张大千是中国现代美术史上的两位多才多艺、成就卓著的大师。他俩年岁相仿，又几乎同时名扬海内外。尽管他们所走过的艺术道路不尽相同，但是在长期的交往中，建立了深厚的友谊。

早在20世纪30年代初期，徐悲鸿任南京中央大学艺术系教授时，就与张大千建立了画谊。据张大千的一位早期学生——北京画家刘力上的回忆：1932年秋，他拜大千先生为师，登门学画。那时张善子、张大千昆仲同住在上海西门路西成里17号，与他们同住在一起的还有著名山水画家黄宾虹。在大千先生家里，刘力上看到过两幅张大千的画像。一幅是张大千的《三十自画像》：半身侧面，背景是一棵苍虬的古松，画上题满了集居在上海的名流如张大千的老师曾农髯，还有杨度、陈散原、林山腴、谢无量、黄宾虹等人的诗词文。另一幅是徐悲鸿为张大千画的全身正面立像，无背景。画像上题着郑曼青的一首五言长诗，诗中有四句写道：

  大千年十七，群盗途劫之。

  不为贼所害，转为贼所师。

张大千一生充满传奇色彩，诗中写的就是他青少年时代的一段

徐悲鸿所绘张大千三十四岁像,下方有谢玉岑长题

故事：这件事发生在1916年的夏天，十七岁的张大千从重庆求精中学回内江家里度暑假，途中遇到土匪，被绑架了。土匪头目让他写封信，通知家里带钱来赎他出去，张大千只得遵命，提笔就写。匪首见他写得一手好字，心中暗喜，硬是把他留下，逼他当了师爷。后来，这伙土匪遭到官兵的围剿，土匪头目被打死，土匪被招安。张大千当了百日师爷，也由四哥张文修托人保释，被领回家中。这段奇特经历，张大千后来在摆龙门阵时，对老友郑曼青、徐悲鸿都讲过，所以郑曼青很巧妙地写进了题画诗中。

张大千是个十分好客的人，他的家里经常高朋满座，他喜欢边作画边接待客人。徐悲鸿也曾是他家里的一位客人。他们在一起读画谈诗，一起用膳，一起摆龙门阵。1936年徐悲鸿曾在《〈张大千画集〉序》中写道："大千蜀人也，能治川味，兴酣高谈，往往入厨作羹飨客。夜以继日，令失所忧，与斯人往来，能忘世为20世纪。"

徐悲鸿十分推崇张大千的独具个性的创作，尤其喜爱张大千的山水、花鸟画。1936年他在《中国今日之名画家》一文中对张大千的评价是：

> 大千潇洒，富于才思，未尝见其怒骂，但嬉笑已成文章，山水能尽南北之变（非仅指宗派，乃指造化本身），写莲花尤有会心，倘能舍弃浅绛，便益见本家面目。近作花鸟，多系写生，神韵秀丽，欲与宋人争席。夫能山水、人物、花鸟，俱卓然自立，虽欲不号之曰大家，其可得乎？

张大千的山水为什么能尽南北之变？徐悲鸿认为：

> 大千以天纵之才，遍览中土名山大川，其风雨晦冥，或晴开佚荡，此中樵夫隐士，长松古桧，竹篱茅舍，或崇楼杰阁，皆与大千以微解，入大千之胸。

张大千写莲为何尤有会心？原因是张大千"居前广蓄瑶草、琪花"，写莲能"入莲塘，忍剟朱耷（八大山人）之心"（均见《〈张大千画集〉序》）。众所周知，张大千画荷（写莲），早期是师法八大山人的，从师八大山人之法，到师八大山人之心。所谓师八大之心，也就是师八大以造化为师之心。从师古人到师造化，这正是张大千写莲尤有会心的秘诀所在。

1933年1月，徐悲鸿应欧洲各国的邀请，举办"中国画展"（主要是现代作品，只有少数近代作品）。他带了征集的二百余幅作品，先后在法国巴黎、比利时布鲁塞尔、英国伦敦、意大利米兰、德国柏林和苏联的莫斯科、列宁格勒共七地巡回展出。这次中国画展震撼了西方艺坛。法国政府选购了其中的十二幅作品，并在国家画廊内成立了"中国近代绘画展览室"。

十二幅作品中有一幅就是张大千的《金荷》；张大千的另一幅作品《江南景色》也被苏联政府购藏，并陈列于莫斯科博物馆。这是张大千的作品第一次在欧洲展出，徐悲鸿认为："大千代表山水作家，其清丽雅逸之笔，实令欧人神往，故其《金荷》藏于巴黎，《江南景色》藏于莫斯科诸国立博物馆，为现代绘画生色。"（《〈张大千画集〉序》）

徐悲鸿不仅向国内外美术界介绍和评述张大千的作品，而且在他主持美术院系工作期间，多次聘请张大千担任中国画教授。

1936年春天，徐悲鸿任南京"中大"艺术系主任时，聘请张大千任艺术系中国画教授，张大千推辞道："我不会讲课，只会画画。"徐悲鸿说："我就是要请你去教画。"当时张大千居住在苏州网师园，每周坐火车往返于苏州、南京之间，到"中大"任课。他上课不在课堂上，而是在一间大画室里，画室里有一张大画案，一张躺椅，上课时，学生就围着画案看他作画。任课期间，徐悲鸿与他一起带着艺术系的学生上黄山写生，课余，徐悲鸿请张大千到家里鉴赏自己收藏的字画。张大千在"中大"任课半年，后因徐悲鸿离开"中大"而辍教。

1942年秋，徐悲鸿从印度、新加坡等国归来，在四川磐溪筹建中国美术学院。徐悲鸿任该学院的院长兼研究员，他曾数次写信聘请张大千、高剑父为该学院的研究员，由于张大千当时正在敦煌临摹壁画未归，所以未能受聘。

1946年8月，中国美术学院迁往北平，筹建国立北平艺术专科学校，徐悲鸿任院长兼艺专校长。为了办好北平艺专，徐悲鸿除了延请艺苑名流任教外，还准备聘请张大千担任名誉教授。那时北平艺专的校舍在东总布胡同，十分狭窄，徐悲鸿请担任北平行辕主任的李宗仁先生另拨一所宽大一些的校舍，后来李宗仁果然拨了一所宽大的校舍，这就是现在的中央美院院址。为了感谢李宗仁，徐悲鸿把正在北平的张大千请到家里，请张大千画一幅画送给李宗仁。徐悲鸿还专门请来了裱画师傅刘金涛为张大千磨墨裱画。据刘金涛师傅回忆：当笔墨印泥备齐后，张大千笑着问："悲鸿，画什么好？""画荷花。"悲鸿先生答道。只见张大千手握大笔，在一张宽三尺、长六尺的画纸上将荷花一气呵成。画好后，他问悲鸿先生："悲鸿，你看行不行？不行，我再画。"悲鸿先生连声说："很好，很好！"坐在一旁的廖静文夫人含笑对张大千先生说："给我画一张可以吗？"张大千笑着说："夫人也喜欢我的画，拿纸来，我这就画。"接着张大千又兴致勃勃地画了一幅墨荷，并题上款，送给了廖静文。

也就在这一天，徐悲鸿向张大千提及请他到艺专当名誉教授之事，他说："我知道你忙，你就不用到学校上课，一个学期给学校寄两张画来就行了。"张大千坐在沙发上，手摸着胡子笑着说："悲鸿，我还能当艺专教授吗？"徐悲鸿说："你不要推辞。"张大千说："既然你瞧得起我，我哪敢推辞。"就这样，张大千当上了北平艺专的名誉教授。

1949年冬，张大千往返于澳门、台港与成都之间开画展。当时，成都尚未解放。徐悲鸿致函张大千，以老友的身份劝他到中华人民共和国的首都来任职，可是张大千犹豫再三，由于种种主客观的原因，终于未去，而是到印度大吉岭去讲学了。从此他没有再回大陆，这两位艺术知音也天各一方，再也没有机会晤面。

张大千对徐悲鸿的人品和画品也很赏识。20世纪30年代，张大千在上海中华书局出版的第一本画集，就是请学西画的徐悲鸿写的序。他对徐悲鸿能够画贯中西，将西画的长处融化到中国画中，表示钦佩。他认为，徐悲鸿的画，有笔有墨，诗写得好，字也写得好，能够寓书法于画法之中。他叹服徐悲鸿画的人物，但是更叹服徐悲鸿画的马。他曾经不止一次地对人说过："徐先生画的马很绝，我学不到这一手。"徐悲鸿逝世后，张大千深感痛惜，他曾同侨居海外的林语堂诸老友多次谈到徐悲鸿。一次，有人请他谈谈对郎世宁、徐悲鸿画的马有何感想，张大千说道："郎世宁的马，有许多西洋画的笔法，不能算纯粹的中国画。提起徐悲鸿，我倒想起一件有趣的事，从前我同两位中国画马的名家都是好朋友，一个是徐悲鸿，一个是赵望云。但是因为徐悲鸿比赵望云有名，因此赵望云很不服气。有一天，赵望云来问我：'大千，人家都说悲鸿画马比我画得好，你说说到底是谁的好？'我说：'当然是他的好。'赵望云听了以后，大失所望，追问道：'为什么？'于是我说：'他画的马是赛跑的马和拉车的马，你所画的是耕田的马！'"（见林慰君编的《环荜庵琐谈》）从这段对话中，也可看出张大千对徐悲鸿画马的评价。

当然张大千对徐悲鸿的作品也有过批评，比如他认为徐悲鸿画的马有一些是跛足的,而这种跛足是一个缺点。应该说这也是一种艺术批评,正如徐悲鸿认为张大千画荷喜欢用浅绛也是一个缺点一样。

徐悲鸿逝世二十年后,张大千侨居美国环荜庵,有时念及与徐悲鸿交游的情景,每每黯然神伤。为了寄托对亡友的哀思,他就提笔作画。40年代后期,他寓居故都北平时,家中曾蓄养过一只金银眼波斯玉猫,徐悲鸿见到了这只玉猫十分喜欢,就向他借去数月,后来悲鸿写信告诉他:"此猫驯扰可喜,但不捕鼠,且与同器而食,为可怪耳。"大概是想起了这件趣事,张大千画了一幅《睡猫图》,并重题了一首旧诗:

雪色波斯值万钱,金银镶眼故应然。
不捕黠鼠还同器,饱食朝昏只欲眠。

花底拳身不受呵,嫌寒就暖坐怀多。
纵然博得儿童喜,奈此跳梁日甚何?

张大千还画了一幅《漓江山色》,并题词道:"此写三十年前漓江旧游,时同舟者容南李任潮(济深)、宜兴徐悲鸿。"

过去一些有名望的画家,往往都喜欢收藏古代字画名迹。他们的收藏是为了鉴赏,而鉴赏又是为了丰富和提高自己的创作能力和水平。张大千和徐悲鸿也不例外,而且是两位收藏颇丰的收藏家。据徐悲鸿的夫人廖静文统计,徐悲鸿逝世后,她捐赠国家的悲鸿藏品有唐、宋、元、明、清及近代的书画一千余件……张大千收藏的书画较徐悲鸿更多更精,但大多散出;他故世后,张氏家属遵照遗嘱,捐献给台北故宫博物院,据台湾报刊报道,该院接收张大千的藏品,计历代名画六十九件、书法六件,其中隋唐六件、五代八件、宋代二十三件,均为稀世珍品。为了收藏名贵字画,他们不惜倾囊罄箧，常常弄得身无分文。张大千有两颗闲章，一颗刻着"贫无立锥"，另一颗刻的是"富可敌国"。这两颗闲章十分形象地说明了张大千的财富状况，说他贫无立锥之地，他手中的金银现钱确实不多，常常需要向人借贷；说他"富可敌国"，是指他收藏名贵字画的价值，同时也是指他有一支能创造巨大财富的画笔。

据廖静文回忆，在徐悲鸿的收藏中，有一幅他最得意的，被盖上"悲鸿生命"印章的古代人物画卷——《八十七神仙卷》。这是一幅白描人物手卷，佚名，绢底呈深褐色。画面有八十七个人物，列队行进，飘飘欲仙，那优美的造型，遒劲而富有生命力的线条，展现了我国古代人物画的杰出成就。这幅长卷人物画是徐悲鸿在香港从一位德籍妇女手中花了一万元钱（现钱不足，又补了七幅自己的画作）购回来的。他在南京"中大"任教期间，曾请好友张大千、谢稚柳鉴赏过，张大千认为此卷是罕见的唐画，并对徐悲鸿能得到这幅"至宝"十分叹赏。抗日战争爆发后，徐悲鸿的这幅"至宝"忽然失踪，一失十余年，后来他通过一位"神出鬼没"的"刘将军"之手，又花了几十万元现款和几十幅自己的作品，才总算使之重新回到自己手中。1948年，徐悲鸿将《八十七神仙卷》重新装裱，请张大千和谢稚柳写了跋。张大千在跋中写道：

> 悲鸿道兄所藏《八十七神仙卷》，十二年前，予获观于白门，当时咨嗟叹赏，以为非唐人不能为，悲鸿何幸得此至宝。抗战既起，予自故都避难还蜀，因为敦煌之行，揣摩石室六朝隋唐之笔，则悲鸿所收画卷，乃与晚唐壁画同风，予昔所言，益足征信。曩岁，予又收得顾闳中《韩熙载夜宴图》，雍容华贵，粉笔纷披。悲鸿所收藏者为白描，事出道教，所谓朝元仙杖者，北宋武宗元之作实滥觞于此。盖并世所见唐画人物，惟此两卷，各尽其妙，悲鸿与予得

宝其迹,天壤之间,欣快之事,宁有过于此者耶?(参见《徐悲鸿的一生》)

有趣的是,这两位收藏家,由于鉴赏标准的不同,还交换了一幅在一般收藏家看来价值相去甚远的画卷。这就是张大千曾经用一幅清代金冬心的《风雨归舟图》换取了徐悲鸿的一幅北宋董源的巨幅中堂山水——《溪岸图》。关于换画的经过,徐悲鸿在《风雨归舟图》的题跋中这样写道:"1938年秋,大千由桂林挟吾画董源巨帧去,1944年春,吾居重庆,大千知吾爱其藏中精品冬心此幅,遂托目寒赠吾,吾亦欣然。因吾以画为重,不计名字也。"在徐悲鸿看来,金冬心的《风雨归舟图》"乃中国画中奇迹之一。平生所见,若范中正《溪山行旅图》、周东村《北溟图》,与此幅可谓世界所藏中国山水画中四支柱。古今虽艳称荆关董巨,荆董画世界尚有之,巨然卑卑,俱难当吾选也"。徐悲鸿与张大千的这段换画故事,倒也不失为收藏史上的一段佳话。

附:也说"五百年来一大千"

"五百年来一大千",典出徐悲鸿对老友张大千绘画艺事的推许赞美之词。徐氏的原话是:"张大千,五百年来第一人也。"(张大千:《四十年回顾展自序》)时在20世纪30年代。友人李永翘推断说是1936年徐悲鸿邀请张氏任中央大学国画教授期间对友人所说(《荣宝斋》2004年第1期:《张大千图话》之九)。张氏友人圈遂将此话概括为"五百年来一大千",后演变成媒体评说张氏绘事的常用口语。台湾资深记者、张氏忘年交黄天才先生专以此语制题,写了一部皇皇数十万言的大著。但是有关徐氏此语的内涵,似乎尚无人细究。本文仅就此事谈一点管窥之见,以求证于黄天才先生及海内方家。

（一）徐悲鸿的弦外音

熟悉徐悲鸿艺事的，深知徐氏是一位谦恭、自重又爱才若渴之士，他在赞叹友人或有才之人时，往往采用"天下第一"的形容词来褒扬对方，而对自己则又退居其后说"天下第二"。这个口语习惯迥异于同时代的艺术名家刘海粟。刘氏谈艺，每喜用"老子天下第一"的自负自夸之词。令人奇怪的是，徐氏在友人前推许张大千，却一改"天下第一"之词，而用了"五百年来第一人"之说。这两个说法，有何不同？

众所周知，徐悲鸿不仅是一位绘画大家，而且是开现代美术教育的一代宗师，他对中国绘画史自是知之甚详，对唐宋元明清的各大流派名家更是如数家珍。从他口中说出"张大千五百年来第一人"，我认为怕不是"天下第一"的翻版，也不仅是泛泛的应酬之辞，而是有深意存焉。

"五百年来第一人"的起点是20世纪，上推五百年，是15世纪。翻开中国绘画史，15世纪正是明代中期——以沈周、文徵明为首的"吴门画派"及文徵明、唐寅、沈周、周臣史称"明四家"的活动时期。明乎此，徐氏的五百年来之说，是说张大千是继"明四家"和"吴门画派"后的第一人。倘若再深究一步，明四家中的唐寅，既是"吴门画派"的鼻祖沈周的学生，又是"明四家"殿后的周臣的学生，青出于蓝而胜于蓝，其影响超过了两位老师。唐寅号伯虎，多才多艺，命运跌宕起伏，后人为他编了许多脍炙人口的传奇故事和戏曲，《唐伯虎点秋香》就是其中最为人激赏的一折。而张大千既是李瑞清的学生，又是曾熙的学生，曾、李的学生众多，人称"曾李同门"，在"曾李同门"中，张大千是小师弟，但是后来居上，无论在同门中，还是在社会上，张大千的成就和影响超过了同门其他师兄弟，甚至两位老师。何况20世纪二三十年代的张大千也是一位多才多艺风流才子，他的"桃色新闻"，尤其是他与李秋君的柏拉图式的爱情传闻，更是小报记者猎取花边新闻的众多素材。想徐悲鸿必有耳闻，但是洞悉人间恋情、尝够"师生恋"花边新闻之苦的徐悲鸿，当然心知肚明，这层窗户纸不能点破，只能点到为止，点到五百年，不点"明四家"和"吴门画派"，更不点出唐伯虎。由此看来徐氏不说千年（唐五代），不说八九百年（宋），不说六百年（元），也不说二百年（明末清初），而偏说五百年，其深意庶几在此。当时张氏刚巧自上海迁居苏州网师园，而苏州又正是明四家和吴门画派的集居地。

1936年春，张大千应徐悲鸿推荐及中央大学校长罗家伦聘任执教艺术科，同时又在南京举办画展。徐氏先后在《中央日报》发表了《论今日中国之名画家》和《张大千先生》两篇文章，对张氏的绘画艺术进行了高度的评价。在《论今日中国之名画家》一文中徐氏写道：

> 夫挟技而成名者，必有一长足可取。至若以艺名千古者，必有多种惊人之才艺，乃得为人所倾倒。大千潇洒，富于才思，未尝见其怒骂，但嬉笑已成文章。其山水能尽南北之变（非仅指宗派，乃指造化本身），写莲花尤有会心。近作花鸟，多系写生，神韵秀丽，几与宋人争席。夫能山水、人物、花鸟俱卓然自立，虽欲不号之曰大家，其可得乎？！

徐氏认为张氏的山水、人物、花鸟俱卓然自立，已达到了"大家"的境地，也许是大千自谦，认为不够，但徐氏又加重语气反问道:"虽欲不号之曰大家,其可得乎?!"

同年,又经徐氏向老友舒新城推荐,在上海中华书局出版《张大千画集》。徐氏又作序评论。在评论中,徐氏认为大千"生于二百年后,而友八大、石涛、金农、华嵒,心与之契,不止发冬心之发,而髯新罗之髯。其登罗浮,早流苦瓜之汗;入莲塘,忍剜朱耷之心"。言外之意是,20世纪的张大千,可与18世纪的明末遗僧、扬州八怪诸画杰结为友侣,心与之契。不仅能师其法,学谁像谁,尤其是石涛、八大,更是形神兼备,可以乱真;而且能师其心,师造化之心,所谓"登罗浮""入莲塘",在名山大川,自然造化中写生领悟,手挥目送,熔铸古今,化古为今,借古开今。无论是从画风画艺上,还是在言行习性上,大千与明末八大、石涛、金冬心、华新罗更为贴近,说他为"二百年来第一人"似更确切。但徐氏认为大千的画艺和志向似不能为二百年前贤所囿,当更上追,如若上追到唐五代、宋元,以他当年的功力来说,尚不够,于是退而取其次。倘若再推后十年,张大千赴敦煌礼佛,面壁莫高窟三载归来,也许徐氏会改口说"张大千,千年以来第一人也"。

(二)张大千的回应

1972年,张大千在旧金山举办《四十年回顾展》的自序中写道:

先友徐悲鸿最爱予画,每语人曰:"张大千,五百年来第一人也。"

予闻之,惶恐而对曰:"恶!是何言也。山水石竹,清高绝尘,吾仰吴湖帆;柔而能健,峭而能厚,吾仰溥心畬;明丽软美,吾仰郑午昌;云瀑空灵,吾仰黄君璧;文人余事,率尔寄情,自然高洁,吾仰陈定山、谢玉岑;荷茭梅兰,吾仰郑曼青、王箇簃;写景入微,不为境囿,吾仰钱瘦铁;花鸟鱼虫,吾仰于非闇、谢稚柳;人物仕女,吾仰徐燕孙;点染飞动,鸟鸣猿跃,吾仰王梦白、汪慎生;画马,则我公与赵望云;若汪亚尘、王济远、吴子深、贺天健、潘天寿、孙雪泥诸君子,莫不各擅胜场。此皆并世平交,而老辈丈人,行则高矣美矣!但有景慕,何敢妄赞一辞焉。五百年来一人,毋乃太过,过则近于谑矣!"

悲鸿笑曰:"处世之道,对人自称天下第二,自然无怍。君子执谦,不亦同予之天下第二者耶?"

此一时笑乐,忽忽已是四十余年事,言念及此,可胜感叹!

这段文字写于20世纪70年代,却是记录了30年代张氏回应徐氏的一段对话,应该说这段对话不会是张大千的杜撰。那么张氏的回应主旨是什么呢?简而言之一句话,"五百年来一人,毋乃太过,过则近于谑矣"。翻成白话文来说是:"五百年来一人,说得太过了,太过则近于开玩笑了。"

为了说明主旨,张氏又列举比较了南北两地的平世同辈画家的强项优长,以人之长较己之短,来说明"五百年来一人"之不确。应该说,这段论述平心静气,是对老友推心置腹的肺腑之言。难怪徐氏听后要坦言直陈:"处世之道,对人自称天下第二,自然无怍(不会脸红惭愧)",但对大千处处扬人之长,也一语道破为:"君子执谦,不亦同予之天下第二者耶?"翻成今天的话来说就是:"你是假谦虚,不是与我自称天下第二的说法一样吗,是不是啊?"

张大千是一位十分自信又颇为自负的绘画大家,但对艺术创作的成就,他确有自知之明,五百年来一大千,他无法做到,也不可能做到。除了他对徐氏所说的这段论述外,还有一段罕为人知的"私房话":"自己创作的好坏,没有一定标准,各人看法不同,某甲可以把你的作品捧上天,某乙却可以把你的作品批评得体无完肤。一件艺术作品的评价,完全决定于观赏者的主观意识,并无客观标准,俗话说:'文章是自己的好',人人都会认为自己的作品是最好的,谁会服气谁是五百年来第一人?"

这段"私房话"出自张大千对忘年交黄天才的私下交谈,出自黄天才的专著《五百年来一大千》(台北:羲之堂文化事业有限公司1998年版)。黄天才先生20世纪60年代初,奉派驻日采访,长达24年,与大千居士结识于东京。六七十年代,张氏几乎每年必到日本,黄天才经常与之出游,谈古论今,多年相聚,相知日深。大千居士对这位小老弟有问必答,从不设防,从而听到了许多罕为人知的大千艺事珍闻。此书就是他与大千居士长期交往的所见所闻,也是一部翔实而生动的文字记录。在此书第十一章"张大千奇才异能"中,黄天才曾婉转问过大千,为什么徐悲鸿说他的画是五百年来一大千,他表示不敢接受?大千没有直接答复,却婉婉转转讲了许多话,总结他的意思,却是很清楚的,就是上面引述的一段"私房话"。黄天才说大千婉婉转转讲了许多话,我的猜想可能就是《四十年回顾展》的那段文字。这段"私房话"与自序中的对白一脉相承,但说得更直白更透辟。

紧接谈画话题,转入书画鉴定,张氏却语出惊人地自命为"五百年间,又岂有第二人哉!"1954年日本出版的《大风堂名迹》序言中,他就结合自身数十年收藏鉴定的经验,大言不惭地宣称:"世尝推吾画为五百年所无。抑知吾之精鉴,足使墨林推诚,清标却步,仪周敛手,虚斋降心,五百年间,又岂有第二人哉!"黄天才就此又进一步求证询问,大千的回答是:"所谓鉴定,是鉴识、研判一幅无款古画的年代和作者是谁。这些鉴识、研判或推断的结论，完全决定于客观因素，鉴赏者的主观意识发生不了作用，任何主观意识都改变不了客观事实。一幅画，真就是真，假就是假，事实只有一个，这是绝对不能改变的。"

综上所述，张氏对徐氏"五百年来第一人"的回应，可以概括为：艺术成就上不与人争高低，而在书画鉴定上绝不让人。换句话来说，徐氏的"五百年来第一人"，并没有说错，只是说错了门类，归错了队。借用黄天才先生的归纳："照大千的说法，他在艺术方面的种种成就，都有可能被别人否定掉，但他的鉴识能力，却是谁也否定不掉的。"

诚然，书画艺术评比没有客观硬件标准，全凭观赏者的主观意识、审美兴趣爱好，所谓"萝卜白菜，各有所爱"，无法定量分析，品评高下。同是一位书画大家，诸如吴昌硕、黄宾虹、齐白石、潘天寿在不同时期、不同层次、不同地区、不同派系的爱好者眼中，品评结果不尽相同，甚至截然相反，张大千也不例外。在这一点上，张大千确有自知之明，不在名位上与人一争高低。不过，话也要说回来，品评书画艺术虽然没有绝对硬件标准，但也有相对软件标尺，这把尺子就是人们常说的画内功夫和画外功夫。画内功夫主要指技法、技能；画外功夫是指天赋、秉性、人生阅历、文化素质、艺术修养等。因为有了这两大软件，评审员和艺评家才能形成相对接近的品评标准。不然，历代诸如"俗品""能品""妙品""神品""逸品"等品级，现当代的画家、名家、大家、巨匠等称谓，也就无法产生了。说到张大千的艺术成就，我十分同意傅申先生的评论："张大千在绘画上，范围之广，幅度之宽，功夫之深，天赋之高，精进之勤，超越之速，自期之远，自负之高，成就之大，不论你喜欢不喜欢他，不得不承认，他不但是近代大家之一，

也是绘画史上的大家之一。"(《雄狮》,1991年12月)

至于如何评价张氏的鉴定水平,作为对书画鉴定纯属外行的后生小子,实在不敢置喙一词。不过他与黄天才谈鉴定的"完全决定于客观因素,鉴赏者的主观意识发生不了作用,任何主观意识都改变不了客观事实。一幅画,真就是真,假就是假,事实只有一个,这是绝对不能改变的",据我对鉴定考古界的见闻看,似乎不完全是这样。书画鉴定,虽说决定于客观因素,有些客观因素,如墨、纸、印而今可以用科学仪器来测定年代,但是在张氏所处的时代(乃至五百年间),书画鉴定主要还是凭经验感觉。所谓"夫艺事之极,故与道通。衡鉴之微,唯以神遇",所谓"一触纸墨,便别宋元;间抚签赙,即区真赝。意之所向,因以目随。神之所驱,宁以迹论"(见张大千《大风堂名迹序》)。张氏在文中所说的神遇、气韵、一触纸墨,都是他的经验之谈。何谓经验?经验者由实践得来的知识和技能,也可说经验是实践的总结,实践越多,经验越丰富。与古人相比,张氏有得天独厚的条件,能遍览海内公私收藏,诚如他自负言道:"人间名迹,所见逾十九;而敦煌遗迹,时时萦心目间。所见之博,差足傲古人。"见闻是鉴识的前提,没有见闻,也就无法鉴识,更谈不上经验。但是经验不等同客观因素,经验中也包含着鉴赏者的天赋秉性、习惯好恶,乃至特殊的感情因素。以上种种主观意识往往会左右影响鉴赏者的眼力,令你有意无意地"看走眼"。更何况还有高手作伪者(随着高科技的应用,高仿真应运而生)、师生合作者(实际上是学生代作者)等诸多复杂因素,更考验着鉴定者的主观意识水平。有鉴于此,"任何主观意识都改变不了客观事实",怕很难绝对做到。就拿张氏鉴定过的古代书画名迹的断代和真伪而言(尤其台北故宫博物院的一些藏品),不是在鉴定界还存在着较大争议、很难定于一尊?真就是真,假就是假;真的假不了,假的真不了。这句话确是真理,但由哪位"绝对权威"来宣示呢?古代书画作家早已长眠地下,终不能起地下之作家求证对质吧?早在20世纪二三十年代,张大千气盛好强,仿造石涛,向海内"鉴定权威"挑战,不是先后让罗振玉、黄宾虹、陈半丁看走眼?他制造的梁风子《睡猿图》不是也令大收藏家吴湖帆、叶恭绰上当受骗吗?据悉,世界各大博物馆中所藏中国古代书画名迹中,有些就是张大千的伪作——被世界著名鉴定家鉴定为真迹的伪作(包括黄宾虹看走眼的"自云荆关一只眼"的假石涛,以及吴湖帆请叶恭绰题签的"天下第一梁风子"的伪作《睡猿图》在内),要不是张氏亲口供认,又有谁来揭示这个谜底呢?开一个玩笑,如果把张氏在这句话中的"吾之精鉴"改成"吾之造假",足使振玉推诚,宾虹却步,仪周敛手,湖帆降心,五百年间,又岂有第二人哉?倒也说得过去。

(三)五百年来独一无二的出版物

屈指算来,大千先生离别人间已有28年了,他离别大陆如果从1949年12月6日离渝赴台算起,已有62年。他的前半生是在大陆度过的,而后半生则是浪迹漂泊海外30年,直到晚年才叶落归根,回到祖国的宝岛台湾。他一生辛勤笔耕,创作了数以万计(有人统计在三万幅以上)的艺术作品,丰富了中国艺术宝库,也在国际艺坛上赢得了一席地位。由于众所周知的原因,两岸研究张大千的同行还没有名正言顺地坐到一起交谈研讨,这是令人遗憾的。随着两岸文化交流逐步开放,我深信这一天很快就会到来。

我是20世纪80年代初从张氏老友和大风堂门人口中才获知张

大千其人其艺及其传奇经历的,由此开始着手搜集张氏素材。皇天不负苦心人,二三十年代北平、上海的报刊介绍文章找到了不少,但出版物却凤毛麟角,遍寻难见。随着港台出版物的逐步解禁,我在张氏老友叶浅予、黄苗子的帮助下,购藏到一些港台出版的张大千画集、诗文集、纪念集及有关记述张氏生平事迹的出版物,诸如《张大千的世界》《摩耶精舍梅丘梦》《形象之外》《环荜庵琐谈》等。二十多年来,连同购藏的大陆版张氏图书,书架上也放了几十种,于是沾沾自喜,自以为张大千出版物大概可以尽收架上了。可是,当我翻阅台湾吴文隆寄来的文献图目时,不禁哑然失笑。文献图目所列海内外出版物竟达482种之多,其中张大千或以张善子、张大千署名编印的出版物也逾百种。就是说,我所藏张氏出版物,不及文献图目的一个零头,不少图书我见都未见过。例如1921年上海艺苑真赏社出版的《魏张黑女志铭集联拓本》(张大千撰句),这个拓本曾听大风堂早期门人刘力上说起过。说大千先生随曾太老师学魏碑,是由此入门的。但拓本至今未见。

张大千出生在四川内江,但从师学艺乃至成名成家却是在上海。他在上海断断续续生活了十多年,几乎占据了他在大陆的一半岁月。上海是20世纪崛起的国际大都会之一,随着商品经济繁荣,新闻报刊、文艺小说、金石书画等出版物风起云涌、浩浩荡荡汇入了精神产品的大潮。书画金石,作为高档精神产品之一,也得了经济起飞之助,较之内地大城市捷足先登,进入了艺术市场。"海派"文人,"海派"书画家亦应运而生,大批文人墨客纷纷集居上海,一展身手。张大千正是在这样的背景下,投入了新旧交错、中西混杂的十里洋场。曾熙、李瑞清两位前清名师,把他引进了古色古香传统书画的文人雅集,但五光十色的市场经济,又潜移默化地熏陶着这位初来乍到的年轻职业画家。

不知是否有高人指点，抑或无师自通，几乎在投师学艺的同时，他就把目光投向了出版物。从"文献图目"中可以看到，早在20世纪20年代，他就在上海好几家书局持续出版由他或与二哥张善子合作署名编印的图册，其中除了前面提到十来本大风堂石涛藏画集外，还有一本打造自己的《己巳自画像小像题咏册》（黄宾虹作序，杨度、陈散原、方地山等海内数十位名流名家题咏）。果然，在一鼓作气出版物的鼓吹下，在群星（诸多名家）捧月（己巳年三十自画像）下，张大千大步走入而立之年，他的知名度也由此打造出来。出版物的功效实在不小！这许是张氏关注编印出版物的初衷和动力。

三四十年代，张氏声誉日隆，南征北战，京津画展告捷，艺术市场不断拓宽，在画商的策划下，名目繁多的带专题性的画展、画册也就不断出版。诸如《黄山画景》《华山画景》《张善子张大千兄弟合作山君真相集》《西康游履》《旅印近作展》等，至于旅居海外后，进军巴黎花都，闯荡欧美艺坛，在世界各地办画展出画集，更是题中应有之义。

众所周知，张大千是一位传奇式人物，一生充满了传奇故事。他那丰富多彩的艺术人生，自是文人墨客笔下的绝妙写作素材，他的身边总是聚集一大批文友、诗友和报刊新闻记者，这些文人墨客每有所见闻，必然舞文弄墨写下诗文，见诸报刊。这也为日后众多掌故、趣闻、传奇、传记之类的出版物的写作者提供了丰富的素材。

据文献图目统计，张氏生前身后的出版物截至2009年已近五百种。张大千成了画商、出版商、文人墨客、青年学子眼中的一座金矿，取之不尽，用之不竭。随着他的书画在艺术市场上不断创高，散在民间的藏品不断浮出市面，又会演绎出不少传奇故事，张大千拍卖画集更添新章。张氏出版物成了近现代艺术家出版物中的最亮丽风景线。徐悲鸿说，张大千的绘画是五百年来第一人；张大千说，他的鉴定水平，五百年来没有第二人。我看是，张大千的出版物，倒名副其实是五百年来的独一无二之人。

张大千与叶浅予

据我所知，粉碎"四人帮"以后，在中国美术界，第一个站出来写文章肯定张大千的艺术创作、艺术主张、艺术道路的人是叶浅予；第一个在香港向记者发表谈话，为张大千迟迟未能回归大陆进行辩解的人是谢稚柳。南谢北叶，在张大千生前，遥遥地与大千进行了心灵上的最后一次交流。难怪《台湾时报》的记者谢家孝，在张大千生前出版的一部自述体传记《张大千的世界》中，要把叶浅予、谢稚柳称为大陆的"拥张派"。

关于谢稚柳与张大千的艺术交往，略见前文。至于叶浅予与张大千的艺术交往，笔者知之甚详，并遂执笔为文。

说叶浅予是个"拥张派"，叶浅予并不否认。在艺术创作和艺术道路上，叶浅予确实是一个拥张派。

中华人民共和国成立前夕，张大千携眷去国离乡，侨居海外。由于众所周知的政治原因，张大千与祖国大陆之间，不仅在地理位置上横隔着万水千山，而且在思想感情上也存在着较大的鸿沟。那么沟通两者之间的关系，消除张大千思想上的疑虑和隔阂，这项工作由谁来做呢？换句话来说，谁来鸿雁传书，穿针引线呢？这个穿线人不是别人，正是叶浅予。

据叶浅予先生告诉我说，20世纪50年代初他与徐悲鸿先生曾经联名给旅居印度大吉岭的张大千去过一封信，邀他一起重返敦煌。大千托印度的一个学生捎信回来说，有些债务需要料理，暂时还不能回来。时隔不久，他决定迁居南美洲的阿根廷，为置办一笔搬家费用，他忍痛从行箧中取出三件钤有"别时容易见时难""大风堂珍玩""南北东西只有相随无别离"收藏章的名迹：一件是南唐顾闳中的《韩熙载夜宴图》，一件是五代董源的《潇湘图》，还有一件是宋人册页。他将这三件名迹交给香港的徐伯郊，并对徐伯郊说，优先让给大陆。消息传到当时的文物局局长郑振铎耳中，郑振铎当即拍板，派人去香港接洽，终于以四万美金将三件从故宫散出的珍品送回到故宫博物院。此事使郑振铎很受感动，有一次见到叶浅予悄悄地说："张大千不错嘛，他还是爱国的！"说完就把这件事告诉了叶浅予。

中华人民共和国成立初期，百废待兴，经济建设刻不容缓，文艺界的思想斗争也接连不断。先是"批判《武训传》"，接着是"反胡风"，批判俞平伯的《红楼梦研究》。至于中国画界，虽然尚未触及，但是毋庸讳言，对张大千是有种种议论的，有说张大千破坏敦煌文物的，有说张大千三妻四妾，生活腐朽的，也有说张大千解放前夕潜逃台湾，是叛国行为。作为美术家协会副主席的叶浅予，当然也听到过这些议论，可是他仍然坚持自己的看法。

1956年10月，北京中国画院在京成立，成立期间，叶浅予与谢稚柳、于非闇、刘力上一起在"恩成居"吃饭，四人中，刘力上是张大千30年代初期的门人，其余都是大千的老朋友，谈及张大千，大有"举座为之不欢"的滋味。饭罢，叶浅予建议于非闇以老朋友的身份，写一篇《怀张大千》的文章。过了两个月，于非闇写的这篇文章果然登到了香港《文汇报》上。

叶浅予

据叶浅予的回忆,当时画院任命了几位副院长,但是院长的位置空过一段,留待张大千回来补缺。1957年春天,张大千托一位印度尼西亚华侨给中央一位领导人捎口信说,他想回来看看,这位领导人把这个消息很快转告了美术界的负责人士,叶浅予也听到了。可是一到下半年,"反右"开始了,从此以后,张大千断了回国的念头。对此,叶浅予深表遗憾。看来并不是张大千不想回来,而是我们政治运动不断,他不敢回来。我问叶浅予,如果张大千当时回来了,结局会怎样?叶浅予笑了笑说:那就难说了,不过结局不妙是可以肯定的。即使他能躲过"反右"也躲不过"文革"。叶浅予自己不正是如此吗?可见是知友知言,也许读者要问,叶浅予为什么对张大千了解得这么清楚?能在众说纷纭的境况下,不改变自己对友人的看法？这要从他们的一段交往说起。

提起叶浅予与张大千的艺术交往，要追溯到半个世纪以前。我曾多次问过浅予先生："您是哪一年与张大千相识的？"他几乎都是这样回答的："具体年月记不清了，只记得20世纪30年代初，也许是1932年，我与朋友上黄山上玩，回到上海结识了张善子。又过了一段时间才结识张大千的。"

30年代初期，叶浅予正在《上海漫画》和《时代漫画》一面任编辑，一面创作《王先生》长篇连环漫画。据张大千早期的学生刘力上回忆：当年的张大千虽然与叶浅予并未见过面，但是对叶浅予的《王先生》赞不绝口，只要连载的报刊一出，张大千就让他去买来一睹为快。当时同住上海的一位漫画家，一位国画家，在相识之前，就已神交上了。

在浅予先生的记忆中，有两件事记忆犹新。一件事发生在1935年的南京，当是叶浅予应《朝报》之约，到国民党的首都南京，创作《小陈留京外史》；而张大千则应罗家伦和徐悲鸿之邀到中央大学艺术系任教授，并在南京举办画展。画展期间，他曾到张目寒家中找过大千，走进书斋一看，只见张大千与谢稚柳正凑在一起作陈老莲的假画，画案上放着一本册页，由谢稚柳写陈老莲的字，张大千作陈老莲的画。当时张大千与他已经相熟了，所以也不避讳他。叶浅予久闻张大千是作假画的高手，耳听为虚，眼见为实，所以留下了深刻的印象。另一件事也与假画有关，发生在第二年的春天，当时张大千正住在北平颐和园，叶浅予到北平找朋友，自然要到颐和园拜访大千。在颐和园，大千留叶浅予吃了一顿美味丰盛的佳肴。席间，大千告诉浅予一个消息，明天城里有场好戏，请他一同前往观看。浅予忙问是什么好戏？大千手摸长髯，笑而不答。只是叫他耐心等待，明天上午一同前往就是了。

到了第二天上午，张大千与叶浅予一起坐着小汽车，从颐和园来到城里，在一家深宅大院门前停住，浅予问大千这是谁家院落？大千悄悄地对他说："这是北平市府主席黄郛的家。他今天要请北平的书画收藏家开开眼，观赏一下他近日收到的一幅石谿名迹。"说完，两人迈进三进大院，来到客厅。只见客厅里已经坐了不少人，有陈半丁、徐燕孙、寿石公、于非闇等等。于非闇见大千陪着浅予走进客厅，就在座上抬身拱手，点头示意。大千也向非闇和在座的一一拱手示意。然后与浅予分别在茶几旁坐下。浅予抬头一看，这真是一座北平典型的旧式大厅，厅内雕梁红柱，客厅又高又大又宽敞，正面墙上挂着好几幅历代字画条幅，显示了主人的收藏之富。主人黄郛操着浙江口音的官话，对在座的书画界名流说："今天请大家来，一是聚谈聚谈，二是请各位观摩品赏一下敝人近日收到的一幅石谿山水。"说完，他用手指了指北墙居中的一幅中堂。

他的这番开场白引起了大家的兴趣，众人纷纷离座走近这幅中堂。这幅中堂高四尺，宽二尺，画面上层峦叠嶂，云深树稠，郁郁苍苍，果然是石谿的画风，画上题有"癸卯秋九月过幽闲精舍写此"的款项，名款"天壤石谿残道者"后盖有"石谿"白文印一方，左上方盖有"白秃"朱文印，左下角还有"雪庵铭心之品"的朱文印。正当浅予凑近前去细听大家赞叹这幅山水笔墨如何精妙，格局如何独到，确是石谿的精品佳作时，张大千却悄悄地拉了一下浅予的衣袖，示意离开。路上，大千用手捋了捋大胡子问浅予："浅予老兄，你知道这幅画是谁画的？"浅予莫名其妙地答："这不是石谿的画吗？"大千笑着说："是石谿，但不是石谿画的，而是我画的石谿。"叶浅予这才恍然大悟，原来张大千昨晚说的有场好戏是这么回事。

接着，张大千又拉叶浅予到东单一家古玩铺去看画。一路走，一路对浅予说："这家铺子有一幅广东小名家苏仁山的《文翰图》，很像漫画，你是画漫画的，不妨去看看。"就这样，他俩来到了这家古玩铺。古玩铺掌柜与张大千很熟，见了面总是八爷长、八爷短地叫个不停。今天见张大千带着一位朋友上门，脸上马上堆出笑容，迎上前来说："八爷，您来啦，请里面坐。"将他俩引进客堂间坐下，吩咐伙计献茶、敬烟。张大千端起玲珑盖碗喝了一口香茗，然后对掌柜的说道："韩老板，前几天我在你店里看的那幅苏仁山的画还在不在？"韩掌柜点头说："在，还在！""那请取来，让我这位朋友看一看。"韩掌柜亲自上店堂里将画取来，挂起来请叶浅予看，叶浅予站起身来抬头一看，只见画面上画着题有人名的历代文翰，奇怪的是不同朝代、不同身份、不同性别的历史人物竟然合绘一图。其中有西汉的才女班昭（婕妤）、东汉的才女蔡琰（文姬）、《后汉书》的作者范晔、《三国志》的作者陈寿、唐朝以直谏而闻名的大臣魏徵，这些人物围着一个中心人物唐太宗李世民，似乎在议论什么大事，神态各异，造型夸张。叶浅予看后连声赞叹。张大千对韩掌柜说："你知道我的这位朋友是谁吗？"韩掌柜摇摇头，笑了一笑。"他就是上海大名鼎鼎的漫画家叶浅予啰，他画的《王先生》你总看过吧，今天我请他来看这幅画，就是要买下来送给他，这叫宝剑赠英雄。"张大千说完，捋须哈哈一笑，然后从桌上取过一支毛笔，在一张裁成诗塘大小的宣纸上题道：

苏仁山，粤人，其画流传甚少。写山水湿笔淋漓，于马夏外，别具一种风度。间用浓墨枯笔，则又似版画。此写文翰像，表现各人情态极富漫画意味。予见国画罗两峰《鬼趣图》及曾衍东所写社会畸形状态，以为皆漫画也。今又发见仁山此画于故都，浅予道兄北游，因拉其往观，一见惊叹。仁山画向不为人注意,百年后得一知己,可谓死无憾矣,购而赠之,并记颠末于上。丁丑夏四月,大千张爰。

这幅画叶浅予至今还珍藏着。

叶浅予与张大千交往时间较长,获益较多,也就是被叶浅予称作向张大千学中国画的时期,是在八年后,也就是1945年的成都。

1945年初夏,叶浅予偕同戴爱莲访问印度归来,住在重庆正在致力于生活速写,开始试着用中国画的笔墨来画速写。访印前,他在重庆看过张大千临摹的敦煌壁画展,从中受到启发,深感要学中国画的笔墨技法,首先要从中国画的传统中吸收艺术营养。访印归来,他与戴爱莲又商定要去康定(打箭炉)藏区采风,收集藏族舞蹈素材。于是双双从重庆来到成都,来到张大千家中住下,一来向张大千学习中国画笔墨技法,二来在成都等待摄影家庄学本,并约张大千同往康定采风,张大千欣然应允。叶浅予6月初来到张家做客,一直到9月初离开成都去康定,整整住了三个月。在这三个月中,叶浅予几乎天天看张大千作画。张大千作画有个习惯,旁边要有人陪他说话,叶浅予就在旁边一边看他作画,一边听他谈画。从而使自己在中国画的造型要旨和笔墨技法上获益甚多。张大千当时还画了好几幅画送给叶浅予,可惜这些画在"十年内乱"中被人抄走,有的至今下落不明。

在张家,叶浅予曾亲眼看到了张大千画巨幅荷花。有一天,张大千在地上铺下四张丈二匹大纸,手提大毫凝神构思,左右一子一女为他捧砚持碟,只见他屏气挥毫,大开大阖,花了一整天时间,画出了巨幅荷塘通景大屏。这幅通屏当年在成都展出,后来又携至国外展出,深受国内外人士的好评。当时叶浅予见此气派,见此神速,大为惊异,从中得到了创作灵感,画了一幅题为《丈二通景》

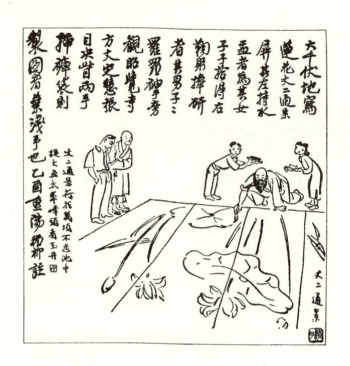

叶浅予漫画《丈二通景》《胡子画胡子》

的漫画，记下了此情此景。由此，画兴一发不可收拾，又连续画了《大画案》《唐美人》《胡子画胡子》《聚精会神》《起稿》五幅漫画，作为向张大千学画的临别纪念。张大千看了哈哈一笑，不以他的夸张手法为怪，反而请好友谢稚柳题记，冯若飞配诗，后来还亲自交给荣宝斋印刷成套，题为《游戏神通》，分赠友好。20世纪50年代改名《大千诸相》，又在香港出版。这套漫画成了叶浅予与张大千艺术交往的纪念。

有趣的是，在叶浅予与张大千朝夕共处的三个月中，作为一名中国画的艺术后学向一位比他年长又名扬四海的张大千学习中国画，叶浅予谈得很多，在文章中多次提到。但是有关张大千也曾学过、临仿过他的印度舞蹈人物，叶浅予却谈得很少，甚至故意避而不谈。其实，当年张大千对叶浅予画的印度舞蹈人物确实十分感兴趣，也曾将叶浅予的两幅印度妇女的舞姿作为蓝本，用自己的笔法仿制了两幅，其中有一幅是《献花舞》（张大千称之为《天魔舞》），并在画上题道："印度国际大学纪念泰戈尔，诸女生为献花之舞，舞态婉约，艳而不佻，迨所谓天魔舞也耶？其手足心皆敷殷红，则缘如来八十种随好，手足皆赤铜色也。观莫高窟北魏人画佛，犹时有示现此像者。偶见吾友叶浅予作此，漫效之，并记。"叶浅予认为："张大千仿制的动机可能有两层意思：一是觉得印度舞舞姿很美，可以为他的仕女画做借鉴；一是看到我在学习他的笔墨，就我的造型特点，给我示范。"（见《关于张大千》）明明是张大千向他学习、漫效印度人物舞姿，他却说成是借鉴和示范。这个谜底，直到张大千逝世后，才得以真相大白。

1982年夏天，张大千的挚友沈苇窗从香港来北京，代大千向浅予问候，并捎来一幅彩墨荷花，画上题了一首常题的旧诗作，诗后题款道："浅予老长兄，视弟眼昏手掣，老态可怜否……"叶浅予收下老友张大千的这幅馈赠。为了感谢沈苇窗从万里之外捎来的这份珍贵礼物，叶浅予为沈苇窗画了一幅当年张大千仿制过的印度献花舞。沈苇窗大喜，又将叶浅予的这幅印度舞蹈人物带到台北，请张大千题跋，大千将老友的新作，打开一看，如见故友，随即在一张宣纸上写下了一长段跋语：

> 日寇入侵我国，浅予携眷避天竺颇久。我受降之次，浅予归国，馆余成都寓居近半年。每写天竺寂乡舞女奇姿逸态，如将飞去，余爱慕无似，数数临摹。偶有一二似处，浅予不为诃责，转为延誉，余感愧无似。顷者，苇窗携其近作见示。惊诧而谓苇窗曰：浅予捐弃妍丽，入于神化。以余衰眊，未由步趋，使浅予知之，必有咨嗟失望。奈何！奈何！七十一年（壬戌）九月二十四日摩耶精舍，大千居士爱观并题，时年八十有四。

这段题跋，写出了当年张大千向叶浅予学印度舞蹈人物的心态和动机。原来这位国画大师当时是被这位漫画家笔下的"如将飞去"的"奇姿逸态"舞女折服以至"数数临摹"，唯恐不似。他不因浅予是国画后学而不学其所长，学了之后又能毫不讳言，甚至在垂暮之年，看到浅予的新作，犹以"未能步趋"为憾。这种谦虚好学、坦诚相见的精神实在可贵。这段跋语，当时就由沈苇窗将复印件寄给了叶浅予，可是叶浅予从未向外人透露过。直到张大千逝世后，才由沈苇窗在《大成》杂志的封底将叶浅予的新作连同张大千的跋语一起发表。叶浅予的老漫友廖冰兄从苗子处获得线索后，也找叶浅予了解情况，在《羊城晚报》上写了一篇介绍文章。这段艺坛佳话才在海峡两岸为人传颂。

附：叶浅予评说大千人物画

  关于张大千的艺术，叶浅予曾先后写过几篇文章（《关于张大千》《〈张大千遗作选〉序言》《张大千的艺术道路》《张大千临摹敦煌壁画画册序》），我也先后写过两篇介绍文章（《叶浅予谈张大千的治艺精神》《叶浅予与张大千》）。

  谈起张大千的人物画，叶老告诉我说，他最早看到的大千人物画，是1936年南京举办的"张大千画展"，一幅是《三十自画像》，一幅是《竹间高士图》，他认为这两幅画中的人物，似乎都是石涛点景人物的扩大，而且由此形成了他画中常出现的"策杖高士"式的看家人物形象，实际上这个看家形象正是石涛点景高士的翻版。

  叶浅予接着说道，此后大千致力于唐寅的白描水墨仕女，对人物神情姿态和衣纹转折大加钻研，显然有所提高，继之又从唐寅上追赵孟頫、李公麟。待到探索敦煌石窟艺术之后，人物画的面貌大大刷新。佛教艺术的形象全是天上和地上的人物，敦煌的历代供养人和佛经故事中的社会生活形象，使他从程式概念的造型中解放出来，不仅大大超出了自己原有的水平，而且开创了古典人物画面向现实时代的风气。20世纪40年代中期他创作的《掣庞图》和《醉舞图》就是一个明证。经过这一番寻根探源的磨炼，他的看家形象"策杖高士"也排除了公式化，向个性化前进。

  1945年夏天，叶浅予偕同戴爱莲赴康定采风，途经成都，在张大千的家里住了三个月。这段时间正是张大千从敦煌归来，开始进行人物画的变法时期，因此他对大千人物画变化的来龙去脉知之甚稔。叶浅予还告诉我说，当年他在昭觉寺（大千家）做客，张大千当场为他画了一幅唐装水墨仕女，这幅仕女基本上是唐寅的模式，但在造型上已渗有敦煌供养人的仪容，用笔则仿佛吴道子的飞动飘逸，总之超越了明人情调，向唐人追踪而去。

我曾当面询问过叶老，当年您向大千学画，主要学什么？而大千又向您学什么？叶老坦诚相告："我向他学画，主要学他的笔墨技法。他向我学什么？我想主要是如何画现实生活，如何从现实生活中提取题材。"

谈到画现实题材，叶老告诉我说，大千不是不能画现代人物，恰恰相反，他不仅能画肖像人物，而且能画写生人物，寥寥数笔，能将人物的神情神态惟妙惟肖地勾勒出来。当年在成都，他常随大千一起去看周企何、小鹤卿夫妇的川剧。周企何演丑角，小鹤卿演旦角。叶浅予曾为周企何扮演过的三个角色——《请医》中的骗钱误人的庸医、《归正楼》中的破落地主邱元顺、《迎贤店》中的前倨后恭的店主婆，画过四把八开扇面人物，张大千看后为四把扇面各题一赞，兹笔录如下：

《请医》赞

药箱开，老鼠出，东西南北应诊难，请我不来真尔福。

《归正楼》赞

救贫无方，要良为娼，归正可也，何必打婆娘。

《迎贤店》赞

青抹额，大红鞋，坐柜台，笑口开，恭喜大发财！

能令尔喜，能令勃怒。咄咄尔曹非主顾。钱不来，谁留尔等住。

可惜叶浅予当年绘赠周企何的四幅扇面人物，笔者无缘见到，只能从当年他绘赠张大千的六幅漫画——《游戏神通》（后改名《大千诸相》）来联想其风格了。

类似叶浅予这样的漫画笔法来画舞台戏剧人物，张大千也曾经画过。1938年腊月，他在青城山上就为一个叫"半楼"的画过一

幅绝妙的丑角人物,这个丑角头戴道帽,身穿黑袍,手摇芭蕉蒲扇,坐在那里念白道:

开口笑,跑龙套。我虽不歌知其要。绕梁一声四座惊,叫天复生天可叫。山前山后俱找到,余音不绝伤复笑。并世与君谁拉手,彦衡已死叔岩老,写图赠君君绝倒。三千大千,几人称内教。

款署为:"戊寅(1938)十一月九日,灯下戏博半楼道兄一笑。大千,爰。"

这幅舞台戏剧人物尚存于世,1991年12月曾展出于美籍中国著名美术家兼书画鉴定家傅申在美国华盛顿举办的"张大千回顾展"中,笔者是从展览图录中得见的。据叶浅予告诉笔者,他在大千家中曾亲眼看到了大千为友人画过不少写生人物,其中有舞台人物,也有现实人物,大千称之为游戏笔墨,随画随送人。张大千也为周企何扮演的角色画过(那幅赠半楼的丑角人物很可能就是半楼扮演的角色),不过较之丑角人物来说,张大千更喜欢画旦角人物,画小鹤卿(周企何的妻子)扮演的角色。因为旦角人物更接近他的看家人物——仕女画。高岭梅编辑的《张大千画》(东方艺术公司1961年版)中就收录了一幅小鹤卿当年在《断桥》中扮演素贞的舞台写生(根据记忆追写),在这幅忆写小鹤卿的舞台人物画中,张大千还题写了这样的一段跋语:

1960年2月,日本电影来摩诘(巴西八德园)放映李香兰《白蛇传》,因忆在成都时与孝慈、岭梅同观川剧小鹤卿断桥相会,岭梅为之摄影,我并为之写生,前尘往事,遂如隔世,朋辈星散,而鹤卿埋玉亦十二年矣!以此画寄岭梅,能无慨然。爰。

翻阅《张大千书画集》第六集中收有张大千1956年为郭有守

信笔挥写的十二开册页,其中有两开人物,一开是忆写印度女子,一开是忆写巴黎女模特,这两开笔墨简练精粹的水墨人物速写,倘若没有一定的写生功底,是绝对画不出来的。

我问叶老,既然张大千有如此这般的写生速写能力,为什么他的人物画总是和现实世界保持一段距离,缺少现代人的感情,很少有描写现实题材(类似《掣庞图》《醉舞图》的也极少)的作品?

叶老答道,十年前我在《张大千的艺术道路》一文中曾经回答过类似这样的问题,当时的答案是:"每个艺术家除了时代背景的制约,一定有他的审美理想,而审美理想所赖以寄托的艺术形象,也必须要反映他个性的选择。比如,他画山水,只画古寺茅舍,不画洋房汽车,并不说明他在现实生活中无视现实生活的物象,恰恰因为他所创造的艺术世界里,不需要这些物象,他的山水画的主要形象和意境,是反映大自然自在的美,反映他对自然的感受,而不是为山水作图解。艺术家的审美个性表现,不能以是否反映现实生活中存在的个别事物为绝对标准。所谓反映现实,主要是看画家所创造的艺术形象是否反映了同时代人的思想感情和欣赏要求,我认为大千笔下的山水、花鸟、人物具有和同代人相通的感情,最明显的标志,是他的作品具有吸引大多数人的魅力。"十年后回头再看这段话,他觉得有两点需要补充修正。

一点是,20世纪40年代大千从敦煌回到成都,的确尝试过画现实题材的东西,诸如《掣庞图》《醉舞图》和仿制印度舞蹈人物《献花舞》等等,那么他为什么会画这些现实题材的人物画?现在看来,是这些现实题材符合他的审美理想,现实题材中的人物造型和服饰也接近他的古装仕女的艺术形象。因此从这个意义上来说,他选取现实生活中还保留古代生活习俗的西藏妇女(穿着长袖长袍)或印度舞女作为人物原型,也恰好反映了他审美个性的选择。

这是一点补充说明。

另一点需要修正的是，由于张大千的生活圈子和生活环境的影响，使他与现实生活的确产生了一段距离，一段不小的距离。因此毋庸讳言，他的人物画与山水画、花鸟画一样，思想感情是比较旧的。不能因为他的作品在今天具有吸引大多数人的魅力，就说它具有现代人的感情。

这次访谈的最后一个话题是张大千的肖像人物。我说，张大千善画人物肖像，也喜欢画肖像人物，他为自己的父亲张怀忠、老师李瑞清，为自己的夫人杨宛君、徐雯波，韩国恋人池春红，北平恋人怀玉，日本恋人山田小姐画过，为梨园艺人周企何、小鹤卿、郭小庄画过，为印度女子、巴黎模特也画过……但是画得最多的肖像，是他自己。可以说，他是一个十分善于塑造自我形象的人物画家，在中国画家中，还没有一个像他那样画过那么多的自画像，看来有百幅之数。叶老听了点点头说，是啊，自画像之多在张大千人物画中是一个奇特的现象。这个现象值得研究。

临别前，叶老提纲挈领地总结到，张大千是中国现代美术史上的一位多面手，山水、花鸟、人物、诗书画印，无所不能，无所不精，也是现代美术史上最后一位具有全面修养的传统画家。如果要品评一下他的山水、花鸟、人物艺术成就的高低，当然是山水第一，花鸟第二，人物第三。

张大千与溥心畬

1964年6月,时值初夏,张大千应台湾老友张群、张目寒之邀,携带妻子徐雯波和两个爱女及两位大风堂弟子,自巴西圣保罗飞抵台北。这是他迁居海外后第三次回台北,除了访友叙旧外,还有一件更为重要的心事,就是要亲赴年前逝世的亡友溥心畬墓前致祭,了却一年来压在他心头的一个夙愿。

6月18日上午,张大千在一位身穿白襟、佩戴黑纱的矮壮青年——溥心畬哲嗣溥孝华的陪同下,带着妻女、门人,分坐三部轿车,前往阳明山公墓。

溥心畬的墓地在阳明山后山,汽车不能直达,必须步行一段不短的泥泞小路。张大千头顶烈日,在两位门生的搀扶下,迈着沉重的步履,跟着溥孝华一步一步走向溥心畬的墓地。

溥心畬是前清王朝的旧王孙——恭忠亲王奕䜣之孙,宣宗道光皇帝的曾孙,末代皇帝溥仪的从兄。因此墓地是仿北京清宫风格,按满族习俗建筑的,时未竣工。只见溥孝华走到墓前,匍匐在红色圆冢旁,张大千从门生孙云生手中接过一束鲜花,恭恭敬敬地献到墓前。夫人徐雯波赶上几步,张大千已长揖下拜,徐雯波及两位门生也紧跟着下跪,溥孝华叩头至地。

张大千与溥心畬

张大千泪眼婆娑地拜毕起立,被门生扶到墓侧石亭避阳,两位爱女缓步跟来。张大千哑着嗓子对女儿说:"这位已故的溥伯伯是有名的大画家,人家说他与我在国画上有贡献。他的造诣很深……"

艺术大师张大千不远万里从巴西返回台北,扫祭另一位著名画家的墓碣,他的内心深处,除了"惺惺相惜"的情感外,恐怕还有一种难以言传的苍凉情愫,如果勉强用语言来表达,或许是属于艺术上的寂寞感。正是这种失去知音的寂寞感,令人不禁想起了两位知音的一段现代"伯牙与子期"的艺术交往。

张大千与溥心畬相识在20世纪20年代末期。据大风堂早期门生胡若思回忆,早在1928年秋,张大千就在北平结识了溥心畬。他每每向友人赞叹这位旧王孙的身世风仪和诗书画三绝的艺术造诣。

溥心畬，名儒，初字仲衡，后改字心畬，自号羲皇上人，又号西山逸士，生于1896年，幼年在恭王府邸度过。他曾写过一首《自述》诗，诗中的头两句写道："我生之初蒙召见，拜舞会上排云殿。"诗后附有自注云："儒生五月，蒙赐头品顶戴，随先祖恭忠亲王（奕䜣）入朝谢恩。三岁，复召见离宫，赐金帛。"

只有五个月大的溥心畬，尚在襁褓之中，就已头戴红顶戴，俨然朝中的"一品大官"了。据说溥心畬五岁那年，慈禧太后曾把他抱在膝上，出了一副对子，他竟然对答如流。慈禧大喜，赐以四件珍宝，并说本朝的灵气都钟于此幼童身上，他日此子必以文才传世无疑。据溥心畬自述：

  余从七岁学作五言诗，十岁作七言诗，十一岁始作论文。曾记先师命作《烛之武退秦师论》，有警句云："（烛之武）谓之忠可也，谓之能可也，谓之有纯臣之度则不可。"为先师所嘉许。是时北京有文社，请耆德之士为社长，京师子弟，每月课余时为文请社长批改，佳者给以笔墨之类以为奖。余亦参加此文社，时得奖以为荣。

溥心畬的第一个老师叫欧阳镜溪，官内阁中书。当时溥心畬"早起读书至八时，遂赴学校，读法政、英文、数学等课；归家，饭后上夜课，每日如是，新旧兼习"。

旗人对子弟的教育，提倡文武合一，骑射之事，虽贵胄皆能习之，溥心畬也不例外。他曾经自负地对人说过："我十几岁就以驰马弯弓擅胜，经常在郊外驰马，其中有一匹回疆的栗色马，宽肩高身，烈性不受羁勒，但我独能骑之。我当时因腿短，不能踏镫，便把镫提高了些。乃至郊外，纵辔奔腾不已。当时禁卫军正在北郊操练，尚未列队，忽见一少年童子骑栗色马疾驰而来，以为奇事。有几位骑兵还急忙追赶上来，追、追、追，追了几里路还没有追上……"这便是旧王孙少年时代的一段生活侧影。

辛亥革命后,溥心畬奉母项太夫人及弟溥僡移居清河二旗村,就读于京西马鞍山的贵胄法政学堂,1914年毕业并赴青岛学德文,1915年考入德国柏林大学。1918年毕业返国,与罗清媛女士结婚,婚后再赴德国柏林研究院深造,1922年获天文学及生物学两个博士学位后归国。1924年他搬回恭王府,此时恭王府早已被其兄溥伟抵押给辅仁大学当校舍。溥心畬只得屈居恭王府萃锦园偏福殿。他让罗清媛夫人作了一幅《招隐图》,自己在画上亲书古近体诗二十九首,抒发近十年的感怀,又让光绪皇帝的老师陈宝琛题上《西山招隐图》五字。陈宝琛还题了一首七言绝句,诗曰:

山中负载十年过,画料诗材特地多。

林墅依然如涧壑,不知人世有鸥波。

张大千就是经陈宝琛的得意门生、时称"清末诗坛第一人"陈散原的引见,在偏福殿寒玉堂拜识溥心畬的。

溥心畬是一个诗书画三绝的文人画家。他喜读唐诗、学唐诗,有人说他的诗可以"充唐诗"。书法学王羲之、米芾,写得一手好行书,并兼得王、米的韵趣,随便写来,看上去雅逸挺拔,而又疏落有致。有人形容他"以右军为基础,书出入于米(芾)、蔡(襄)堂奥间,朗朗如散发仙人"。至于他的画,他自己说并没有拜过师,只是兴之所至,独自弄笔,慢慢悟出来的。这与他有条件恣意临摹王府收藏的名迹,又能随意出入古物陈列馆观摩历代书画名迹有关;更与他先天的才智、后天的学养有关。所以他的画路很宽,山水、人物、花卉、翎毛、走兽,无所不能,其中最为人称道的是山水。他的山水,从北宗入手,由马远、夏圭而上溯李成、范宽的路子,笔墨腾绰,变幻多姿;有时也写南宗,一如文衡山,风华淡雅,望之悠然意远。

溥、张交往最密的一段，是1934—1938年。这时溥心畬由一个深居王府，靠典卖祖传文物为生的旧王孙，步入北平画坛，卖画鬻书，成为半个职业书画家；而张大千则早是一位以卖画为生的职业画家，为了扩大卖画市场，他经过多次探听虚实，屡试身手，终于由十里洋场的海派画坛闯进了传统势力深厚的京派画坛，连年在北平举办画展，声誉鹊起。由此出现了"南张北溥"之说。

　　1934年春，张大千重游北平，在萃锦园拜见溥心畬，随身拿出一幅手卷，请溥心畬题诗。溥心畬打开一看，原来是张大千1929年作的《三十自画像》。这是一幅四尺立轴，画中人宽袖长袍，虬髯秀目，神采奕奕，背景是一棵并柢双枝的参天古松。画的四周题满了数十位当代名流的诗文，其中有张大千的老师、前清光绪年间进士、名书家曾农髯，诗坛泰斗陈散原，著名学者朱彊村，诗人兼书家林山腴、谢无量和画家黄宾虹、吴湖帆，书家叶恭绰等。溥心畬稍稍沉思了一番，挥笔在空白的诗塘上题了一首五言古诗。诗云：

　　　　张侯何历落，万里蜀江来。
　　　　明月尘中出，层云笔底开。
　　　　赠君多古意，倚马识仙才。
　　　　莫返瞿塘棹，猿声正可哀。
款书："甲戌春日大千先生北游赋赠　溥儒"。

　　这首题赠也许是溥、张的第一次书翰墨缘。不久，他俩合作了一幅《松下高士》，溥心畬画松，张大千补山石高士，并题诗道：

　　　　种树自何年，幽人不知老。
　　　　不爱松色奇，只听榕声好。

画上钤了四方石印："张爰私印""蜀客""溥儒""旧王孙"。值得一提的是，这四方印中的"蜀客"对"旧王孙"，相映成趣。蜀是四川，是张大千的出生之地，但蜀字谐音"俗"，俗客者平民也。以一介平民的"俗客"身份与曾经是万户侯的"旧王孙"合作书画，情趣油然而生。这方"蜀客"印章，是张大千为了配"旧王孙"之印而亲自刻治的。

同年八月，张大千在颐和园听鹂馆以北平恋人怀玉为模特儿画了一幅时装仕女，并题诗道：

别来春又夏，空闺愁难遣。
一丛妃子竹，偎着泪痕看。

溥心畲见了这幅画，微微一笑，取笔题诗道：

相思青玉案，留恨碧桃花。
燕燕纷飞处，春风立雨斜。

溥、张都是多面手，又都以山水著称。一个主北宗，偶写南宗；一个主南宗，兼写北宗。一个是雍容富贵写山水，一个是乱头粗服写山水。一个是北方人，一个是南方人。基于以上一些特点，琉璃厂集萃山房经理周殿侯一次当着张大千和于非闇之面提出了"南张北溥"之说。于非闇心领神会，当即在集萃山房写下一篇《南张北溥》的短文，后来发表在《北平晨报画刊》上。文中写道："自有才艺的人们，他的个性特别强，所以表现他这特强的个性，除去他那特有的学问艺术之外，他的面貌……至于他的装束，都可以表现他那特强的个性。""……张八爷（张大千行八）是写状野逸的，溥二爷（溥心畲行二）是图绘华贵的。论入手，二爷高于八爷；论风流，八爷未必不如二爷。南张北溥，在晚近的画坛上，似乎比南陈北崔、南汤北戴还要高一点儿……"

有一位号称"看云楼主"的画客，也在《网师园读画小记》一文中评道："海内以画名者众矣，求其天分高而功力深者，当首推张大千、溥心畲二家……张、溥二家取经不同，未易轩轾。大抵心畲高超,而大千奇古;心畲萧疏,而大千奔放。"

"南张北溥"在画坛不胫而走,声名日高。琉璃厂的一些字画商看准时机,把溥、张的字画,尤其是合作书画的价格猛地提了上去,真所谓"一登龙门,身价百倍"。北平机关的一些小官僚政客,为了附庸风雅,既想得到溥、张的合作书画,又不愿出大钱到琉璃厂字画店铺中去买,往往私下求助于琉璃厂店铺中的小学徒伙计,出小钱让他们去求画。这些小伙计摸透了北平各位画家的脾气个性。他们知道溥二爷的画虽然不难求,但是求来的画总有点"搭浆"(马虎),然而这种荒率之笔,也还有让人喜爱的趣味;而张八爷的画最好求。于是,往往先到罗贤胡同张大千在城内的居处,叫一声"八爷,赏一幅画",张大千笑着随手从画案上取过一小张宣纸,挥笔画一幅泼墨芋头之类的小画给他;得画的伙计又将这幅画拿到萃锦园,再喊一声"二爷,求二爷补一块石头"。工夫不大,一幅溥张合作出来了。一些小官僚政客就是用这种办法,廉价地买到这样的溥张合作。

溥心畲得悉这种情况后,苦笑一声,挥笔写了一幅《卖画图》。图中写一个乞画者得画以后,一手提着画篓,一手举着画,高声叫卖:"一个大子一张!"这幅小品虽然是随手挥写的游戏笔墨,但勾出了这批乞画者穷极无聊的神态,仿佛罗聘笔下的《鬼趣图》。与溥心畲对乞画者尖刻嘲讽的态度相反,张大千总是有求必应,一笑了之。

真正的溥张合作,往往是在谈诗论画之余,心有灵犀一点通,发思古之幽情。一日,溥心畲赴张大千在北平城外寄居的颐和园听鹂馆做客,两人谈起北宋大学士、大诗人苏东坡的诗、文、词,兴趣颇浓。张大千画兴勃发,走到画案前,在一张四尺宣纸上,寥寥数笔勾勒了一叶扁舟,舟上一个散发古人仰首而坐,然后对溥心畲说道:"请心畲先生补景。"溥心畲心领神会,以宋元笔法补上了赤壁山水,一改明山秀水而成黑山白水。张大千在一旁看了,不由捋须哈哈大笑道:"好一幅《东坡居士赤壁夜游图》!"

又一日,张大千取石涛画荷之法,画了荷花中难得见到的一茎四萼的"四面莲",请溥心畲题诗。溥心畲欣然提笔,题道:

　　池塘秋日净,荷画晚极香。

　　菡萏多凌水,飘然送夕阳。

在日寇入侵,民族危机严重的时刻,溥、张忧心如焚。他们借诗画抒发内心的忧国之情。据黄均先生回忆,北平沦陷前夕,有一次他到寒玉堂向溥心畲请教诗文,适逢张大千也在座。溥张议论了一番北平时局,不一会儿,张大千站起身来,走向画案,从笔筒里取出了一支大毫,挥笔画了一棵老树,这棵老树被风刮得摇摇欲坠,可是树身上缠挂的藤条却依然相安无事。溥心畲站在一旁看罢,长叹一声,稍稍沉思了一会儿,挥笔题诗道:

　　大风吹倒树,树倒根已露。

　　上有数枝藤,青青犹未悟。

然后题上"秋意图"三字。这幅画经他题诗点题后,意境显得更为深远。

"七七事变"后,北平沦为日占区,溥心畲由恭王府迁出,蛰居颐和园万寿山,与住在听鹂馆的张大千结伴为邻。溥、张朝夕奉手,过往甚密。他们一起谈诗论画,切磋艺事,合作书画的机会也更多了,《荷花鸳鸯》《梅竹双清》《细嚼梅花读汉书》等作品,都是这段时间合作的墨迹。

溥、张在颐和园同住了一段时间,张大千通过友人帮助逃离北平,辗转回到了故乡,蛰居青城山上;溥心畲则仍蛰居万寿山上。一南一北,遥遥相隔,整整分别了八年。

抗战胜利后，张大千坐飞机往返于成都、北平、上海三地，忙于在北平收购古代书画名迹及在上海开画展；溥心畬则被国民党南京政府指定为国大（满族）代表，由北平南下参加国大代表会，尔后又举家南迁，寄居杭州、上海，忙于应酬。溥、张二人在溥心畬南迁前尚见过几面，南迁后就很少相遇，合作书画仅《九歌图》一卷，那是张大千以白描手法画了一卷《九歌图》，请溥心畬、谢无量、李秋君三人分题跋文，溥心畬用蝇头小楷书写了洋洋数百言的屈原九歌章句。

1946年冬，张大千用在上海开画展卖画所得的千余两黄金，在北平收购到一批从故宫散出的五代、宋元墨宝。为了证实其中一些无款识的名人名迹，他借重旧王孙的身份，请溥心畬题跋。其中有南唐董源的青绿山水《江堤晚景》和北宋张即之的大字书《杜律二首》。经张大千考证，都是真迹。

第二年正月十五，张大千用蓝布袋装着《江堤晚景》画轴，来到溥心畬寓居的万寿山住所，一来与溥心畬共度元宵佳节；二来请他鉴赏这件名迹。溥心畬把张大千迎进画室。张大千诉说了一番如何购得此图的前因后果，溥心畬细细观赏，这幅没有题识的大青绿山水，上际山，下际细描浪纹，中间是一只小江船。江畔乔松高耸，旅人赶路，对岸丛山叠嶂，烟云中隐有楼观、民舍。山左江渚迤逦而去，一片平远景色。从画风上看，很像是无拘管放泼的小李将军（李思训）所作。溥心畬不由暗暗叫绝。张大千请他在这幅名迹的上诗塘题跋，他欣然挥笔题道："大风堂供养南唐北苑副使董源画《江堤晚景》，无上至宝。丙戌上元。西山逸士溥儒敬题。"

过了半个多月，张大千又携带张即之书《杜律二首》请溥心畬鉴赏题识。溥心畬见张即之行书，如见故人。他往昔所见的张即之行书均是小字，大字仅见此卷，写得超明隽爽、遒逸豪迈，于是溥心畬在书卷的引首处写上"超明隽爽"四个大字,又在卷末的拖尾处题跋道:"张樗寮书继北宋四家而代兴。有东坡之俊逸,海岳之奇纵。宋高宗贬易其九里松三字,竟不能。其书名见重当世如此。今归大千道兄,此卷可谓能择主矣,敬书数言识之。丙戌二月上浣,溥儒题。"

在中国画坛上,北溥与南张以画名并称于世,其鼎盛时期是在20世纪30年代中期。40年代起,北溥之名渐抑,南张之名遂扬。50年代后,一个独居台北,一个动游欧美;一个抱守传统,画风故我;一个兼收并蓄,画风丕变。致使溥心畬始终不能脱离古人风貌,更不能超越自己,只能成为中国近代文人画家中的一位较为全能者;而张大千对他所师法的古人,"昔年唯恐其不入,今则唯恐其不出",努力出古人未出之新,晚年终于独创出"超以象外,得其环中"——泼墨、泼彩——抽象与具象相结合的巨幅鸿制,成为承前启后,继往开来的一位大师。

不过,张大千对溥心畬这位比他年长三岁的艺术知音的造诣,始终是十分推崇的。早在30代中期,有人提出"南张北溥"之时,张大千就自认为不能与北溥并列,能与北溥并列的当推吴大澂的侄孙、吴门传人吴湖帆。他认为提"南张北溥"不妥,应改为"南吴北溥"。1948年冬,他最后一次离别北平时,对周殿侯说过:"中国当代文人画家只有两个半,一个是溥心畬,一个是吴湖帆,半个是谢稚柳。另半个已经故去,那就是谢稚柳之兄谢玉岑!"

1956年7月,张大千赴法国举办画展,在巴黎为友人郭有守画了一部《大千狂涂》册页。以前张大千作山水很少画雪景,但《大千狂涂》却正是用粗笔画的雪景,并款书道:"并世画雪景,当以溥王孙为第一,予每避不敢作。此幅若令王孙见之,定笑我又于无佛处称尊矣。子杰以为可存否?爰。"直到1974年溥心畬谢世十年后,张大千赴美国旧金山举办《四十年回顾展》,还在自序中提到溥心畬的艺术造诣,其中写道:"柔而能健,峭而能厚,吾仰溥心畬。"

侨居台北的溥心畬对老友张大千的艺术成就也十分敬慕。1957年当他看到大千的一幅《云山话旧》图后,欣然在画上题道:

> 蜀客大千居士,天姿超迈,笔纵奇逸,其人亦放浪形骸,不拘绳检,画如其人也。然其细笔则如春蚕吐丝,粗则横扫千军,尽可绘之能事矣。此幅雄厚奇逸,盖兴到之作也。仆识其人久,知之为多。今观此画,想见其掀髯雄辩,为之悯然耳。丁酉元月,溥儒识。

而今,"南张北溥"相继作古。溥心畬作古时,海外画坛上有人用象征性的语言评道:"文人画的最后一笔!"张大千作古后,台湾著名作家、历史学家高阳在《摩耶精舍的喜丧》一文中,用作断代史的笔法大书一笔:"中国传统文人画家的典型,从此而绝。"

张大千与齐白石

齐白石与张大千是两位杰出的中国画大师。谈起这两位大师的艺术交往，熟悉内情的人也许会悄悄告诉你，他们的交往并不太深，而且彼此还有过一些成见呢。

白石老人对张大千的作假画、"奴视一切"颇有微词，大千居士对齐白石的生活习性也每多嘲讽。

齐白石生于 1863 年，张大千生于 1899 年，两人相差三十六岁，齐、张相识于北平画坛，时间是 20 世纪 30 年代中期。

30 年代的白石老人，已经年逾古稀，并以艺术家的极大的勇气和胆略经历了十年变法，所谓"余五十岁后之画，冷逸如雪箇（八大山人）。避乡乱窜于京师，识者寡。友人师曾（陈衡恪）劝其改造。信之，即一弃"，"从此决定大变，不欲人知；即饿死京华，公等勿怜"，"人欲骂之，余勿听也；人欲誉之，余勿喜也"，最后终于形成了雅俗共赏独树一帜的齐派风格的花鸟画。但是由于他出身卑微，做过木匠，加上敢于冲破传统藩篱，独创新格，所以在门第等级森严、保守势力很强的北平画坛地位不算太高，声望不算太大，甚至在某种程度上，还比不上刚过而立之年、在北平画坛初露锋芒的张大千。张大千的画风变革大致分为三个阶段：三十左右为

齐白石

师古人阶段，四十左右为师造化阶段，六十以后为师我心阶段。如果这个说法可以成立的话，那么20世纪30年代初、中期，张大千的画风，基本上还是师古人的画风，尽管他师得惟妙惟肖，师谁像谁，尤其是师石涛，可以乱真，名噪一时；但他作的假石涛大量流入市面，造成了鉴别、收藏的较大混乱。

对此，齐白石是不满的。据齐白石的一位学生回忆：有一天，白石老人正在家里作画，女用人送进来一张名片，老人看了一会儿名片说："你只说我不在家。"这位学生看见名片上是一位知名的画家，不禁插嘴说："此公是学大涤子石涛的高手，老师何不出去和他谈谈？"

"这种造假画的人，我总不喜欢！"他一边调颜色，一边说。（参见宾彬：《忆白石老人生活二事》）文中写的这位知名的画家，学大涤子的高手就是张大千，也许这就是张大千初访白石老人吃闭门羹的情景。

20世纪30年代中期,张大千在北平开过四五次画展,每次画展期间均有《北平晨报》记者、著名花鸟画家于非闇在该报副刊和画刊上撰文介绍。1935年8月,于非闇在《书张氏昆仲扇画》一文中写过"张氏昆仲特制仿明朝赤金扇面古色古香,真可奴视一切"的文字,又在结尾引用了张大千与北平画坛著名人物画家徐燕孙论战时写的一首诗:

狂名久说张三影,海外蜚传两石涛。
老子腹中容有物,蜉蝣撼树笑儿曹。

此文加剧了徐、张论争,于非闇又接着写了《奴视一切》《横绝一世》两文,为张大千鼓劲。消息传到齐白石耳中,白石老人很生气,专门刻了一颗"吾奴视一人"的石印,来讽刺张大千的自高自大和"奴视一切"(见龙龚:《齐白石传略》)。

由于家庭出身、社会环境及交游、个性的不同,人称"贫无立锥,富可敌国"的张大千,在金钱问题上,与齐白石表现了截然不同的态度。一个是慷慨大度、挥金如土,一个是勤奋治艺、节俭治家;一个是好交游、好应酬,一个是避尘劳、避应酬。对于齐白石的节俭,张大千也不无微词。他常常在亲友学生面前把齐白石的节俭、视字画如钱的事情当作笑话来说。

张大千说过,凡是求齐白石字画的人(即便是自己的学生),都得按笔单交钱。如果学生要请他在画上题款,他先要问"钱带来了没有",当听到学生说"带来了",他才提起笔来。题完款,就亲自数字,按字论钱,一手交钱,一手交字。

齐门弟子中有一位叫高希舜的学生,要去日本留学,想求一幅老师的画留一个纪念。临行前,高希舜到齐老师家中辞行,并把求画留念的意思对老师说了,齐白石点头说好,又问要多大尺寸,然后对高说:"隔天来取。"第二天,高希舜来取画,齐老师也不说画好没有，仿佛忘了这件事。高希舜心领神会，从口袋里掏出一个红纸包（纸包里装着一叠银圆），送到齐白石的孩子手中，说是给孩子买点东西吃的。齐白石这才把画好的画取出来，递给高希舜，同时说道："希舜呀，这就对了，这下你的心也安了，我的心也安了！"

尽管白石老人对张大千采取过一些过激态度，尽管张大千在与友人、学生摆龙门阵中也夸张地嘲讽过齐白石的节俭近似悭吝。但是，在艺术交往中，张大千对白石老人在艺术上的批评意见，却能虚心采纳，并终生引以为戒。他晚年在海外，常常与人谈起自己青年时代受过白石老人的这些教益。

抗战前夕，有一次白石老人到张大千家中做客，同时做客的画界朋友也不少，大家正围在画案旁看张大千作画。只见张大千在柳枝上画了一只蝉，为了表现蝉的神态，他用笔由下朝上画，伏身柳枝的蝉变成了蝉头朝下，蝉身朝上的飞扬状。对花鸟鱼虫观察入微、独具慧眼的白石老人发现了这一点儿失误，便悄悄地把张大千叫到一边，用浓重的湖南口音对他说："大千先生，蝉在柳枝上永远是头朝上的，不然你去看看！"白石老人的这席话，使张大千既惭愧又感激。

事隔几年以后，张大千与长子张心智、画友黄君璧一起上青城山写生。那正是一个盛夏，"知了，知了"的蝉声此起彼伏、聒噪得厉害，张大千循声看去，只见一棵树上密密麻麻的，附满了蝉，而且只只都是头朝上的，没有一只例外。他再定睛细看，蝉的头大身小，难怪头要朝上，如果头朝下，身子自然就要坠下来了。这时，他又一次想起了白石老人的话，深服白石老人的"致广大、尽精微"的艺术功底。正如他自己所说"这时他才体会到大自然造物的神奇，原来每个生物的构造都是有规律的"。

抗日战争胜利后，张大千从成都坐飞机飞到北京，从古董商人手中收藏故宫散失民间的唐宋珍贵字画，同时接受徐悲鸿先生的聘请，任北平艺专的名誉教授。与张大千一起任名誉教授的也有白石老人。有一回，徐悲鸿请张大千与白石老人一起吃饭，并请两人为徐夫人廖静文合作一幅画。张大千请白石老人先画，白石老人从笔架上选了一支大笔，画了一片墨荷，张大千补虾。只见张大千取起笔来蘸饱了墨汁，不假思索地一节又一节地往下画，直到尽兴时才收笔，忘了研究虾身究竟应该有几节。白石老人在一旁看着，又一如既往地把张大千唤到一旁告诉他："大千先生，虾子只有六节哟！"这件事又使张大千颇为惭愧，自此非对作画的物象有细微和详尽了解，再也不率尔操笔。他还结合自己这番经历教育学生说，求"真"的精神比什么都重要，写生务必了解物理，观察物态，体会物情（均见冯幼衡：《形象之外》）。

中华人民共和国成立以后，齐白石的艺术成就和他在中国近代美术史上的地位，在大陆已有定评，但是在海外似乎还众说纷纭。诸如比齐白石长一辈的吴昌硕，曾经对齐白石的画风产生过很大的影响。齐白石虽然没有拜过吴昌硕为师，也未晤过吴的面，而是通过观摩吴的作品而声应气求，转益为师的。那么，究竟应该如何评价吴昌硕与齐白石的艺术成就？台湾美术界几乎都认为吴昌硕胜过齐白石，可是老年时代的张大千却独持异议。

有一次，客居台湾的著名金石家王壮为与张大千谈起近代美术史上的几位大家王一亭、吴昌硕、齐白石。张大千说："王一亭、吴昌硕都学任伯年，但王一亭太'能'，吴昌硕则较'钝'。吴昌硕以拙朴篆法入画，甚至章法都是，如他写石鼓文也偏重右上方的格局。所以吴昌硕的艺术成就比王一亭大。但是齐白石之'钝'，更甚于吴缶老，所以齐白石的作品更胜于吴昌硕。"张大千的这段话，说出了齐白石在中国近代美术史上应有的地位。同时也说明,这样的评价,不可能产生在他的中青年时代,只可能产生在"从心所欲不逾矩"的老年时代。张大千老年时代的艺术观念是:简胜于繁,拙胜于巧,钝胜于能。

张大千与于非闇

于非闇曾经是张大千在北平时期的一位日夕奉手、研讨书画的挚友。他俩经常在一起合作书画，又多次联名在稷园（中山公园）水榭开过画展；他俩结伴逛琉璃厂，鉴赏、搜求古代字画，又一同出入故宫博物院古物陈列所观摩历代名画真迹；他俩同任过国民党教育部主办的第二届全国美展审查委员，同任过古物陈列所国画研究馆的导师，又同为正社书画社的社员；他俩同观过昆明湖的荷花，同赏过雁荡山景，同去天桥听戏，同登"春华楼""恩成居"进餐……可以说，20世纪30年代张大千在北平旅居的几年中，于非闇是他形影不离、交往最多的一位密友。

于非闇（1888—1959），原名魁照，后改名照，别署非闇，满族人，出身于清贫的书香门第，自幼随父学画习字，毕业于北平满蒙师范学堂。他是一位博学而又多才多艺的人。他善画，善治印，会种花，会养鸽，会钓鱼，又写得一手好字、好文章，著有《都门豢鸽记》《都门钓鱼记》《都门艺兰记》。他曾任《北平晨报》文艺副刊《艺圃》的专栏编辑，经常在《艺圃》栏中用"闲人"的笔名撰写艺文随笔、艺坛掌故、逸闻，可以说是一位多产的专栏作家。

于非闇比张大千年长十一岁。他第一次结识张大千是20年代末在北平名画家陈半丁的家中。这次结识,说起来也十分有趣。

陈半丁是北方很有名望的画家兼收藏家。有一次,他扬言新搜获到一部石涛册页精品,为此特地设宴邀请北平艺苑名流在家中鉴赏。受到邀请的有中国画学研究会会长周养庵以及徐燕孙、马晋、寿石公,于非闇也应邀参加。当时张大千正客居北平,但未在被邀之列。他是个"石涛迷",风闻有此艺林雅集,就直趋陈府求见,当面向陈半丁要求赐赏石涛画册。那天,陈半丁请帖上邀请客人的时间是下午六点钟,张大千四点钟就去了。陈半丁对这个后生小子摆架子说:"我约朋友来共赏,请帖的时间是六点,我不能先给你看,要等朋友到齐了大家一起欣赏。你想见识,可以,但不是现在,要等到六点。"说完,扬长而去,留下张大千一人在客厅里坐冷板凳。

到了六点,宾客齐集之后,陈半丁在宴席上讲了一通开场白,自称幸获名迹,不敢私密自珍,愿为友好共赏。张大千被挤在这批名流的外圈,等陈半丁捧出他的宝贝册页,刚刚展示,张大千就大声叫道:"是这个册子啊!不用看了,我晓得!"陈半丁揶揄地学着他的四川口音问:"你晓得,你晓得啥子嘛?"

张大千立刻朗声言道,第一页画的是什么,第二页画的是什么,题的什么款,用的什么章,如数家珍,一一道来。陈半丁边听边看,张张说得丝毫不差。他十分惊奇,慌忙翻看时连眼镜都滑落到地上。

于非闇在席上默默地听着,看着,心中也大为惊异,不由问道:"你怎么记得如此清楚?"

张大千得意地说:"这是我画的,咋个不晓得?"

这就是于非闇与张大千的第一次相识。此后,张大千的"假石涛"越做越多,越做越精;越传越广,越传越神。张大千的高超仿临技艺给于非闇留下了深刻的印象。

20世纪30年代初期，张大千应中国画学研究会的邀请，来北平参加画学会在稷园举办的秋季联展。在这次联展上，张大千展出了三件作品，一件是《仿石谿山水》，一件是《墨荷》，一件是白描《天女散花》。山水、花卉、人物俱全，工写彩墨齐备，笔墨淋漓，意态生动，为具有古老传统的北平画坛吹来一股春风，带来一片新意。这三件作品引起了画学会中许多老画家的关注，尤其引起轰动的是张大千与于非闇合作的一幅《仕女扑蝶图》。

这幅画是张大千拜访于非闇时，两人在于非闇的画室中合作的。于画了两只翩翩起舞的蝴蝶，请张补景，张提笔画了一个简笔仕女执扇作扑蝶状，又随手题诗道：

非闇画蝴蝶，不减马香江。

大千补仕女，自比郭清狂。

若令徐娘见，吹牛两大王。

在这首题画诗中，张大千把于非闇比作明朝以画兰著称的女画家马湘兰，自己比作明朝"善山水，又善杂画，信手作人物，辄有奇趣"、以"清狂"之画名天下竞传的郭诩，意在对当时北平画坛上专攻人物画的名家徐燕孙（诗中的徐娘）开一个小小的玩笑。

《仕女扑蝶图》展出后，引起了一场轩然大波。当时与徐燕孙在展厅中同观此图的是中国画学研究会副会长周养庵。他是浙江绍兴人，用绍兴官话对徐说："孙儿，你看这幅画，是存心同你开玩笑的，徐娘者就是指你徐燕孙也！"徐燕孙一听，大发雷霆，认为张大千竟然公开侮辱他，于是延聘当年在北平名气甚大的梁柱大律师，具状地方法院，控告张大千恶意诽谤。张大千也只好兵来将挡，你找大律师，我找更大的律师，他与于非闇商量后，敦聘了江庸为他辩护。江庸曾代理过北洋政府司法总长，时任北京政法大学校长，又是梁柱大律师的老师。官司还未打到法庭，江庸就把梁柱约到家中，斥之为小题大做，让梁柱从速调解；后又经傅增湘、周养庵从中调停，这场风波才不了了之。官司虽然没有打起来，但徐、张的"梁子"由此结下，并引起了长达两年的一场笔战。在这场笔战中，于非闇成了张大千的代言人。徐燕孙在《实报》上撰文挑战，于非闇在《北平晨报》副刊及画刊上发文应战。一个剑拔弩张，一个皮里阳秋；一个博古通今，一个议论纵横；一个要保持北京画坛的地盘，一个想引进海派的新风。正是在这场笔战中，张大千连年在北平举办画展，誉满京华；也正是在这场笔战中，于非闇与张大千成了莫逆之交。

1934—1936年，张大千先后在北平参加过五次联展，第一次是1934年9月的"正社书画展"；第二次是1935年8月的"张氏昆仲扇展"；第三次是同年12月的"张大千关洛画展"；第四次是1936年5月的"张大千、于非闇、方介堪的书画联展"；第五次是1936年12月的"救济赤贫，张大千、于非闇合作画展"。环绕着这五次联展，于非闇在《北平晨报》副刊及画刊上撰文发表了数十篇消息、评论及介绍张大千其人其艺的随笔、杂文。这些文章对研究张大千在北平时期的活动，具有很大的史料价值。

关于张大千的画，于非闇认为："大千人物，尤以仕女最为画道人赞赏，谓能大胆别创新意"（见《张大千关洛画展》），"他画的美人儿，少女是少女，少妇是少妇，而且少女美与少妇美，都有显然的区别。"当时北平画坛上的有些仕女画家，虽然技法十分娴熟，但人物造型多千篇一律，脸型又多千人一面，比较起来张大千确有高明之处。原因是"他对于女性，观察得很精密，能用妙女拈花的笔法，曲曲传出女儿的心声，这一点是他的艺术微妙，也是他在女性上曾下了一番功夫的收获"（见《八爷与美人》）。

《妙女拈花》是张大千为何应钦作的一幅画。提及这幅画，于

张大千所绘《玉霜小影》

非闇在《艺圃》上写过一段补白:

> 此为张大千最得意之作。大千作美女,意态生动,栩栩欲活。一日大雨,差疾足驰十数里来我家,索石青、石绿甚急。绿已研漂,青虽佳,研尚未腻,冒雨持去,云迫不及待。翌日此画成,青则未及用也。现为何敬之先生供养,居仁堂中有此尤物,可谓得所。

至于张大千"在女性上曾下了一番功夫",这是指张大千当年在北平居住期间的两件风流韵事。1934年,张大千曾两次到北平。前一次是春天,他恋上了一位怀玉姑娘,曾经屡为怀玉写像,其中有一幅题诗道:

> 玉手轻匀粉薄施,不将檀口染红脂。
> 岁寒别有高标格,一树梅花雪里枝。

他还想娶她,因家人反对而作罢;后一次是秋天,他又恋上了天桥唱京韵大鼓的花绣舫(现名杨宛君),杨宛君长得酷似唐伯虎笔下的美人,他常以杨宛君为模特儿创作仕女,几经周折,终于纳为三夫人。关于这两件风流事,于非闇曾写过几篇短文予以披露。在《八爷与美人》一文中,于非闇写道:

> 张八爷不久就要离平,总计他老先生今年来平两次,他的目的,至少也可以说是来物色模特儿。因为春天遇到了怀玉姑娘,她那一双纤手,真是使人陶醉呀。张八爷画女人手,以轻倩之笔出之,大概得力于此。"罡风吹散野鸳鸯",这是何等不幸的事呀?但是手已画得妙到毫巅,登峰造极,挥之使之,或不在此?唐伯虎画美人,是近代比较有研究的,八爷对于六如,自然俯拾皆是,今既得到唐六如的活美人儿来侍砚,那么张八爷不离平,何待?

在这段文字中,于非闇透露了张大千画人物学西画家画模特儿,能细心观察研究人体特征,使笔下的仕女美人婀娜多姿。张大千自言画美人有"六不得",即:画仕女,背面侧面皆极不容易施工。侧面的轮廓,由额至下颔,凸不得、凹不得、塌不得、缩不得、丰不得、削不得,这些皆须十分着意。背面那就要在腰背间,着意传出她婀娜的意态。这"六不得"就是张大千从亲身的阅历中得来,也是从细心观察研究中得来的。

与人物画相比,于非闇认为"惟大千之画,要以山水为第一"。他的山水,初师八大、石涛,嗣又出入渐江、瞿山,海上争效之,遂有黄山一派。他不仅读万卷画,临仿古人极其神妙,而且行万里路,游历名山大川。当时他的足迹就已涉峨眉、青城、黄山、金刚山、罗浮、华山,东至扶桑,西越关洛。他三上黄山,对景写生,归来后作了数十幅黄山纪游图;居住北平期间,他连年西游华山,又作了数十幅关洛纪游,于1935年12月1日的隆冬季节,在中山公园水榭举办了五天"张大千关洛画展"。据于非闇记载,"在朔风怒号,寒气砭骨,自无人涉足公园"的隆冬季节,而"水榭东西南北四室,黑压压挤满观众,足见张大千号召力之大矣"。关洛纪游,均为山水,于评道:"惟大千之画,要以山水为第一,画展中如《青柯坪》《仙掌峰》《落雁峰》《莲花峰》四巨轴,或作浅绛,或墨笔,写危岩峭壁,使观者如步山头,身临其境,非大千之笔力,恐无能为太华写照。若评第甲乙,当以此四轴为上品矣。"

关于张大千的花鸟画,于非闇评得不多,只是在《艺圃》上写了一小则张大千画荷的趣闻。这则趣闻是作为按语,配在尔叟题《水榭观大千画荷》的两首诗后。诗云:

  一花一叶一枝茎,写尽芙蕖万种情。
  笔势疾如风雨至,图成真使鬼神惊。

  挥洒随心笔有声,堆脂泼墨趣横生。
  纵教工力能模拟,超逸天才学不成。

闲人按:"大千画此四幅时,我正在听鹂馆。大千画毕,尽牛肉一巨盘,饮凉水一大盂,可惜拈脂侍儿未在旁,只累得大千夫人磨墨呼臂痛也。此四幅现在寒斋,正为敬之(何应钦)先生点蜻蜓。"

于非闇为何独对张大千的花鸟很少评论,也许是张大千当时画花卉涉及的品种不多,鸟虫更少涉足;也许与他本人专攻花鸟有关。不过于非闇曾多次谈到张大千对他学工笔花鸟的帮助。他在结识张大千以前,是画小写意花卉,走的是明朝陈白阳、周之冕一路。张大千劝他弃小写转工笔,专攻双钩花鸟,并且经常以所见古代花鸟画供他研习。据于自述:初学赵佶"瘦金书"时,张大千就赠他大观丁亥(1107)赵佶书"八行八刑条碑"帖,对他说:"画双钩花鸟,配上瘦金书题款,更觉协调。"于非闇听从了张大千的建议，自 1935 年后，着手研究工笔花鸟画。他从学习明代末年的陈老莲入手，上溯两宋五代的双钩花鸟画，而对宋徽宗书画的笔墨情趣钻研尤深。他还借鉴了宋、元、明、清的缂丝工艺，在师古人师造化的基础上，逐渐开创出一条具有自己独特风格的于派花鸟，成为我国现代美术史上的一位工笔花鸟名家。

20 世纪 30 年代，于、张曾多次合作书画，又举办过两次联展，这两次联展都是赈济救灾义展。第一次是 1936 年 5 月黄河泛滥，捐款救济灾区人民；第二次是 1936 年年底的"救济赤贫，张大千于非闇合作画展"。

关于"救济赤贫"画展，意在救济北平西郊啃树皮的赤贫百姓。那时北平城里有一位姓李的慈善事业家，曾设立粥厂，救济贫民。为了给粥厂筹集资金，于非闇想起了客居西郊颐和园养病的张大千。他跑到听鹂馆，还不曾开口，就听得大千正在发表"城中吃腊肉，城外啃树皮"的妙论，于是他俩在二十分钟内就商定了用画展去助赈，卖画所得，全部捐助（见《赈济穷骨头》）。参加这次联展的，还有张大千在北平的两个学生——何海霞和巢章甫，他俩各展出了五幅作品。画展开了三天，在社会各界人士的支持、帮助下，展品全部售出。他们分文未取，全部助赈。

这次联展是于、张的最后一次合作，也是张大千在北平举办的最后一次画展。不久爆发了"七七事变"，张大千身陷北平近一年之久，但再也激不起开画展的兴味。

当然，在于、张近二十年的交往中，并非始终是万里晴空，一片阳光。他俩也有过误会，头上也飘过乌云。

沦陷时期，《北平晨报》由日伪接管，于非闇辞去了新闻编辑工作。他不愿昧着良心为日寇的"大东亚共荣圈""中日亲善"等侵华舆论做宣传，想卖画谋生。可是画业凋零，有钱有势的日伪官员他不愿卖；一般的文职商界人士又无闲钱买。他一家八口人，上有老，下有小，总得有个职业，赚钱糊口。后来通过一位友人的帮助，在伪华北教育总署编审会挂了一个名，领干薪养家。他把主要精力放在古物陈列馆，与他的学生田世光、俞致贞等一起办了一个国画研究馆，临摹、研究古物陈列所内珍藏的宋元真迹。张大千从北京出走之前，也在这个研究馆任过半年导师。国画研究馆办了八年，为故宫留下了一大批宋元画的摹本（后来，真本被国民党运到台湾，这批摹本成了国宝的存在印证），也培养了一批花鸟、山水画家。可是抗战胜利后，于非闇因在伪华北教育总署编审会挂过名，他的友人又是有名的日伪汉奸，因此，他也被人误为有通敌之嫌。为此，抗战胜利后张大千重返北平与于非闇相见时，态度比较冷淡。当时，于非闇无职业，无固定收入，生活困难，想托张大千在上海开一个画展。张大千满口答应，把他的画带走了，可是画展却始终未开，只是给了于非闇一小笔钱，说是"卖画所得"。实际上张把于的画留了下来，带到成都，后来又带到了海外。

乌云毕竟是乌云，随着时间的流逝，随着张大千远走海外，这片乌云逐渐散去，而对曾经在一起共同砥砺艺事的老朋友的怀想，却时时在于非闇脑中回旋。张大千去国六年后，有一次他与张大千的两位老友叶浅予、谢稚柳及张大千的早期学生刘力上一起在"恩成居"吃饭，席间谈起张大千，说如果张大千在座，讲些故事笑话，摆摆"龙门阵"，一定更会谈笑风生，可是张大千却一人在海外向隅，让大家又一次体会到"举座为之不欢"的滋味。散席后，于非闇夜不能寐，挥笔写下了一篇《怀张大千》的散文，文中写道："民族绘画家张大千，面向写生，以造化为师，在开始学习时，他早于我不及两三年；而大千的艺术成就，如同我们两人的胡须一样，他是又多又长，我是又少又短，虽然，我比他差长了十年。张大千对民族绘画的造诣，正像伟大的戏剧家'文武昆乱不挡'那样，件件精通。临摹敦煌壁画仍提出了自己独特的看法，这更是难能可贵的。我越看到他所作的人物、山水、花鸟，我就越想张大千。"文中还回忆了当年在北平，他与张大千的交往。在下大雪的日子里，他俩到琉璃厂看画，随后同去"烤肉宛"吃几碗烤牛肉，又跑回琉璃厂访名书画……文章写得委婉曲折，真挚动人，发表在香港《文汇报》上，想必张大千一定也看到了。据说，这一年张大千的几位老友曾分别给张大千写信，请他回来探亲访友，张大千也流露了想回来看看的心情，可是紧接着国内开始了"反右"运动，张大千回国观光之事就此作罢。

中华人民共和国成立后，于非闇曾任中国民族美术研究所研究员，北京中国画学研究会副会长，北京画院副院长等职务。1959年病逝于北京。他去世十多年后，张大千在美国开了一次《四十年回顾展》，在画展的序文中提到了于非闇的艺术成就，他谦称："花鸟鱼虫，吾仰于非闇。"

张大千与徐燕孙

1933年春,张大千应中国画学研究会的邀请,来北平参加学会举办的春季联展。联展在中山公园(稷园)进行,在这次联展上,张大千展出了三件作品,尤其引起轰动的是张大千与于非闇合作的一幅《仕女扑蝶图》。

其时张大千旅居北平东方饭店。某日,于非闇前往,画一蝴蝶于纸上,要求大千补人物,大千提笔补一简笔仕女,执纨扇,作扑蝶状,并题诗一首。《仕女扑蝶图》展出后,引起了一场轩然大波(见前文)。

近读王振德先生的大作《继往开来,一代宗师——浅谈徐燕孙的艺术成就》,文中记述了王先生从其师李智超处听得的"徐张斗法"及其和好的故事。李智超是徐燕孙当年中国画学研究会的画友及京华艺专的同事,对徐张之事知之甚清,可谓是见证人。据王文记载:

是年12月,张大千携仲兄张善子,好友于非闇、江庸等人在春华楼宴请徐燕孙,席间举觞称庆,轮杯换盏,言笑冶欢,决定再合画一幅《扑蝶图》。此次,张大千请徐燕孙画仕女,于非闇仍然补蝶,自己与仲兄补画竹坡。画毕,张大千题跋称颂徐燕孙即席挥毫，飒飒有声，风度不减六如。徐氏平日自视甚高，惟觉逊于唐伯虎（名寅，号六如居士）。大千此题，实令徐氏感戴不已。不久，徐燕孙又在芳华楼回请张大千，同时邀请齐白石、溥心畬、萧谦中等，饮宴之际，又合作《松菊犹存图》，徐燕孙画晋朝诗人陶渊明及童子，溥心畬画松树，萧谦中画石头，张大千补菊花，齐白石最后补竹篱并以篆书题"松菊犹存"四字，示意画界朋友应以陶渊明那种平和心态交往共事。

张大千与徐氏在两次的合作画中，均将徐氏推为画人物的主角，表现了他虚怀若谷的精神及真诚求和的态度。

众所周知，张大千负笈出川，过夔门，沿江东下，在上海黄浦江十六铺登岸，开始了他的学艺从艺生涯。可以说，上海是张大千学习中国书画的艺术摇篮，也是他初出茅庐的竞技场所。他的两位老师曾农髯和李瑞清，虽说在书坛上和文人圈子中享有盛名，但对要靠卖画为生，立足上海的张大千来说却是件十分不容易的事情。原因很简单，20世纪20年代上海的艺术市场基本上是被海派画家垄断和占领了，前有任伯年、吴昌硕、王一亭，后有三吴一冯（吴子深、吴待秋、吴湖帆、冯超然），以大千的资历和水平，要在海派画家中占一席地位，时机尚不成熟。因此他选择了北平、天津作为突破口。早在1924年，张善子奉北京临时政府之命，调京出任总统府咨议时，张大千曾借机赴京一游，住在京派花鸟画家汪慎生家中（汪是中国画学研究会会员），拜会过学会会长周养庵，对京派画坛的阵营实力做过一番调查，由京及津侧面对津门书画古玩铺也了解了一番，对京津画坛有了一个初步印象。

张大千下决心北上与京派画家交流（实为较量），时在30年代初期。当时他的"假石涛"已名扬大江南北，津门古董商已掮着张

张大千与徐燕孙 245

1936年摄于徐燕孙的住地：中南海植秀轩，前排左一为张大千，二排左一为徐燕孙，后排右二为于非闇

氏的"假石涛"打进了北平琉璃厂，时时被豪门达贵当礼品收入，时而也被看走眼的京派名家吃进。一句话，他做的假画已有相当的市场效应，应该说他北上的天时条件已经具备。至于地利条件，他客居上海、松江、嘉善和苏州网师园，狡兔三窟，又往返于日、朝和大连，行踪无定，平津人士久闻其名而不见其人，对他充满着好奇心，很想见见此人此画，看来地利也已具备。最后一点是人和，张大千久居十里洋场，为人豪爽而四海，不仅结交了上海文人雅士，而且结交了三朝元老叶恭绰和留欧归来的徐悲鸿，先后当了全国美展干事员和审查委员，出席了一二届全国美展，他的《金荷》

还被徐悲鸿选入了《中国近代绘画展览》赴法展出,并被博物馆收藏,除了叶、徐外,他的《三十自画像》还遍征海内名家题诗,北平的旧王孙溥儒(字心畬)就是其中之一。溥心畬出身贵胄,是恭忠亲王奕䜣的孙子,又是诗书画兼善的全才,在京派画家中有威望。张大千通过末代皇帝溥仪的老师,又有"清末诗坛第一人"之称的陈散原引见,结识了溥心畬。同时,张大千还在京派画家中物色了一位画名并不显,但文笔辛辣有煽动力的《北平晨报》记者于非闇,作为他的合作伙伴(用今天的话来说,就是铁哥们儿)。结交叶、徐、溥、于及众多的海内名家,这就是张大千人和的反映。天时、地利、人和,张大千北上的条件基本都已具备。万事俱备,独欠东风,这个东风不是别的,这就是他第一次参加北平中国画学研究会的春季联展。

那么怎样才能在众多的联展展品中,使自己在为数不多(只有三件)的展品跳出来,引人注目?居久十里洋场的张大千,深知新闻媒体的宣传效应。作为合作伙伴的于非闇在此时此地就显得尤为重要。于非闇在张大千的仕女图上画了一只蝴蝶,表面上看来是一种合作书画的文人雅趣,但大千在《仕女扑蝶图》主题下的这首打油诗,却绝非一般的调侃玩笑,可以说是向徐燕孙的一次挑战。他想借题诗,在北平画坛和新闻媒体上制造一点轰动效应。

张大千在众多的京派画家中,偏偏要找徐燕孙,这是为什么?据笔者分析,原因有三:其一,当时京派画家中,除会长周养庵有一定的号召力外,能独树一帜,门徒众多,自成派系的就数徐燕孙,他是京派人物画的开派人物;其二,从于非闇处,他获悉徐燕孙出身望族,有少爷脾气,脾气火暴,加上恃才傲物,是个一点即着的人物;其三,张大千与徐燕孙年岁相仿,只小一岁,当年都在三十四五岁,正是好胜负强的年龄段。张自恃人物画虽不是强项,但也不弱,可以与徐较量。基于以上三个原因,他与于非闇合作的《仕女扑蝶图》终于题诗亮相出台。

那么徐燕孙为何又要如此小题大做,大动干戈,在《实报》上连战两年?原因也有如下三点:第一,徐是北平人物画坛(也可以说是平津画坛)上的一方诸侯,为了维护自身的地位和势力,对外来画家本来就有某种排斥之意,更何况是来者不善,敢在太岁头上动土的蜀客张大千呢!第二,《仕女扑蝶图》合作者是于非闇,煽风点火者也是于非闇,于非闇是《北平晨报》的记者,又是《北京晨报画刊》的编辑,他还是中国画学研究会会员,一句话,他是京派圈中人,却要与外来的蜀客串通一气,里应外合,是可忍,孰不可忍!第三,张大千虽说是蜀客,却是久居上海画坛,身上有许多海派作风(包括画风),又是个作假画的高手。如此欺世盗名之徒,怎能容他立足京城?他曾针对张大千的已流传到日本的一幅伪造杜柽居的《吹笙仕女》,重新仿临并题款讥道:"蜀客得杜柽居此本,抚为赝鼎,扶桑士夫为所欺购而宝之,余一见即识为阿髯伎俩,故仍取其章法图之,以期暗合古人也。"更何况在他眼里张氏的仕女人物是不在话下的。

文人相轻,自古而然,画人也不例外。20世纪30年代北平、上海文坛上鲁迅撰文参战,引发了一场京派与海派大论战,其波及面不光在文坛。画坛历来就有南宗、北宗之说,后又演变成地域上的南北之说。从这个意义上来说,张、徐之争,实际上也是南北之争,海派与京派之争。

就画论画,徐、张人物画确有不同特点,也各有千秋。从取材上看,二三十年代张氏早期的人物画,多绘诗意仕女图,或隐逸高士图,其中有不少张大风式的高士是他山水画中的点景人物,这些仕女高士在构图章法上都较简洁单纯,30年代后期起他才涉及情节性的结构繁复的工笔重彩人物（历史人物和宗教人物）。再从绘画风格上看，张大千早期的仕女画确受海派人物画家的影响，他最早学过改琦、费晓楼，后又学任伯年、华新罗、唐伯虎，走的是媚而不俗、秀而不佻的道路。与一般海派仕女画家不同的是，他能写生，他笔下的造型，不光是古人粉本的翻版，而是取之于生活中的少妇少女（尤其是他亲近的女性），诸如被称为"美人坯子"的二夫人黄凝素，被称作"唐美人"的三夫人杨宛君，韩国恋人春红、北平恋人怀玉都曾当过他的模特，移花接木地移入了仕女造型。至于张氏的高士，大多取法于张大风，走的是潇洒飘逸、遗世独立的画路，他也将自己的容貌扮作古人，走进高士的行列。严格来说，他画高士就是画自己，因此大千笔下的高士无不打上大风堂的商标。

　　与张大千不同的是，徐燕孙多绘刀马侠义人物、历史故事传说、宗教佛道人物，亦善绘仕女人物，大多带有情节结构，工写兼善，彩墨缤纷。徐氏年少即喜绣像小说，曾摹绘过吴友如的不少画作，练就了一手白描人物的过硬功夫，后又在古物陈列室中不时观摩明清乃至宋元名迹，尤其是陈老莲的真迹。他原本就摹临过木版水浒叶子，但水浒叶子毕竟不是真迹，而是经过刻手刻过的版画，与观摩原作效果大为不同。由吴友如上追陈老莲，这是徐燕孙的画路。诚如徐氏老友启功在他的《无双谱》中题道：

> 绘苑谁识一代工，十年城北识徐公。
> 胸藏北壑江南少，眼底骊黄海内空。
> 老去诗篇多绮语，平生豪气托雕虫。
> 披图喜见章侯法，取较任颐总不同。

　　启功在诗中，盛赞了徐氏的胸中丘壑——燕赵之士的丘壑，是江南画人所少有的，又赞叹了徐氏笔下的名马骊黄（实际上是以骊黄来比喻刀马人物）海内没有。诗的末两句则点出了他的人物画已具陈老莲的风貌法度,而与任伯年的不同了。不同之外何在?诗后又有跋道:"霜红楼主(徐燕孙之号)写人物得陈章侯遗意,此卷无双谱尤称合作,视山阴任氏本,颇有谨肆之别。"老莲谨细而伯年肆恣。启功在诗跋中对陈老莲、任伯年的"谨肆之别",似乎也可借用来比较徐、张的艺术风格。

陈老莲与任伯年生不同时,相差三四百年,怎能比高低?即使同时代的任伯年与吴友如,也很难说高低,而只能说在不同领域,任伯年在艺术市场,而吴友如在报刊出版方面各领风骚。

张大千与徐燕孙是同时代人,又曾在北平画坛相遇,展厅共展,似乎老天有意将他们放在一起,让观众品评,不仅品评长短,而且要论个高低。观众的心理如此,争强好胜的徐、张心理也如此(也许张氏题诗的起因不是为了比高低,只是为了制造某种新闻效应,但笔仗开打,打着打着就自然而然要比起高低)。那么究竟孰高孰低呢?事过四十年,张大千在美国举办《四十年回顾展自序》中终于有了一个交代:"人物仕女,我仰徐燕孙。"这是张大千自己的断语,不容易啊,赌气比高低,四十年后才认输。有人说这篇自序,是张大千故作姿态、会做人的一篇广告词。徐悲鸿说他是五百年来第一人,他却故作谦虚地把自己不如同时代画家友辈的地方——历数:

> 山水石竹,清逸绝尘,吾仰吴湖帆;柔而能健,峭而能厚,吾仰溥心畬;明丽软美,吾仰郑午昌;云瀑空灵,吾仰黄君璧;文人余事,率尔寄情,自然高洁,吾仰陈定山、谢玉岑;荷芰梅兰,吾仰郑曼青、王箇簃;写景入微,不为境囿,吾仰钱瘦铁;花鸟鱼虫,吾仰于非闇、谢稚柳;人物仕女,吾仰徐燕孙……

说张大千会做人,人情练达,世事洞明,我同意这种说法,但是说他这篇自序是故作姿态的广告词,我不敢苟同。徐、张笔战是20世纪30年代北平画坛上的一件无人不知的事情,尽管论战的对手徐燕孙已在1961年故去,可是当年的知情人都还在,他居然在古稀之年在美国举办的回顾展中,向世人宣布,他画人物仕女不如徐燕孙,这不等于向徐燕孙认输了?这种认输精神,正是张大千虚怀若谷的高明之处,绝非矫情故作姿态的表现。

张大千在《四十年回顾展自序》中坦言"人物仕女,吾仰徐燕孙",如果再追问一句,即使在30年代,张大千与徐燕孙争胜斗强,决一高下之际,张大千的内心深处,是否认为自己比徐燕孙高明呢?

诚然,张氏的高士人物"迹简意淡而雅正",没有烟火气,的确是山中隐逸之士,确非徐氏所及;而张氏的从写生入手的仕女人物造型,也确实接近时代,接近观众,市场效应也要高于徐氏。但是从他的内心深处来说,他未必认为高于徐氏。为什么这么说呢?这可以从当年叶恭绰劝大千弃山水花卉专精人物画的一番话中看出:"人物画一脉自吴道玄、李公麟后已成绝响,仇实甫失之软媚,陈老莲失之诡谲,有清三百年,更无一人焉。"表面上看来叶恭绰对张大千寄以厚望,把振兴人物画的重任放在他的肩上,实际上也是对大千人物画始终游离在明清之间的一种婉转的批评。如果说40年代初,张大千远走敦煌,在莫高窟狠下功夫,临摹壁画两年又七个月,与叶恭绰的这番话有关的话,那么恐怕也与他看到当年徐氏在人物画方面,已由陈老莲上追赵孟頫、李公麟走在他前面有关。既然你能上追宋元,那我定要直追唐宋。追来追去,虽然仍是在古人手掌里翻斤斗,但是在继承传统、继往开来方面,尤其在一振清季改琦、费晓楼等人遗留下来的柔靡病弱的仕女画风方面,起了积极的推进作用。应该说,在现代美术史上,徐燕孙和张大千在振兴中国人物画上都是有功之人。

著名古书画鉴赏家谢稚柳认为，张大千的人物画其变化、成熟、成功是在他两次去敦煌，在极艰苦的环境和静穆凝重的境界下，潜心临摹研究了敦煌的伟大辉煌的壁画，主要是人物画之后。他还认为："张大千既居敦煌久，全然为唐代的辉煌所折服，又潜心研究，苦心临摹，所以其后的人物画，一改往日之态，全出唐人法。他的人物画，由此而神采特胜。在此之前，他的人物画得之于刚，而啬于柔，妙于奔放，而拙于谨细。这之后则阳刚既胜，而柔弱缛增，奔放斯练，而谨细转工。"当然也有论者认为，张大千的人物画，"基础在张大风，仕女画基础在唐伯虎，如其山水一样，虽中年以后力追唐宋，但始终在人物画上没有离开张大风，山水画也跳不出石涛的'五指山'中"。

关于徐燕孙的人物画，笔者认为他的主要成就是在工笔历史人物（又称故实图）和白描人物（包括连环画、小说插图）。厉南溪认为，他的历史人物画之妙"妙在取材精而传神足，考证博而蕴藏深，至于笔墨之隽雅，气势之大方，一洗清代柔靡旧染，一振颓风"。其作画"随兴点染、挥洒自如，拈题布局，若探囊取物，从无窘色，亦从不起稿……余尝论所作，工者如春蚕吐丝，写意如风卷层浪"。厉南溪是徐燕孙的老友，20世纪20年代就任北平《晨报副刊》主笔。早在1927年，他就在《晨报副刊》为徐燕孙开辟《三国演义》插图专栏，所以对徐燕孙的历史人物画的修养功底知之甚深。《霜红楼画剩》是徐燕孙40年代初，有感于抗日战争而闭门潜心创作的一组白描历史人物画，借古喻今，借历史上的爱国英雄人物的事迹，唤起国人的抗战斗志，共四十三幅，刊于报端，由其门人任率英、李大成搜集成册，厉南溪配诗（一图一诗）作序。

徐燕孙的第一次个人画展，展于1932年秋，地点在北平中山公园（原名稷园）水榭，展品上百件，其中有高士、仕女、古代圣贤、钟馗、罗汉、神仙等。这次个展，有工笔，有写意，还有白描人物，艺术修养深厚及画路十分开阔。由此他的声誉日隆，门生日众，求画者日多，画价也倍增。当时他十分得意，请人刻了两方闲章，一方是"城北徐公"，另一方为"天下英雄唯使君"，从中可以看出他狂放和高傲的个性。这也许正是当年张大千要物色他为竞争对手，借机抬高自己的身价的重要原因。

徐燕孙创作的高峰期，是在20世纪50年代中后期。据他的学生李大成回忆，1937年元旦，徐燕孙在中山公园又一次举行个人画展。这次的展品较之四年前的画展来说更为精工，且有丈二匹巨构展出。

1938年，徐燕孙还画过一幅长卷《循环图》，写一富家子弟荒嬉逸乐，遭致穷困，终因迷途知返，勤奋努力而重致富足，晚年乐善好施的事迹，徐氏以工笔重彩精心绘制，卷首有白石老人题签，真乃壮岁期间的力作。笔者有幸，近年在香港观摩到陈东阳收藏的一批徐氏遗作（百幅左右），其中有大幅中堂、横披、手卷、扇面小品，洋洋大观，多为三四十年代的精品。陈东阳的这批藏品大多经启功鉴定过，启功还特地题写了长跋，跋中评道："徐燕孙壮岁作大幅古贤像，不啻陈章侯（字老莲）之图，关侯遗貌。"不啻陈章侯之图，也就是说徐燕孙已不满足于陈老莲的面貌笔法了，他要上追宋元。诚如徐燕孙30年代任教京华美专的学生潘絜兹所说："当时所谓传统的最高典范是宋元。宋元之前被目为高古，宋元之后被目为后世粗疏，只有宋元最为完备，徐师是得宋元精髓的。"这批徐氏遗作，多为三四十年代精品，可证启功、潘絜兹之言不谬。

50年代，徐燕孙曾任人民美术出版社编辑，编创古典小说名著连环画，同事有刘继卣、王叔晖、任率英、林锴等人，在他的指导帮助下，同事画家获益甚多。1957年，北京画院成立，叶恭绰任院长，徐燕孙与王雪涛被任命为副院长，这一年张大千创作了杜甫诗意《兵车行》巨幅历史人物画，人物众多（多参军的父老乡亲），神态各异，气势恢宏，可视为徐氏历史人物创作的宏构，此图已被中国美术馆收藏。可是好景不长，一年后他就被打成"叶徐反党集团"重要头目，戴上了右派帽子。不久又得中风，不久去世，享年六十有三。

作为20世纪北京画坛上的一位京派人物画的开派人，徐燕孙的贡献，还在于他在京华美专和霜红楼任教授时编写过《人物画范》的技法教材。这部教材写于30年代，曾在中国画学研究会出版的《艺林月刊》上连载，原著附有示范插图。遗憾的是，由于当时印刷条件的限制，只刊出文字而删去了范画，并且只刊出了第一二两章原稿，第三章后则未见发表。当时看过此文稿的启功，直到晚年还念念不忘，他在为香江藏家陈东阳拟出版的《徐燕孙遗作集》的序言中写道："先生中年曾著《人物画范》一书，分刊于报纸，未竣而止。附志于此，俾世之留心画家文献者，倘或遇之。"启功的这篇序言书于1994年。七年后，台北著名工笔重彩画家吴文彬不仅遇之，而且稍加删拼，合刊于他主编的《工笔画》上，使沉睡了六十多年的《人物画范》重见天日。徐氏地下有知，也当含笑欣慰后世自有知音！

张大千与张伯驹

张伯驹与张大千,曾经是三四十年代名扬南北的两位大收藏家。他俩在收藏、鉴赏方面交游近十年,还同任过故宫博物院的鉴定委员。

中华人民共和国成立,张大千出国远游,背井离乡,周游欧美,备尝有家难归之苦;张伯驹迎接解放,洗心革面,报国效民,屡遭"反右""文革"之难。两位至交自"知天命"之年分手后,始终没有机会相见。

1978年,步入八十寿辰的张伯驹猛然想起了比他小一岁的老友张大千,三十年分别可否在耄耋之年见上一面?于是他信手提笔给大千写了封信,信中诉说了三十年来的思念之情,并希望他携带妻儿回国探亲访友一遭。信是托香港友人转交的。

不久,张伯驹收到了张大千的回信(当然也是由海外友人转来的),信中写道:

伯驹吾兄左右:

别三十年,想念不可言。故人情重,不遗在远,先后赐书,喜极而泣。极思一接清言,无如蒲柳之质,望秋先零,不得远行。企盼惠临香江,以慰饿渴。倘蒙愈允,乞

张伯驹

示敝友见,谨呈往复机票两张,乞偕潘夫人南来,并望夫人多带大作,在港展出,至为盼切……

阔别三十年后的两位饱经人世沧桑的老人,既然都思念心切,都提出了见面地点希望早日会晤,张大千想得更周到,可提供往返机票两张。那为什么未能晤上一面?我曾就这个问题问过张伯驹。伯驹先生笑着对我说:"我请大千来京探亲访友,当然有叶落归根,劝他归去来兮之意,大千心里当然明白。但身不由己,台北当局肯定不会放他出来。大千劝我到香港会面,当年'四人帮'虽已粉碎,我在政治上虽已平反,但对外开放政策尚未实施;何况政策多变,余悸未消;更何况我也有点怕,怕到了香港,回不了老家。"

就这样,两位艺术至交心存政治上的戒备余悸、终于未能晤面,失去了最后一次晤面机会,只得抱憾九泉。

说来也巧,二张在生卒年上,竟然都差一年,从生年来看,张伯驹生于1898年,张大千生于1899年,伯驹早于大千一年;从卒年来看,张伯驹卒于1982年,张大千卒于1983年,大千又晚于伯

张伯驹(二排右一)和潘素(三排右一)夫妇1939年摄于中国画学研究会第19次展览会纪念

驹一年;因此,他俩在人间居留的时间是一样的,均享年八十四周岁。

再从他俩从事收藏活动的时期、品类、级别来看,二张亦颇多相似之处。张伯驹收藏始于1927年,收藏的第一件藏品是康熙御书"丛碧山房"榜额,以此自号丛碧;张大千从事收藏亦在1927年前后,也几乎与伯驹收到"丛碧山房"榜额的同时,收到了一件张大风的《诸葛武侯像》,无独有偶,张大千亦以张大风的名字,作为自己画室的堂名——大风堂。他俩从事收藏活动的时期,主要是 20 世纪 20 年代后期至 40 年代末。二张收藏的品类，均以书画为主；从数量上来看，张大千的藏品稍多于张伯驹；以质量而言，张伯驹的品级略高于张大千。张伯驹多藏宋以前墨宝，张大千偏藏宋元而后名迹。有一点相同的是，他俩在生前都将重要的藏品捐赠了故宫博物院，当然，一个捐赠的是故宫博物院；另一个捐赠的是台北故宫博物院。

提起二张之交，张伯驹的夫人潘素告诉我说："伯驹与大千相识于 30 年代初期。由于他俩都嗜好古代书画，又对古代书画有相当的鉴赏水平，因此惺惺相惜，定为至交。他俩有许多共同特点，诸如爱交友，重友情，好待客，家中常常高朋满座，宾客盈门，这些共同点，更促成了这对莫逆之交。张大千客居北平时，常到我家来看伯驹，他得悉我喜欢画画和音乐，显得格外高兴。"

潘素还对我讲了一则合作书画的故事。1947 年的一天，潘素和张伯驹正在承泽园家中的画室里磨墨铺纸，准备作画，忽然于非闇带着张大千说说笑笑走进画室。潘素赶紧搁笔让座，张大千摆了摆手，笑着说："莫要客气，我和非闇兄就是来看你作画的！"潘素有点紧张，不肯轻易动笔。张伯驹在一旁笑着说："我看今天你们三位就合作一幅山水，潘素，你先开笔！"一听是合作，潘素的情绪就来了，一来可以留念，二来正好借此机会向他俩请教。于是，她提笔在一张四尺宣纸的右下角画了陂陀秋林，然后把笔递给张大千说："请张大千先生指正！"张大千笑着接过笔，用手摸了一下胡子说："慧素夫人命笔，我恭敬不如从命！"言罢，挥笔在秋林后补一脉山屏，山屏下写一汪芦汀，又在陂陀旁添一叶扁舟。画毕，对于非闇说："非闇兄，你来盖一座房子吧！"非闇点头称是，在陂陀左侧盖起了一所水亭，大千又补上两个相向而坐的人物，然后对张伯驹说："伯驹兄，该你来收笔了。"张伯驹从笔架上选了一支狼毫小楷,轻巧地在湖中补几笔水草,题句道:"丁亥冬至日,丛碧写小草,大千居士写叠嶂、芦汀、扁舟,非闇补水榭,潘素写秋林、陂陀,伯驹题记。"同年,潘素与张大千还合作过一幅《临乔仲常赤壁后游图》。

抗日战争胜利后,张伯驹与张大千同任故宫博物院的鉴定委员,同任的还有徐悲鸿、于省吾、邓述存、启功,由于张伯驹家居泽清王府,有三进大院,还有一座有假山花木的花园,家中还有河南厨子,烧得一手好豫菜,所以大家常到他家聚会。当时清故宫有一批文物散失长春民间,这批文物是清朝末代皇帝赏赐给其弟溥杰的,伪满洲国垮台后,从宫中散出。张伯驹看到了一份溥仪赏溥杰礼品的清单,经过考证,这批礼品共一千一百九十八件,其中有历史艺术研究价值的四五百件。按照当时的价格,不需要耗费巨资就可将这批文物大部分收回。于是他与张大千、徐悲鸿、于省吾、邓述存、启功联名向马衡院长建议:派人赴长春城将清单内的文物如数论价收回,如果如数收回有困难,可择其精品鉴定后,论价收回。两种方案由马衡上报南京政府,可是南京政府对此漠不关心,迟迟不予批复,而马衡也进退两难。公家不收购,琉璃厂厂商早就闻风而动,钻了空子,纷纷赴长春收购名迹墨宝,囤积居奇,漫天要价或巨价转手国外。

在这种情况下,二张从中周旋,一面动员马衡以故宫的名义收购名迹,一面为防止国宝转到国外,就出巨资甚至变卖家产,从古董商手中收购了几件国宝。当时,张大千收到的名迹有五代顾闳中的《韩熙载夜宴图》,董源的《潇湘图》《江堤晚景》等等;张伯驹收到的稀世之宝有:隋展子虔的《游春图》、唐杜牧之的《赠张好好诗卷》、李白的《上阳帖》、宋范仲淹的《道服赞》等等。关于他俩是如何收藏这些名迹的,我曾在《张伯驹的稀世之宝》及《张大千的收藏》两文中有过记载,此处从略。

再说张大千信约张伯驹赴香港会晤,张伯驹虽然未能赴约,但联系并未中断。1981年春,"民盟"主办的中山书画社拟在北京举办郑成功纪念画展,作为书画社社长的张伯驹,又想起远居台湾的老友张大千,就让潘素绘了两幅芭蕉,亲自修书一封,连同两幅芭蕉托友人捎到台湾,再次邀请张大千回大陆参加书画家的联谊活动,并请大千选一幅较佳者补画。孰知张大千正在病中,不能作画。隔了一年才在两幅画上分别补上波斯猫和素装仕女,并分别题句。在补猫的画上题道:"壬戌之夏,潘素大家远寄大作,命为补笔。时方大病新瘥更兼目翳,有负雅意矣。八十四叟爰,摩耶精舍。"在另一幅补绘的仕女画上题句道:"壬戌夏四月既望,潘素大家远写笔妙,命予补写团扇仕女,落笔惶恐。八十四叟爰,摩耶精舍。"张大千在补写这两幅画时,也许张伯驹正在病中,无从得悉。因此当这两幅合作丹青,几经周折捎到潘素手中之日,张伯驹已故去数月,再也见不到故友隔海遥寄的这两幅充满情意的书画了。

不过,张伯驹在临终前仍念念不忘远居台湾的老友,期望台湾与大陆的兄弟姐妹早日团聚,并吟出了一首感人心扉的诗篇:

别后瞬经四十年,沧波急注换桑田。
画图常看江山好,风物空过岁月圆。
一病翻知思万事,余情未可了前缘。
还期早息阋墙梦,莫负人生大自然。

张大千与台静农

在张大千的诗文艺友中,多为旧体诗词文学的高手,而新文学的作家似属不多,老舍、熊佛西、叶圣陶与张大千均有诗文往还,但只能说是泛泛之交;柳亚子因与其兄张善子的交情,交往要多一些,但也只有30年代初期的一段时日。真正称得上交往长、交情深,且在艺事上多有切磋的"生死之交",只有两人:一位是张目寒,另一位是台静农。台静农,字伯简,安徽霍丘叶家集人,1903年生,比张大千小四岁,所以张大千称他为静农老弟。

谈起台静农与张大千的交往,怕要追溯到半个世纪以前了。1936年,张大千应南京中央大学校长罗家伦、艺术系主任徐悲鸿之聘,任中大艺术系教授,每周往返于南京、苏州之间,在南京的落脚处,就是老友张目寒家中,而台静农也是张目寒的同乡好友,当时台静农路过或客居南京,也落脚张目寒家中。也许正是在张目寒的家中,台静农结识了画坛上名声大噪的张大千。据台静农回忆:"有次在目寒家客厅,(张大千)一面作画,一面同三位朋友说笑,画一完成,即钉在墙上,看'亮不亮'。这是我第一次才听到画法上有所谓'亮'这一名词,其实就是西画法的'透视'。"(见《为艺术立心的大千》)这次会晤给台静农留下了深刻的印象,以至

台静农访大千先生于摩耶精舍

他在四十多年后，回顾与张大千的交往逸事时，最早提到的就是这一件。

青年时代的台静农，血气方刚，致力于新文化运动，对传统的中国书画难免有一些偏见，甚至认为习字是封建余毒，会玩物丧志。可是，中岁饱尝北洋政府及国民党政府追捕的忧患，尤其是尝尽日寇入侵、颠沛流离的亡国之痛后，为了寄托性情，他也静坐书斋习起书法来了，而且越写越有兴味，一写数十年，终于由"五四新青年"，变成了一个名扬海内外的著名老书家。他的文名还倒为书名所遮了。

台静农的书法，最为人称道的是行书和隶书。他的行书是先学王觉斯，再学倪元璐，由王入倪，再由倪化台（化成自己的书体）。

他写倪字，写得出神入化，被张大千称为倪元璐逝世三百五十年后的第一人。

谈起台静农临写倪元璐书体，与张大千还有一段有趣的翰墨缘分。早在抗战初期，台静农由厦门内迁到四川江津县，任白沙女子师范学院中文系主任。蛰居江边，教书之余，乡居无俚，他便从逃难的行箧中拣出了仅存的一本印本帖书——《王觉斯赠汤若望诗卷》，观摩临写了起来。王觉斯，名铎，是明末清初书坛上，与黄道周、倪元璐齐名的一个大书家、诗文家，但在清兵入关后降清，他高居庙堂，所以人品上颇遭士人非议。台静农临王铎法书的消息传到了他的老师——著名书家沈尹默的耳中，沈尹默写了首诗给他，其中有两句写道："最嫌烂熟能伤雅，不羡精能王觉斯。"

沈尹默认为，王觉斯的字太甜媚秀丽，尽管于书道精能烂熟，但伤风雅，故而不足取。也许是沈老先生在品书时加入了对王铎人品的非议。台静农觉得老师的话有道理，遂不再临王铎。一日，他到同在白沙镇上居住的张大千的大师兄——曾李同门的大弟子胡小石书斋过访，见案上放着一部《书道全集》，顺手取来翻阅，当翻到倪元璐的字，一见之下，大为倾心，就借回家临写。

台静农写倪字写了一段时日，一次他写信给他的同乡好友张目寒，恰巧被张大千看到，张大千对时隔数年不见的静农老弟的字，大为欣赏，认为他写得一手倪字，可惜尚未完全得到倪字的精髓。张大千平生十分推崇倪元璐的人品和书品。倪元璐，号鸿宝，是明朝崇祯年间的吏部尚书，也是明末代皇帝崇祯自缢当天，与夫人一起上吊殉节的遗臣。每谈及倪氏"从容而死"的情节，张大千总要加上一段评论："其实像崇祯这种听信奸臣的昏君，一般人不反你就够好了，倪鸿宝居然能这样死而无悔。"张大千由推崇倪元璐的人品，兼及敬重倪氏的书品，注重收藏倪氏的墨迹。倪氏真迹传世不多，可是据张大千说，曾收藏过十张左右倪元璐的字。话说张大千看了台静农的这封倪体书信后，马上命学生把收藏的一幅倪元璐自书《体秋》诗条用双钩法钩出来，派人从青城山送到白沙镇的台静农手中。台静农手中并无倪元璐的真迹，得到了这幅双钩倪字后，自然欣喜异常，视同真迹一般奉为典则，更加奋发临写倪元璐。

　　台静农与张大千的这段倪字翰墨缘分，至此还没有最后了结。事过四十年后，张大千从美国回台湾定居，住在台北摩耶精舍，与同在台北居住的老友台静农见面渐多，台静农寓处叫龙坡精舍。两位均以"精舍"作为自己寓所的老人，除了表面上取意于旧时的书斋、学舍之义，实际上是将这个精舍当作自己精神上的最后归宿，所谓"定心在中，耳目聪明，四肢坚固，可以为精舍"(《管子·内业》)。有人注道："心者，精之舍也。"至于张大千以"摩耶"命名精舍，自然是取意于佛教传说。相传摩耶乃释迦牟尼的母亲，腹内有"三千大千"，由此摩耶精舍也就是大千精舍之意；而台静农以"龙坡"命名精舍，也正是取意于自己是龙的传人，是炎黄子孙。

　　奇妙的是，张大千在台北外双溪畔寓所的门额上挂着的一块巨幅横匾——摩耶精舍，正是老友台静农以变化了的倪字挥写的榜书；而张大千在摩耶精舍欢度八十寿辰时，事先请老友撰写了寿序，而书体正是台静农从倪字演变而成的"台书"。寿序中有一段写道："千数百年绘事，至清季而益衰，吾兄大千始以石公风格，力挽颓风，大笔如椽，元气淋漓，影响及于域外……世论吾兄起衰之功，为五百年所仅见，余则以为整齐百家，集其大成，历观画史，殆无第二人……"据张大千的秘书冯幼衡女士回忆，大千居士八十初度那天，"当时他正患病躺在中心诊所休养。来探望他的人络绎不绝，花篮摆满了病房，热闹极了。等到一个比较静寂的空当，我念了一会儿台先生为他撰的《八十寿序》给他听（指上段引文），他忽然神色落寞地说：'我实在惭愧得很，平日画的都是别人要我画的，其实那些画都不是我内心真正想画的。'"台静农序中说张大千在画史上的最大成就是"整齐百家，集其大成"，这是极高的赞词，赞中也有微词，稍逊独创。聪明绝顶的张大千听出了知音的弦外之音，所以说了上面那段神色落寞的话。

张大千请台静农题写晚年精神所托的"摩耶精舍"的匾额，又请老友为他撰写了《八十寿序》，可见张大千对老友台静农书法、文章的倚重和推崇。他认为台静农晚年的书体已从倪字中变化而出，不尽是倪字风貌，已经凌越到更高的境界，形成了他自己的风貌。

难怪张大千将后事遗嘱安排完毕后，在临终前一年的病中，思前想后，想到自己手边还剩下一些收藏，深觉自己一辈子爱这些书画，未尝不是精神上的一种负担。他想到除了将收藏中的珍贵名迹绝大部分捐给台北故宫博物院外，还有少部分应该"宝剑赠英雄"，托付给应该托付的人。他想到了手中还珍藏一幅倪元璐的真迹，这幅倪字真迹，是他心爱的宝物，伴他辗转了一生，真所谓"东西南北只有相随无别离"。他平生先后收藏过十幅左右的倪字，其他几幅因经济上的原因，都相继卖了出去，只剩下这一幅倪字了。他生怕自己会在意志不坚定时，把这幅最心爱的倪字又给卖掉了。因此当他一出院，当机立断，毅然拣出了这张倪字，送给了老友台静农。了却这桩心愿，他的心头仿佛放下了一块石头，自觉十分高兴。四十多年前，因为一个偶然的机缘，台静农借张大千之助而临倪元璐的字，而今成为张大千口中"三百五十年来写倪字的第一人"；而今"宝剑赠英雄"，把自己所爱之物托付给这位写倪字的"状元"，还有什么比这让张大千更为高兴的呢？（见冯幼衡《大千

居士赠宝记》)

难怪台静农听说张大千病情恶化,要在老友逝世前夕,为冯幼衡出版《张大千的生活与艺术》一书赶写了一篇序言——《为艺术立心的大千》。这篇序言完稿于 1983 年 3 月 21 日,离张大千逝世只差十天。张大千逝世后,他又含着老泪,用出神入化了的倪字,写下了声情并茂的一副挽联:

宗派开新名垂宇宙丹青手;园庭依旧恸绝平生兄弟交。

张大千与赵无极

在旅居海外的现当代中国画家中，能够以自己的作品步入世界画坛，并在世界画坛上占据令人醒目的一席地位的画家，为数不多，甚至屈指可数。而张大千和赵无极，就是屈指可数中的两位。

张大千与赵无极去国旅居海外的时间前后相差近两年。赵无极去国在前，1948年2月抵达巴黎；张大千离开大陆在后，1949年底才飞离成都。不管他俩去国离乡的客观动机有多少相异，但是在主观上，有一点恐怕在两人心中是相通的，这就是要用手中的这支

赵无极

笔,到国外去打一打擂台,打一个天下。尽管当时的张大千,已年抵半百,到了知天命之年;而赵无极年方二十七岁,未到而立之年。尽管张大千当时已名扬大江南北,是一个知名度很高的中国画家了;而赵无极还是一个刚从杭州国立艺专毕业不久的青年学生。

张大千与赵无极相识在1956年夏天,地点是法国巴黎。这一年张大千到巴黎先后举办了两次画展:一次是在东方博物馆举行《张大千临摹敦煌石窟壁画展览》;另一次是在卢浮宫美术博物馆举行《张大千近作展》。在他逗留巴黎期间,曾由郭有守(曾任过国民党四川省教育厅厅长)陪同,去拜访过旅法画家张玉良、常玉、吕霞光等。赵无极就是在张大千的来访中才得以结识并订交的。据张大千的回忆,当年的赵无极曾请他到家中吃了顿饭。席间,赵无极请他尝尝亲手烧的腰花,张大千说,外国的腰子腥,不敢吃。赵无极说,我已经处理过了,保证没有怪味道。结果他夹了一筷子腰花,尝了一口,大呼上当。倒是赵无极的太太烧的红烧鸡十分好,使他频频投箸。

应该说,张大千在巴黎举办画展,是他在西方艺术的中心投石问路,看看自己的作品在西方艺术世界究竟能引起多大的反响。结果反响还可以,尽管没有像在东方世界那么大,但是也赢得了西方艺术评论界的注目,一位法国著名评论家但尼·耶华利评道:张大千"在接受中国传统下,又有独特的风格,他的画与西方画风对照,唯有毕加索堪与比拟"。

说来也巧,正当张大千在卢浮宫举办近作展期间,他从报上获悉,年已七十五岁,深居简出的毕加索将于7月28日到巴黎市郊坎城附近去主持一个陶器展的开幕式。张大千很想借此机会,见一见毕加索。他与毕加索素昧平生,怎么相见?于是他就拜托赵无极,请赵无极代为联系,谁知赵无极十分为难地说:"这件事不好办，多半要碰钉子。"赵还说："西洋人见客都是事先要订约会的，毕加索不可一世的架子，他固然是西方画坛的一代宗师，朋友们说你张大千也是可以代表东方画坛的大师，万一你去拜访他，碰了钉子，如果又被新闻记者知道了，报上一登，岂不自讨没趣，丢人的不只是你张大千，岂不使来自东方的艺术家都没有面子？"（见谢家孝《张大千的世界》）张大千要见毕加索，旅法的朋友们（包括赵无极）出于维护张大千的面子（实际上是维护旅法的中国画家的面子，包括自己的面子），所以纷纷劝张大千不要去碰毕加索这个钉子，当然，张大千最后还是通过翻译，毛遂自荐地见到了毕加索。毕加索也并不像人们传说的那样盛气凌人，不可一世。不过，从这件事，可以反映出当时旅法画家的心态——一种民族自尊心、自信心混杂着某种民族自卑感及中国画家的自卑感情绪。

而当年的赵无极，已经作为一个职业画家在巴黎画坛上初步站稳了脚跟，正面临着创作上的一个新的突破，也可以说是艺术本源上的中西冲突和回归，这确是一种十分有趣的艺术现象。早在赵无极十四岁考入杭州艺专，从师林风眠学的就是西洋画，与他的老师林风眠一样，醉心于西方印象派。不知为什么，青少年时代的赵无极对传统的中国画有一种不屑一顾的偏见。据说，在杭州艺专当学生期间，有一次在中国画的考试中，他竟在纸上用墨涂了一团黑，写上"赵无极画石"的款识。这无疑是与国画老师潘天寿开的一次莫大的玩笑，引得潘天寿大怒，差一点儿遭到开除学籍的处分。可是，当他离国到了他梦寐以求的巴黎，及至遍游欧美，看到了许多西方名作后，他却对中国的艺术产生了越来越强烈的兴趣，诸如中国书法的线条，类似符号似的甲骨文、钟鼎文都使赵无极着过迷，变成了他创作中的触发点。同时，他对传统的中国画也开始产生了兴趣，据张大千私下透露，赵无极在巴黎时，曾将他所画的传统山

赵无极在画室中

水及花鸟作品给他看过,当时张大千毫无保留地对他这些作品给予了极高的评价。难怪赵无极在1961年的自述中,要这样说道:"如果在我成为艺术家的过程中,不能否定巴黎的影响,我必须同时指正:随着我的成长和自信的确立,我逐渐发现了中国。中国与生俱来的出现,在我最近所有的作品中,似非而是的,是由于巴黎,我才回归到根深的本源。"

如果说,巴黎是作为一个学西画的中国画家赵无极艺术回归的桥梁;那么对坚持传统绘画的张大千来说,巴黎则是他学习、借鉴、吸收西画艺术营养的桥头堡。当年张大千在巴黎一连住了三个多月,对西方各种艺术流派包括抽象绘画做了一番较详尽的考察,几年后,果然在自己的创作中出现了新的泼彩技法,出现了色彩斑驳,形象混沌,介乎具象与抽象之间的泼墨、泼彩山水画。有人说,这是他在巴黎会见毕加索后出现的变化。笔者认为,在巴黎会见毕加索,固然对他后来的画风丕变是一个因素,但是也不要忽视张大千与赵无极由相识到相交这个因素,尽管张大千没有直接谈到过当年他对赵无极的抽象绘画看法,可是赵无极的抽象绘画能在巴黎画坛上立足的事实本身,也对善于窥测西方画廊市场信息的张大千是一个信息反馈。要知道,50年代的西方世界,正是抽象艺术的复兴时代,而巴黎又正是居于这个复兴时代的中心。

张大千与赵无极的最后一次见面,是在二十多年后的台北摩耶精舍。这时的两位艺术大师,都已在世界画坛上占据了醒目的地位,也可以说,在艺术上均达到了功成名就的地位。据张大千的女秘书冯幼衡在《艺术家与上帝》一文中记载:这一次相见,在宾客云集的摩耶精舍客厅里,两位老朋友一见面,就"把臂话当年",说起了赵无极在巴黎家中烧的猪腰子。

"无极兄,你记不记得?以前在巴黎你要我去尝你做的猪腰,我说外国的腰子腥,不敢吃,你向我保证你处理得好,绝没有怪味道,结果我还是上了当啊!倒是赵太太那天的红烧鸡好得不得了。"

赵无极在一旁微笑,继而凑趣地以四川话答道:"哎呀!大千先生,原来你到今天还没有原谅我。"

话题转到了抽象画。在座有人问张大千,对赵无极的抽象画当作如何看?只见张大千顺手摸了摸胡子,慢声慢语地套用金刚经中的四句偈语言道:"若以色见我,以音声求我,是人行邪道,不能见如来。"

这真是玄而又玄的妙语天机,使在座的客人为之一怔,一怔之余,又纷纷议论。一种是,抽象画本来就是一种不落言诠的艺术形式,正像佛曰"不可说,不可说"的境界,如果强作解人,反而不美。另一种是，抽象画是一种内观返照，即兴而求的艺术表达过程，和其他艺术形式比较起来，它是离形迹之间，超耳目之外的，若是执着于色相，迷惑于尘俗，反而不能直探其本来面目。

张大千或许怕自己的话玄机太重，又补充了一句道："唐代司空表圣所谓'超以象外，得其环中'也是这个意思嘛！"

好个超以象外，得其环中。何谓超以象外，艺术家的心灵何其自由，可以上天入地在无垠的宇宙间恣意遨游，这就是超以象外了；何谓得其环中，环中就是艺术家的内心准则，思辨准则，艺术准则。串联起来也可以说"从心所欲不逾矩"。

谈兴一起，张大千索性撂下一句豪语："有人对我说，你们艺术家简直跟皇帝一样神气！我回答说：做皇帝才不过瘾哪，皇帝还要受人管，我们艺术家最起码要做上帝！因为艺术家可以创造天地嘛！"刚说完这句话，他马上又询问赵无极的意见："无极兄，你认为如何？"

赵无极则始终微笑不语，似乎是首肯，似乎又是不得已地默认。

在这次会见中，张大千的谈锋像天风海雨，一波又一波地迭起，而赵无极的风范是"不著一字，尽得风流"。在比他长一辈的老艺术大师面前，采取这种态度，或许在赵无极看来，是一种最佳的选择。

两位步入世界画坛，在画坛上享有盛誉的大画家，虽然一东一西，分属两大画派，然而彼此之间并非冰炭难容，而是"心有灵犀一点通"的。通就通在他俩都是中国人，都具有中国人的艺术气质。因此在赵无极的抽象画中，不管是油画也罢，水墨画也罢，总可以发现，他除了以甲骨文的线条，青铜器的色彩入画而外，在他最动人的作品中，从那些颤动、断续的线条笔触里，依稀令人想起它和王叔明山水画中细笔皴出的一片山头竟有着神似的面貌；而属于赵无极画中独有的空灵纤细的气质，必是来自东方的源头活水，一些梦幻迷离的画面，也洋溢着中国人独有的心灵编织出来的诗情。总之一句话，赵无极的作品中深具东方艺术的内涵。而张大千60年代以后的作品，也从传统的中国画中超拔而出，吸收了西方绘画的艺术营养，在构图造型、光色、笔墨处理上骎骎然具有世界性的风貌，但万变不离其宗——东方艺术之宗。以艺术家的相知相赏，张大千推崇赵无极是绝顶的天才，而赵无极对张大千也佩服无已。据说，赵无极在巴黎要执意拜张大千为师，要向他学习"张天师画符"的法子，可是张大千坚持不受。

在摩耶精舍会见的最后一个节目是互相题赠画册。当赵无极向张大千递上自己的画册敬请指正时，张大千仔细地阅读了其中的每一幅画，一手比画着其中一幅画某一部分画得真精彩，他认为赵无极的画比过去又有进境，又有新貌了。看完赵无极的画册，张大千慎重地在自己的画册上题道："无极道兄赐教，大千弟张爰。"这个称呼够谦虚客气的了，可是赵无极在自己画册上的题款更是毕恭毕敬："大千吾师诲教，生无极。"青年时代的赵无极，在巴黎一心要拜张大千为师，未能如愿，那么就在自己步入花甲之年的时候，在自己的画册上叫张大千一声"吾师"，也算了却一个心愿。这也许是赵无极此时此地的一种心境。

两位以打擂台、打天下为己任，而艺术领域，又都是"当仁不让"的"上帝"，可是回到现实生活中做人的时候，他们又是那么温良恭俭让，充满着中国人的君子之风，真可谓亦狂亦儒亦温良的两位艺术大师。

张大千与毕加索

现代美术史上两位东西方美术大师——张大千与毕加索，生前仅晤谈过一次，可是这一面之交竟轰动了当年巴黎的新闻界，并由此演绎出种种传说，三十年来历久不衰，大有"白头宫女说玄宗"之况。传说之一是毕加索见了张大千的第一句话就是："我看了你的画展，但是在展厅中怎么没有见到你的作品？"传说之二是，毕加索拿出自己仿齐白石的几本中国画习作请张大千看，张大千看后对毕加索说："在这几本作品中，我没有看到你的作品。"传说之三是毕加索为张大千画过一幅速写抽象肖像，这幅肖像画得像鬼脸壳子。第一、第三种传说，在美术界流传较广，我先后从好几位画家口中听说，由此引申出张大千的晚年画风丕变是由毕加索的批评引起的。第二种传说，是最近从一位年轻的收藏家口中得悉。为此，我曾向当时正在巴黎访问，并且分别见到过张大千和毕加索的老画家张仃请教求证，他回答道："第一种传说我听说过，不过不是在当年的巴黎，而是在二十多年后的北京。"

前几种传说，作为画坛上的一般逸闻，大可不必深究。但是作为两位有影响的艺术大师，尤其是代表了东西方现代绘画一定高峰的艺术大师，全面地了解他俩的艺术思想的交流，以及彼此的艺术

张大千与毕加索

见解,对研究现代美术史的读者,以及美术爱好者来说,是不无裨益的。

我的手头有两篇张大千写的谈毕加索以及这次晤访的信函和文章。一篇是1973年毕加索逝世后,张大千应香港《大成》主编沈苇窗之约,写的有关毕加索其人的短函;另一篇是1975年他为台湾历史博物馆展览毕加索晚期创作而写的序言。手头还有一部《台湾时报》记者谢家孝先生写的《张大千的世界》——其中有一章,专写张大千访晤毕加索的前因后果及会晤详情。由于谢氏采用口述实录体,此书又经张氏过目,所以接近第一手材料。现在就以这三篇文字为依据,写一写"东张西毕"的艺术交往。

张大千访晤毕加索的时间是1956年7月29日中午,地点是法国坎城附近的尼斯港毕加索别墅。

当年六七月间,张大千的确先后在巴黎举办过两次画展,一次是张大千临摹敦煌作品展,展出于东方博物馆;另一次是张大千近作展,展厅是卢浮宫博物馆。而张大千访晤毕加索的前一天,正值毕加索在戛纳主持一个陶器集会的开幕展。

据张大千自述,他访晤毕加索是他主动去定的约会,而"有些人写文章说我跟毕加索是巧遇撞见的,有些说是毕加索参观我的画展后,邀请我去见面的,这些都不对"。

张大千为什么要访晤毕加索?他对谢家孝说过:"应该说最早的动机是起于《大公报》。有一次一位朋友剪寄一页《大公报》给我,有一篇文章的题目是《代表毕加索致函东方某画家》。内容居然是以毕加索的口气大骂张大千,骂我是资本主义的装饰品等等。"(见《张大千的世界》)当然,也有"钦其创作之潜力,亦示敬老尊贤之意"(见《毕加索晚期创作展序言》)。

谈及访晤毕加索,张大千说:"我们是中午11点30分准时前往,他欢迎我们在他的大画室里落座,除我夫妇以及翻译外,没有其他的人。我一坐下,他就捧出五大本他的作品,他说他也学中国画,请我看他的作品,要我老实不客气地给他提意见。"

据张大千估计,每本画册有二三十张,五本总共有一百多幅。他打开一看,"画的多花卉虫鸟,一望而知是拟齐白石的风貌,笔力沉劲有拙趣,而墨色浓淡难分"。他就对毕加索说了一些中国毛笔刚柔互济,含水丰富,用好了可墨分五色,以及中国画重写意不求形似的道理。毕加索点头称是。据谢家孝记录,这就是张大千看了毕加索仿齐白石作品后的观感。

那么毕加索谈了一些什么?张大千回忆道:"他开门见山第一句话就令我吃了一惊,他说:'我最不懂的就是你们中国人何以要到巴黎来学艺术?'"

"我以为翻译有出入,请他解释,毕加索说:'不要说法国巴黎没有艺术,整个的西方、白种人都没有艺术!'我只好谦答你太客气了,他再强调一句说:'真的!这个世界上谈到艺术,第一是你们中国人有艺术;其次是日本的艺术,当然,日本的艺术又是源自你们中国;第三,非洲的黑种人有艺术,除此而外,白种人根本无艺术。所以,我莫名其妙的是,就是何以有那么多中国人、东方人要到巴黎来学艺术!'"

毕加索的这段话,出自谢氏的笔录,事隔数年后,张大千在《毕加索晚期创作展序言》中又复述过,语意一点儿也不差,所不同的是,谢家孝用的是白话口语,《序言》中用的是文言。对于毕加索的这段话,张大千的感想是:"这些话,我说出或许学西画的朋友听了会不高兴,但确是毕加索亲口对我说的;而他是学西洋画的当代大师,由他私藏中出示他在学摹中国画的习作那么多,足证他说的话不是客套。当然,毕加索在自我摸索中探寻中国画的奥秘,过去对西方绘画界都是极大的秘密,如果不是他当面与我讨论,他已经有了那么多习作,他还要我送他中国画笔,否则,别人告诉我说毕加索在学中国画,我也会怀疑。"

据谢家孝记述,这次访晤,两人论画到此为止,尔后就是用餐。这里既无毕加索对张大千画展的评论,也无张大千看了毕加索仿齐白石作品后的那段"看不到你的作品"云云,设身处地,从情理上推断,两位初次见面的东西方艺术大家,也不可能如此不客气地互相批评对方。

关于毕加索是否参观过张大千的画展,以及如何评说张氏画展,张大千从未提及,我也没看到过有关这方面的文字报道,所以不敢妄断。但是张大千论毕加索其人及其创作倒还有几段文字,引录如下。

第一段文字见张大千致沈苇窗的信函:"苇窗兄,昨于电话中承询毕加索种种,弟与之无深交,已就所知简告。弟以此公有两点:一玩世不恭,二神经不正常,所以造成那不为世俗所拘的画派。至于我国道家思想,超以象外,得其环中,似有不同,弟不敢作评论,有待于艺术批评专家也。"这封信函写于1973年4月18日,距两人会晤十七年之后,也正值毕加索逝世后不久。从信函的内容看,对毕加索似有不敬,一曰玩世不恭,二曰神经不正常。由论人到评画:不为世俗所拘的画派。

第二段文字,是1975年写的一篇《序言》。也许是张大千听到艺友对他在《大成》杂志上发表的那封短函有些议论;也许张大千也意识到前封短函写得"仓卒草率",有偏颇之词;也许他又翻阅了毕氏画集,对毕氏创作全面地进行了一番研讨,所以在序言中论毕氏创作就有分析,有见解。序中写道:

> 毕氏之作,见于画肆者,与传统西画有异,而其思想内容,实亦基于西方。早期所倡立体主义,乃循塞尚之立论从事理性创作,而吸取黑人雕刻之犷野,突破写实之约束,不过强化其表现而已。其后,立体主义已为欧西现代艺术之里程碑,其影响于后进而导致新风者,固无伦矣,而毕氏颇不以此自矜,日以新构思以试新创作,一变再变,乃至于千变万变,曾无稍懈。

毕加索在艺术上为什么能一变再变,不断创新呢?张大千认为:"论者每重毕氏之创造,而其创造之本源,实为深厚之造诣与功力。故其晚岁之作,线划之顿挫,与空间之处理,非西方画家所能跻及也。"

关于毕加索为张大千画过一幅速写抽象肖像一事,海外报刊上确实有过刊载,从五六十年代一传再传,传到80年代。谢家孝曾就此事专门问过张大千,张大千解释道:"毕加索向来很少送人画

张大千与毕加索互赠作品,左为毕加索赠画《西班牙牧神像》,右为张大千赠画《墨竹》

的,西方画家也很少在画上题款的,但是那天他送给我的画很特别,他当时就题为'给张大千',是不是就因为这几个字,画的又是满脸胡子的面孔,才被误会成是毕加索给我绘的速写像?后来我还听说有人就画面解释,说毕加索画的张大千抽象画,一边胡子长,一边胡子短,那是强调他对张大千的印象。我想这些都是牵强附会之说,以讹传讹。"

"毕加索怎么会选中这一幅画送您呢?"谢家孝问道。

张大千指着他的夫人徐雯波说:"这要问我太太啰,她还后悔得不得了呢?"

事情是这样的,前面提到毕加索曾经捧了五大本画册请张大千观摩,张大千一幅一幅看,一幅一幅地谈,当看到这幅画时,当时他无以名之,只觉得画得很怪,像鬼脸壳子。坐在一旁的徐雯波不由好奇地问:"这张画的是啥子呀?"毕加索说:"画的是西班牙牧神。"毕加索以为张太太对这幅画感兴趣,于是问道:"画得好不好?"徐雯波当然只能说很好很好,很好的结果是毕加索破例题名送画。

张大千的结论是:"鬼脸壳子就是这么来的。毕加索从来没有说过这是给我画的像,我也没有资格做西班牙牧神。"

不过事隔六年后,也就是1962年,张大千却收到了毕加索寄给他的一本印刷品画册,画册中有二十七幅人物,幅幅都是画的张大千,有关这些作品,张大千在美国环荜庵居住期间,他的女秘书林慰君与他有如下一段对话:

林问:"那些画里,您在做什么?"

张答:"他画我在野餐,那是根据马奈的《野餐》所改变而成的。"

问:"画里还有什么人?"

答:"还有裸体女人。"

问:"在画中您穿的是什么衣服?"

答:"在他的画中,我穿的是一件黑袍,头上戴着一顶东坡帽,因为我和他见面那天,我戴顶东坡帽,这顶帽子还是苇窗在香港做了送给我的,身上穿着一件披风。"

问:"他把您画得怎样,像不像您?"

答:"头几张还好,后来越变越难看,越来越怪了。"

问:"您可否把这本画册找出来,给《大成》登载?"

答:"可以,我叫葆萝找一找,明天给他寄去。"

问:"您也看过毕加索的一些不奇怪的画吗?"

答:"看过。他年轻时所画的画最好,那时的画真是一点儿也不怪。"

问:"为什么后来他改变作风了呢?"

答:"我想是因为他年轻时画得那么好,却卖不出去。那时他很穷,生活很苦。到后来他出名了,于是就故意乱画,也是表示玩世不恭的意思。"

　　林慰君记载的这段张大千谈毕加索,收在她的《环荜庵琐谈》一书中。可见毕加索为张大千写像一说事出有因,但不是《西班牙牧神像》,而是一本画册,不是一幅,而是二十七幅。这段逸闻大陆很少有人知道,更没有人在报上披露过,特此摘抄于上。

　　投桃报李,毕、张巴黎会晤之后,张大千也曾给毕加索寄赠过一幅《墨竹》和几支中国毛笔,墨竹图上采用中国画传统的题款方式,款署:"毕加索老法家一笑,丙申之夏张大千爰。"

张大千与张群

张大千说:"岳军的眼力不见得比别人好,但是他手头收藏假的东西很少,因为他信任朋友的判断。"

张群说:"大千和我最初相识于上海,抗战期间又同在四川,当时我的先后职位是上海市长和四川省主席,大千不太喜欢接近官员,我们相处熟而不亲。那一时期,我所得大千书画,都是购买的。"

张大千是一位经历非凡的传奇人物。他驰骋画坛六十余年,读万卷书(画),行万里路,踏遍名山大川,结交了上百成千的朋友。在这些友人中,有前清遗老遗少、文人墨客;有书画名流、诗词高手;有金石家、古董商、金融家、裱画匠、饭庄掌柜、画店伙计;有戏曲艺人、报馆记者、寺院方丈,乃至算命先生、帮会袍哥;更有政界巨头、军界要人……真是三教九流、无类不有。张群就是其中之一。

张群,字岳军。1889年生,比张大千年长十岁,四川毕阳人,与张大千是同宗同乡。张大千称他为老长兄、老乡长。

读者也许会感到奇怪,一个毕生从事艺术创作的,没有参与任何政治党派,自己又一再声称"只动手(作画),不动口(讲演)",

1982年4月23日张群与张大千摄于台湾电视公司剧场

不愿过问政治的艺术家，为什么会与一个毕生从事政治活动的老牌政客结为深交呢？究竟是什么力量，把这两颗似乎分属不同轨道运行的行星，连接得如此紧密而融洽呢？

话还得从20世纪20年代后期，他俩在上海相识谈起。那时，张大千还是一位不到而立之年的青年画家。他客居上海多年，发愤治艺，跻身上海画坛，以卖画为业。青年时代的张大千，正醉心于石涛、石谿、八大、金冬心。他刻苦临摹这些画家的作品，学到了一手造假画的真本领。当这一步取得成功后，才以此为业——把造假画作为营生，或以假石涛换取真石涛的一种手段。由此，张大千在上海画坛和古玩商中声名大噪，他的名字几乎与石涛混同一起，成了收藏、鉴赏石涛及制作假石涛的专家。

20年代后期，在湖北身居要职的张群已经对书画古玩产生兴趣并开始收藏，尤其喜好收藏石涛、八大的书画。他风闻画坛上有位造假石涛的张大千，于是托友人向张大千求购一幅山水扇面。张大千当即铺开扇面，挥笔拟石涛笔意写了一幅山水，并题诗一首，诗曰：

奇峰高突压风雷，荒柳疏松任剪裁。

我更参禅文字外，毫端唤出石公来。

上款题"岳军仁兄法正"，下款署"丁卯（1927）三月大千张爰"。张群拿到这幅扇面一看，甚加喜爱，又求购了一幅"冬心笔意"的花卉扇面。正是这两幅扇面，使张群与张大千结下了书画缘。

过了两年，张群调任上海市长。张大千得悉上海首席长官嗜好收藏书画，尤嗜石涛、八大，为了观赏张群收藏的苦瓜、雪箇，他在一位忘年交的画友兼学者庄蕴宽的家里，结识了庄蕴宽的女婿——张群的秘书冯若飞。冯若飞是一位能诗能画的幕僚，在他的引荐下，张大千登门拜访了这位同宗同乡的首席长官。关于这段交往，张大千后来在一篇序文中这样写道：

庚午、壬申之际（1930—1932），予居上海。华阳张岳军兄适为市长，相见甚欢。二人同嗜石涛八大书画，每有所得，辄相夸示。岳军得石涛《写杜诗册》、楷书《道德经》及八大写东坡《朝云轴》，颇以自矜。予得石涛《写陶诗册》、真书《千字大人颂》、宝掌和尚画像、八大画山水人物册，意欲胜之。盖石涛八大并以山水花卉著称，人物独少见。予此二册，一卷一轴，以为绝无仅有者也。尔时好事争奇，以此为笑乐。最后岳军得石涛所绘《通景屏风》十二幅，先师李文洁题为"天下第一大涤子者，生平所见实以此为最"，予乃折服。（见《张岳军先生印治石涛通景屏风序》）

这段文字生动地描述了青年时代的张大千与张群在一场"石涛收藏战"中争奇斗胜的趣闻。看来，张大千折服于张群的，倒还不全是因为张群能够不惜重金，以3600元大洋的巨款从破了产的地产大王程霖生手中购下了这部"天下第一大涤子"，而是赞赏张群并没有将这部珍品藏诸笥箱，束之高阁，却将其影印，赠诸友好，公之于世。所以张大千发出这样的感慨：

> 且物聚于所好，有所聚必有所散。予数十年之收藏，海内外友人谬许以为精富，然兵火却余，柴米见易。今居荒村，更于何有？三年前曾印影存者数册，其用意正与岳军同。今数册所载，亦多散失。暇时偶复展视，未尝不念石涛八大，每念石涛八大，未尝不念岳军。（同上序）

这也是张大千为张群印治石涛《通景屏风》作序的主旨。

张大千对张群待人的态度也颇钦佩。一次，他在台湾与友人谈到收藏字画的趣事，讲到一本石涛册页，他沉思了一会儿，颇有感触地说："岳军先生从政，我对他政治上的成就倒不是最佩服，但他的为人真了不起！"

那是抗战前发生的一件事。张群拿了八张石涛册页给张大千看，并询问他的意见。张大千说："这本是假的，真的在我这儿。"张群的反应是一声："哦？"张大千告诉张群："不过你这本题款是真的，至于真画则在我这里。"张群听了，便爽快地把册页交给了张大千，竟然连问都没有问一句为什么会出现假画真题款的情形。事情原来是这样的：这本假石涛册页是张大千的老师李瑞清的三弟——三老师李筠庵做的手脚，因为李筠庵造假画的本领不高，只好把真的石涛册页的题款挖下来，贴到他描摹的假画上，而真画上面则蒙着照写一个假题款。这样一来，既不容易被识破，而且两张都可以取信于人——这也是当时画坛上作假画最起码的换山头伎俩。

二张之交，绵延半个多世纪，从张大千方面来说，也许是出于对张群为人的推重和敬佩；而在张群方面来说，可能更多的是出于爱才,爱张大千的画,爱张大千超人的艺术才华。张群在《大千居士绘事》一文中说:"绘画一事,虽云天才功力相济为用,唯天才不世出,功力则常人所能至。旷观画史,作者如林,有能领袖一代而为后世法者,殆不可多数。盖才之小大,又因得之于天者而异。如大千居士者,实我画苑数百年所未有。"

张大千曾被人推许为"五百年来一大千",张群也认为张大千是数百年所未有。张大千是从石涛起家的,而石涛却是明清五百年来的一大家。那么,石涛和张大千可有高下之分?对这个问题,张群认为:"我国画苑,自宋以后,大抵囿于前人法度,使境界窘迫,日趋衰退,其间仅有八大、石涛,能横绝千古,独辟新境";同时又指出"今大千之成就,又非八大、石涛所能跻矣"。也就是说,张大千的成就已经超过了八大、石涛,于此足见张群对张大千评价之高。为什么这么说呢?张群认为其原因是张大千不止于临摹石涛的真品,而且能追本溯源,所谓"始由八大、石涛而上窥宋元,出入各家,自成风格。犹精进不已,西去敦煌,寝馈于鸣沙石室者数载之久。于是三唐六代之秘,曹衣吴带之奇,大千皆挹之于笔端,昔宋元人梦想所不及者,大千则振而兴之"。(同上文)此外,张群认为还有另一个重要原因,即近四十年来,张大千"周游西方诸国,览其山川,考其文物,胸襟眼界之广阔,更非昔贤(包括八大、石涛)所能比拟,而画风又为之一变"。确实,张大千在艺术上不断求新创新,他的画风一生中有两次丕变,40年代赴敦煌临摹,是他创作人物画的一次丕变;60年代由"泼墨"到"泼彩",是他山水画创作上的又一次丕变。正是张大千画风的不断丕变,使他超越了乃祖师石涛的艺术成就。

在多年交往中,张群发现张大千在日常生活中,几乎都以书画为中心,与书画没有直接关系的,他大都不加理会。就拿印章来说,他虽然藏印数百方,而几乎都是平常的印石。凡是刻印、藏印的人,都喜欢搜求田黄、鸡血,张大千却没有,而且一点儿也不在乎。张群曾经带着自嘲的口气对人说过:"比起大千来,我就太杂了,我喜欢书画,可是也喜欢铜器、玉器。大千虽然搜集奇木、奇石,但都是为了长期观察、写生入画;至于一般古玩,再贵重值钱的,他都不放在眼里。"

张群赞许张大千研摩画法的专心,一再引证他在敦煌面壁三年潜心苦练的例子,认为他在这三年所下的功夫,得益极大。他在《民族艺术生活之改进与六朝画》一文中曾写道:"张大千君自抗战以来,转入后方,年来在西北艰勤研究,临摹敦煌壁画,直接对于六朝画、唐五代画、宋画为最大之努力,牺牲一切,奋斗艰难,此种勇往迈进精神,实堪钦佩,而其成绩之表现,殆有出乎吾人意外者。所成之作品,线条之整肃,设色之精湛,逼真古人,一丝不苟,恐为近数百年来所未有。"

张群与张大千讨论过明代佛像名画家丁云鹏的艺事,张大千评为"不行"。

张群问:"为什么?"

张大千答:"画人物的线条交代不清楚。"

张群又问:"为什么会这样?"

张大千答:"勾勒不行。"

张群认为,张大千的勾勒笔法是十分精到的,而这一功夫,又得自临摹敦煌壁画最多。他曾在张大千的一幅长卷白描《九歌图》的跋文中题道:"大千鉴赏之博,游踪之广,为古人所不能及,故其画艺之精,一空前史;此图乃其游敦煌后所作,其勾勒笔法师承壁画,信为神品。"

在旧中国,也确有这样一些达官贵人、军阀政客,他们出于附庸风雅,好名"招贤",结交或豢养了一批文人学士、画家艺人,为他们"帮闲"。但是,张群与张大千的关系似乎不是或不完全是这种关系。譬如《仿李龙眠三高图》,那是张大千在1943年所画,张群购得后,请著名书法家沈尹默加题;直到1982年中秋节,张大千才把原作上宋徽宗之子郓王所题的诗句补题在画卷上。

另一幅《钟秀毓灵》,是张群主持四川省政时,张大千画的峨眉金顶。当时想赠给张群,连题诗都已作成:

千里雪岭栖灵鹫,一片银涛护宝航。

五岳归来恣坐卧,忽惊神秀在西方。

但是,张大千为了避免攀附之嫌,如他跋中所形容的"一再逡巡",直到张群九十四岁寿辰,他才把这幅旧作,连诗带画,一起相赠,"以代杯酒之敬"。

40年代,张群主持四川省政之时,张大千在画业上多次得到他的关照和帮助。1943年5月,张大千携带敦煌临摹作品从西北返川,归途中因有张群与何应钦的电令手谕,才免遭关卡层层检查,使临摹作品得以完好地保存。张大千在成都和重庆两地举办名震中外的《敦煌临摹作品展》,也是在四川美协名誉主席张群的赞助下,让当时任四川教育厅厅长的郭有守拨款五万元作画展借用资金。抗战胜利后,张大千与十多名学生子侄在成都郊外租居的作画处——金牛坝,也是张群委托他的弟弟张达泗代为选择的。但是,张大千竟然无一幅字画相赠,难怪张群要发出这样的感慨:"这就是大千之所以为大千!"

据载,40年代中期,张群在成都华西坝宴请过张大千和董寿平,陪坐的是国民党军政大员。席间,一位山西驻成都办事处主任恭维张群辅弼领袖可名垂青史,张群笑着回道:"你过奖了,从古以来政坛上的人物辅弼领袖,除非大有功于生民,如管仲、诸葛亮

1982年6月27日,张大千邀张群赏梅

可名垂青史,其他人几乎全被人遗忘了。可是名画家和名写家如张大千、董寿平,如王羲之、赵孟頫,他们的成就使人百世难忘,我怎能与张、董二君相比呢?"(见邓启:《张群与周恩来》,载台北《传记文学》第309期)从这段记载中,也可看出张大千在张群心目中的地位。

50年代后,张群去台湾,张大千侨居海外,虽然远隔重洋,但张群对张大千仍十分关心。当他从友人处得悉张大千在巴西患目疾并久治不愈,便深感不安,于张大千六十八岁生日前夕,写了一封祝寿信,信中写道:

年来音问疏阔,然人遥心通,未尝不时时神驰左右也。日前目寒兄转到兄重为石涛通景题签,弥所感谢。时入清和,因忆华诞之期瞬届,重洋远隔,深以不克振衣趋贺为憾……吾兄艺事名满环宇,诚已臻于从心所欲之化境,蔚为我国之国宝，至希加意摄生，益自珍卫。

张大千在复函中写道：

> 昨奉华翰，欣慰与惭感交并，远隔重洋，故人厚我，不忘贱辰，兼辱雅教。弟久客南荒，虽年齿稚弱于兄，人皆以老大见视，友朋日少，不闻兴德之言，承娓娓清词，示以进修之道，深感不遗在远，赠人以言之惠。

1978年初，张大千在张群的安排下，从美国旧金山回到台湾，定居摩耶精舍，结束了他长达三十年的海外侨居生活。此时的二张，都已进入耄耋之年，张群也早已不是张大千的"父母官"，而纯粹是同宗同乡的知己故交。至此，张群对张大千的关怀就更加无微不至，几乎达到形影不离。

当张大千晚年创作他的最后一幅巨作《庐山图》时，张群联想到张大千的身体健康，作了两首诗赠给张大千，诗曰：

> 髯张画笔信无前，脱腕丹青万户传。
> 环宇同知一老在，艺文命脉此身肩。

> 年来时得影形俱，万里东归德未孤。
> 好节尘劳慎饮食，愿君善保千金躯。

张群深知张大千重情感，喜交游，不避尘劳，不辞应酬，所以写了这两首诗，亲自送到摩耶精舍，当面给他。还告诫道："大千，你的生活、习惯和嗜好，须要注意调整，我比你年长十岁，因为我注重休养，健康情况比较好。你再不好好地休息，爱护你自己，说不定你比我先走，还要我来为你办丧事。"张大千听后，两眼掉下泪来，张群也忍不住流下了老泪。

张群的这段话果然不幸而言中，一年多后，八十四岁的张大千果然比九十四岁的张群先走了，而年长十岁的张群果然要为老弟张

大千主办丧事。痛定思痛,张群又老泪纵横挥笔为张大千书写了一副挽联:

　　五百年国画大师,阅览之博,造诣之深,规范轶群伦,无忝邦家称瑰宝;半世纪知交莫逆,忧患共尝,艺文共赏,仓皇成永诀,空余涕泪对梅丘。

张大千与张学良

张学良和张大千曾经是海内外瞩目的两位传奇人物：一位是被蒋介石软禁了将近三十年，隐居台北的叱咤风云的少帅——发起震惊中外的"西安事变"的主将；一位是凭借着手里的一支神出鬼没的画笔，浪迹江湖，走遍天涯，在世界艺坛上纵横捭阖、风云际会的中国画大师。简而言之，一位是军界宿将，一位是艺坛盟主。

有趣的是，这两位身世经历、禀赋才干截然不同的一武一文的传奇人物，也有一段颇有情趣的奇缘佳话。这个缘，就是书画墨缘。

张学良嗜好书画，早在20年代后期，他在沈阳掌管东北军政任内就开始不惜重金从各种渠道收购古代字画名迹，紧挨着他办公室的那间储藏室，主要就是用来收藏书画的。他每得佳作，欣喜若狂，简直达到如醉如痴的程度，有时甚至独自在画室流连半宵。可惜的是，"九一八事变"后，这些珍贵书画全部沦落到日寇手中。据有人从一册油印本的张氏书画目录中发现，这批藏品有二百四十一种，六百三十三件之多。其中煊赫名迹有王献之《舍内帖》、小李将军《海市图》、董源《山水卷》、郭熙《寒林图》、宋徽宗《敕书》、米元章《云山图》，下至元明清赵松雪、钱舜举、吴仲圭、王叔明、文徵明、沈周、唐伯虎、仇十洲、四王吴恽、石涛八大之品俱备（见张伯驹：《春游琐谈》）。当然这批藏品中不全是真品，也有赝品混杂其间，如石涛、八大山人的画，有的就出自张大千之手。

1930年10月，张学良从东北易帜调北平任海陆空军副司令后，仍继续收藏古画，购得名迹，常常邀请北平著名画家到张公馆——顺承王府（现人民政协机关所在地）一起鉴赏。经这些著名画家的鉴赏，才发现自己的收藏中，有不少是张大千的"假石涛"。他大为惊异，很想结识一下这位名闻海内的"假石涛"高手。

翌年，张大千北游故都，客居长安客栈。张学良听说后，就摇起电话，给长安客栈打了个电话，让茶房找张大千接电话，张大千接过话筒。

"你是谁？"张学良问。

"我是张大千。"

"我是张学良，你今天有空吗？"

"有。"张大千吃惊地回答。

"那好，我请你到颐和园吃饭。"张学良放下电话，对管家安排了一下，然后带了两名勤务兵开车来到长安客栈。

当时张大千正在客房中与一批琉璃厂的古董商在一起鉴赏字画。古董商听说张学良要请他吃饭，就问他与张学良平素往来过没有？张大千回答没有。其中有一位客商悄悄地对他说道："张学良目前在北平可是一位最有权势的大人物了，你是不是在什么地方开罪了他？今天他请你吃饭怕是'鸿门宴'，你该小心才是！"说到这里，门开了，门房带进了三位雄赳赳、气昂昂的军人。只见为首的一位将官，年少英俊，神采奕奕，他走到一位络腮胡子的人面前，含笑问道："哪位是张大千先生？"

蓄络腮胡子的人马上站起来说:"我就是张大千,请问阁下大名?"

"我叫张学良。久仰先生大名,今日幸会。我今天请先生到颐和园叙谈叙谈!"那位青年将官说完,上前与张大千握手。

张大千想说,素昧平生,岂敢无功受请?但怕张学良听了不高兴,只得应道:"叨扰,叨扰!"说完随着张学良一行走出大门,坐进了他的一辆黑色轿车。

不到半个小时,轿车开到颐和园饭庄,谁知这家饭庄没有开门,张学良抱歉地对张大千说道:"不敬得很,那就请先生同回敝馆,随意便餐如何?"

张大千点头道:"甚好,多谢!"谁知走进顺承王府,客厅里早就摆好了宴席,只见席上坐满了北平书画界的名流,其中有周养庵、陈半丁、徐燕孙、吴镜汀、管平湖、于非闇等人,还有一些不相识的各界名人,济济一堂。这些书画家,张大千大都认识,有过一面之缘。他心中暗暗吃惊道:张学良是事先有了安排啊,果然是"鸿门宴"啊!难道他也买了我的"假石涛"不成?

张学良拉着张大千的手,走到上座,请张大千入座。张大千谦让了一番,忐忑不安地坐了下来。张学良对侍从说,请夫人也来入座。只见边门走进来二位穿着旗袍的年轻美貌的少妇,在张学良的左首入座。张大千知道,靠近他的一位肯定是他的夫人于凤至,另一位也许就是他的女秘书赵四小姐了。

张大千见有女宾入席,心中才为之一宽,心想"鸿门宴"哪用夫人入席?

张学良端起酒杯,向在座的各界名流说道:"今天请诸位来,是向诸位介绍一个朋友。"说到这里,他停了一下。就在这一刹那,张大千感到客厅里所有的目光,几乎全部射到了他的身上,他不由得脸红了起来。

接着张学良用手拍了拍张大千的肩膀说道:"这位朋友就是大名鼎鼎的仿石涛专家。"说到这里,他又停顿了一下,转向张大千说道:"大千先生,我的收藏中就有你的不少杰作!我上了你多少当啊!"说罢,哈哈大笑起来,在座的宾客也随之大笑。

"不打不相识,今后我们就是朋友了!来,为我们的相识,为诸位的相识,干杯!"

这就是张学良与张大千第一次带戏剧性的相识的情景。以后,他俩果真交上了朋友。

1935年,张学良调西安任东北军副司令,张大千在北平,以石涛笔法画了一幅《黄山九龙潭》寄给张学良。画中题了一首借景寓意,颂扬张学良雄才大略的诗。诗中写道:

　　天绅亭望天垂绅,智如亭见智慧水。
　　风卷泉水九叠飞,如龙各自从潭起。
　　黄山九龙潭瀑布,以大涤子法写奉汉卿先生方家博教。
乙亥(1935)十一月。大千,张爰。

在这幅画中,他还题了一段论黄山画派的长跋,跋中写道:"黄山皆削立而瘦,上下皆窠,前人如渐江、石涛、瞿山俱以此擅名于世。渐江得其骨,石涛得其情,瞿山得其变。近人品定黄山画史,遂有黄山派。然皆不出此三家户庭也。大千居士再题。"

虽说是交上了朋友,但是在收藏字画方面,凡是遇到了双方都喜爱的字画,他俩却是各不相让,也会发生暗中争奇斗胜的趣事。有一次,张大千逛琉璃厂,在一家古玩铺中看到了一幅新罗山人的《红梅图》,他细细鉴赏了一番,心中甚喜,便问老板出价多少?老板认识张大千,见他要买,伸出了三个指头说:"八爷(张大千行八,故有八爷之称),这是新罗山人的真迹。您要买,就凑个整数,三百大洋。"张大千点了点头，对老板说："好，我买下了。"老板赶忙说道："八爷，您就不用来取了，明天我让伙计送到您府上就是了。"张大千笑着说："好哇！明天一手交画，一手交钱。一言为定！"说完就走了。

谁知张大千走后不久，张学良带着侍卫也来逛琉璃厂了。他走进了这家古玩铺，一眼就看上了这幅新罗山人的画。他开口问老板："掌柜的，这幅画要多少钱？"老板见是张学良，赶忙赔笑说道："司令官，这幅画不能卖了，请您包涵。"张学良问："为什么不能卖？""刚才有一位先生已经订下了。"老板答道。

"他出多少钱？"张学良又问。

"他出三百大洋。"老板答道。

"好，我出五百大洋，你卖不卖？"

谁都知道，一般古董商人都是唯利是图、见钱眼开的人。张学良在北平是举足轻重的人物，有权有势，肯出高价，当然要先敬他。老板转念一想，张大千也不是好惹的，在北平，别的画家都是被琉璃厂吃的，独有张大千能吃琉璃厂。怎么办？他稍有犹豫，但还是咬了咬牙说："既然司令官一定要，那理当先敬！"说完，亲自将画从墙上取下，又小心翼翼地卷上，送到张学良手中。张学良命侍卫取出五百元大洋交给老板，转身就将画带走了。

第二天，张大千在客栈中左等右等，就是不见那家古玩铺的伙计送画来。到了傍晚，只见一位小伙计空着手进门，见了张大千就作揖赔笑道："八爷，实在对不起，让您久等了。那幅画让另一位大买主买走了，掌柜要我来向您赔礼！"张大千生气地问："哪个买走了？""少帅司令！"张大千一听是张学良买走了，知道追也追不回来了，只得叹了口气说："唉，昨天我带着钱就好啰，我晓得啰，你回去吧！"

说来也巧,三十多年后,张大千从美国到台湾探亲访友,在台北遇见了已被解除禁戒的张学良,几十年没有见面了,两位老朋友相见,自有一番人生感慨。

张大千返美前,张学良偕同赵四小姐驱车前往台北机场相送。在机场上,张学良从赵四小姐手中取过一卷东西,递给张大千说:"一点儿小礼物,不成敬意。不过,你一定要回到家中才能打开来看!"张大千双手作揖,一面道谢,一面告别。

登上国际班机,张大千与夫人徐雯波小声嘀咕:"汉卿送的是啥子东西?谜底还一定要到美国才许揭开。"徐雯波娇嗔地说道:"你呀,就是急性子。急啥子,带到家里看,老母鸡又不会变鸭子?!"飞机在东京中途休息,张大千在候机室里实在忍不住了,

张大千与张学良晚年合影

打开这卷东西一看,啊哈,原来正是他俩三十多年前在北平暗中争夺的这幅新罗山人的《红梅图》。画保存得很好,可见主人对这幅画的珍爱。

回到寓所——美国旧金山环荜庵,张大千想起这次与张学良的死生契阔的巧遇,又联想到新罗山人的这幅《红梅图》的失而复得,不由思绪翻滚,夜不成寐,这一夜,正是辛亥(1971)腊月十五,报载有月食,他披着棉披风走到庭中赏梅,直至半夜赏完月食。第二天他在画室欣然提笔,画了一幅《腊梅图》并在画上题道:

　　辛亥嘉平月十五日夜二时,环荜庵看梅,适逢月食,因成小诗并画寄呈,汉卿老宗兄哂正。
　　攀枝嗅蕊许从容,欲写横斜恐未工。
　　看到夜深明月食,和香和梦共朦胧。

1978年,张大千迁到台湾定居,住在台北双溪摩耶精舍,张学良也住在台北复兴岗附近的一座半山上。两人相见的次数日益增多,后来由张群提议,每月在张大千的摩耶精舍聚会一次,参加的人有三张一王。三张就是张群、张大千、张学良,一王是王新衡,人称三张一王团团会。三张中,以张群年龄居长,张大千居二,张学良比张大千小两岁,居三,王新衡年龄最小,居末。

1983年4月2日,张大千在台北仙逝。张群任治丧委员会主任,张学良任治丧委员。对于老友的死,张学良十分悲痛,但他未讲片语,也未留只言(挽联),只是把悲痛埋在心头,悄悄地偕同赵四小姐来到摩耶精舍的梅丘——张大千骨灰冢前奠祀致哀。

张大千与郭有守

郭有守，字子杰，四川资阳人。1920年在巴黎与徐悲鸿蒋碧薇夫妇、张道藩等旅欧同学组织"天狗会"。回国后，担任国民党教育部科长，宣传教育电影运动，著有《我国之教育电影运动》。抗日战争爆发后，他随国民政府内迁四川，出任教育厅厅长。因他精通英、法、德多国外语，抗战胜利后，于1946年转入驻外单位，出任国民党教育部驻联合国教科文组织参事，寓居巴黎。

郭有守为人热情，善于交际，文艺界友人甚多。20世纪30年代，寓居南京傅厚岗，与徐悲鸿夫妇毗邻而居。徐悲鸿时任中央大学美术科主任，举荐张大千为美术科教授，也许经徐氏介绍，郭有守结识了张大千。张大千是内江人，内江距资阳不远，少年时代曾随四哥张文修在资中就读数月，郭有守较张氏小一岁，据张氏说他俩是中表亲族，故有中表之谊。30年代是张大千闯荡南北画坛、声誉鹊起的时期，而郭有守正紧随蔡元培在影艺界宣传电影教育运动，各忙各的事业，估计交往甚少。据现有资料，他俩交往日多，当在40年代中期，时张氏自敦煌临摹壁画满载而归，届时正值郭有守升任四川教育厅厅长，兼任美术家协会主席。张氏在成都、重庆两地举办画展等事，恰归郭氏管辖之内。

据李永翘先生编著的《张大千全传》1944年条记载：1月25日（农历正月初一）由四川美术家协会主办的"张大千临摹敦煌壁画展览"在成都提督西街豫康银行大楼隆重开幕；又载：2月14日，由四川美术家协会主编，出版《张大千临摹敦煌壁画展览特辑》；又载：3月15日，四川美术家协会主办《张大千收藏古书画展览》，在成都祠堂街四川美术家协会礼堂开幕。又载：3月25日，适逢全国首届美术节，四川美协于成都祠堂街美协举行首届美术节纪念大会，参加者有美协会员暨来宾百余人，张大千也出席了纪念会。又载：5月19日教育部主办《张大千临摹敦煌壁画展览》，在重庆上清寺中央图书馆隆重举行……（以上均见《张大千全传》，花城出版社1988年版）自元月至5月，4个月中，有关敦煌壁画及展览出版事项频频出台，郭有守作为教育厅及美协的一方诸侯自要过问关照。不仅如此，他还在"特刊"上，亲自撰文盛赞张氏举办的这次展览是"艺术上的一件大事"，盛赞张大千的聪明才智以及在艺术上做出的巨大成就。郭有守在文中赞道：

> 他把优越的艺术天才，极丰富热烈的感情，最坚决自信的意志，都用在他的艺术上。三者的谐和，使他对于艺术发生的爱，比自己生命还看得重要，所以他肯牺牲，不辞八千里途程跋涉，以二年半的时间，临摹了敦煌代表作品，以私人做了一件应该由政府所做的事，这是值得格外称颂的。成都旧有小巴黎之称，如果张大千能把他的作品都留在成都，至少在美术方面，成都可比巴黎无愧色。以一代画师临摹前几代的杰作，两皆不朽。凡是来参观的人，必会愉快荣光。因为张大千早已不仅是中国的张大千，他是二十世纪全世界人类的张大千。（《艺术上的一件大事》，《张大千临摹敦煌壁画展览特辑》，西南书局1944年版）

20世纪40年代,郭有守已预见到张大千临摹的敦煌壁画,在世界艺术史上的重要地位,可与世界艺术之都的巴黎博物馆藏品媲美,并由此断言张大千早已不仅是中国的,而且也是世界的。他的这个断言,与徐悲鸿30年代所说的"张大千,五百年来第一人"遥相呼应。如果说徐悲鸿是大千的一大艺术知音的话,那么郭有守又何尝不是?中华人民共和国成立后,张大千去国离乡,尽管徐悲鸿多次托人捎信传话,劝他回来,但张大千去意已决,婉言谢绝,这一对惺惺相惜的知音,从此天各一方,再也没有相聚。而同时流亡海外的郭有守,却风云际会,50年代与大千在巴黎重聚;并有声有色地为大千导演了一出进军巴黎、进军欧洲艺坛的交响曲,为大千提高国际知名度,做出了很大贡献,也实践了他对于"张大千是世界的"的预言。

张大千首次步入巴黎,是在1956年6月。但进军巴黎却并非一步到位的,而是由日本东京过渡而来的。东京也成了他进军巴黎的前奏。

1955年12月,日本国立博物馆、东京博物馆、读卖新闻联合举办张大千临摹"敦煌壁画展"及"近作展"。他一破国内不出席开幕式的惯例,出席了这次开幕式。前来参观的众多艺术名流中,有一位日本西画泰斗梅原龙三郎,他观后极为赞佩,认为张大千已不仅是中国的画家,而且是东方美术的代表者,应该进军欧洲,让西方人士也了解东方绘画的博大精深。这是张大千在异国他乡遇到的又一个知音,他久蓄进军欧洲艺坛的雄心壮志,要把中国书画艺术和传统文化发扬光大,推广到世界各地。梅原的判断与郭有守可谓英雄所见略同。

1956年4月,张大千再度赴日办展,无独有偶,曾两次观摩过张氏画展的巴黎东方艺术博物馆馆长萨尔,对张大千产生了兴趣,当即邀他赴巴黎办展,在萨尔的盛情邀请下,他决定前往巴黎一展风采。令人奇怪的是，东方艺术馆馆长萨尔为何两次横渡太平洋，两度赴京都观摩张大千的敦煌壁画临摹展及他的近作展？一位巴黎著名的博物馆馆长，一位对中国艺术并不十分理解的西方资深艺术鉴评人士，为什么会对一位当年尚无国际知名度的张大千，产生如此大的兴趣？说句实话，这也是多年来我一直思考的问题，是否与寓居巴黎的郭有守有关？苦于两位当事人均未说过此事，而他们的往来书信至今未见，故不敢妄加猜测。近年，读了一部由孙云生口述、朱介英执笔的《绝美的生命交集——孙云生与张大千交往录》（北京师范大学出版社2008年版），发现了一条重要线索，书中提供了萨尔对张氏产生兴趣的隐情，帮助我解决了多年的疑惑。

孙云生是大风堂早期登堂入室的弟子，也是长期在海外追随张大千的一位老学生，可说是大千艺术的衣钵传人之一。他保存着不少张氏的白描画稿和往来书信。书中有张大千"来台"一章，记述了1953年他与乃师的交往：

> 这一年大千先生也开始活跃起来，积极地进行画展的筹备工作。在台湾的要务由我为他料理，而他本人则到日本去寻找一些台湾洽购不到的绘画材料。大千先生在巴黎的表哥郭有守曾赠送一批藏画给Cernuschi博物馆（后改名东方艺术博物馆），其中有十二幅正是大千先生的画作精品，这一举动为大千先生进军巴黎埋下了很好的伏笔。

这段口述，在他的年表1953年条中也有记载："张大千好友郭有守赠大批藏画给巴黎的赛努奇（Cernuschi）博物馆，包括张大千画作精品。"所不同的是，对郭有守的称谓略有不同，一为表哥，一为好友。这一鲜为人知的史实，揭开了萨尔接触中国现代画家作品，并对张大千作品产生印象的隐情，同时也揭示了他一而再地飞越太平洋，赴东京观摩张大千画展的真相。

有关张大千1953年给巴黎博物馆赠画之事，台北历史博物馆1976年编印的《张大千作品选集》张氏年表记载："1953年癸巳，旅游美国又至台北，台北展览，捐赠十二幅作品给巴黎市政厅。"孙云生说是捐给巴黎东方艺术博物馆，而张氏年表记载却是巴黎市政厅，两者究竟孰是？我向远居美国西海岸的张氏后人张葆萝先生求询，据张氏外孙女萧柔嘉女士电告，她曾专电巴黎赛努奇博物馆，询问有否当年赠画的记录？答复为无。她又向巴黎市政厅求询，答曰有。答案是有了，但我认为，无论是捐巴黎东方艺术博物馆，抑或市政厅，捐赠的经手人应该都是郭有守。为什么？因为郭有守是当时台北当局驻法外交官，又是驻联合国教科文组织参事，非他莫属。至于张氏捐赠的12幅画是否是委托郭氏，还是公事公办，尚无法断定，不过由郭有守经手捐赠，当是顺理成章的。作为巴黎著名博物馆馆长的萨尔，当时也很可能先睹为快。可见孙云生所言，郭有守捐画之举，为张大千进军巴黎埋下了很好的伏笔，并非空穴来风。

这里我花了不少笔墨记述了张氏进军巴黎前的诸多背景，意在说明郭有守对老友的一片厚望，他不仅在理论上论述张大千将是世界著名画家，而且在行动上一步步帮助老友走进巴黎，走向欧洲。可以说，郭有守是张大千走向世界的一位至关重要的媒介人物；也可以说，没有郭有守的穿针引线，也许就没有张大千的巴黎之行。

1956年，张大千五十七岁。这一年，对大千来说是十分重要的一年。这年6月，"张大千临摹敦煌石窟壁画展览"在巴黎东方博物馆隆重举行。他应萨尔馆长之请，亲自前往展场主持开幕典礼。这次展览，他共展出壁画37幅，大风堂藏古代名迹60幅，向西欧观众展示了中国丰富悠久、光辉灿烂的古代艺术瑰宝。同年7月，"张大千近作展"又在巴黎近代美术博物馆隆重举行，他亦前往出席开幕式。此展展出近作30幅，有《秋海棠》《山园骤雨》《荷花》《仕女》《长臂猿》及其他山水精品。巴黎报刊好评如潮，塞鲁斯基博物馆馆长艾立西弗撰文评道："观张大千先生的创作，足知其画法多方，渲染丰富，轮廓精美，趣味深厚，往往数笔点染即能表现其对自然的敏感及画的协合，若非天才画家，何能至此！"（转引自容天圻著：《庸斋谈艺录》，台北商务印书馆1977年版）萨尔馆长又特意安排，东画廊展出张大千近作的同时，西画廊举办了西方野兽派画家马蒂斯的遗作展，使观众对东西方两位艺术家的作品进行比较。

张大千在巴黎举办展览期间，还约见了正在巴黎近郊举办雕塑展的毕加索，东西方两位艺术家会见的消息在巴黎报刊上披露后，更加轰动了西方观众，称誉为"东西方艺术高峰会"。由此他叩开了西方艺术之都的大门，进军欧洲艺坛，头炮打响。如果说，张大千巴黎画展的成功，与萨尔的精心安排不可分割的话，那么郭有守在沟通张氏与萨尔的联系，沟通张氏与媒体的联系方面更是功不可没。

那么，郭有守在张大千进军欧洲艺坛中究竟起了多大作用？台北黄天才先生在《五百年来一大千》一书中说：

> 张大千第一次欧洲行成果如此丰硕，连他自己都感到意外，随后数年，他多次访问欧洲，巴黎一直是他活动的中心，郭有守是他的联络站。他投注了不少心力，来经营他新开辟的欧洲战场。（台北：羲之堂文化出版事业有限公司1998年版）

黄天才认为，郭有守处是张大千的联络站，也就是说，郭是张的联络员。不错，张大千在巴黎的食宿、行止，乃至办展事务都是由郭有守一手操办。大千不通外语，一个不通外语的人在异国他乡，可以说寸步难行，更不要说举办画展了。但是，郭有守的作用绝非联络员可代。因为他还是一位精通艺术，具有很高艺术鉴赏水准，尤其对张大千独具慧眼的艺术知音。这位艺术知音，不仅在创作上与大千心有灵犀的交流互通，还陪同大千参观西方各种艺术流派的展览，包括行为艺术等现代艺术，开阔视野，又陪同老友游历欧洲名胜古迹，观赏奇异的山川风光，从而为张氏拓宽创作题材，激发创作灵感；乃至于以后的画风丕变，创造了有利条件。这些都可从张氏精心绘赠郭有守的上百幅大小不等的册页、中堂、长卷、横披、手卷的题款中得到证明。

张大千绘赠郭有守的第一部册页，画于1956年，题款在1960年。册页尺寸不大，十二开，但画得十分精彩，是难得一见的佳作，也是两位老友的知音对话。册页的首页，开门见山，画的是大风堂简笔古人标本，是从明代张大风的人物形象中提炼演变而成的标本。人物上方，逸笔草草画了几笔枯枝败叶，左上侧题道："现在的人动辄说，以书法来写画，此却有几分醉僧笔意，但恐索解人不得。吾子杰定不以我为狂妄也。张爰。"以书法写画，也就是古人所说的书法用笔。而书法用笔又是从书画同源演变而来的。诚如石涛诗中所说："画法关通书法津，苍苍茫茫率天真。不然试问张颠老，解处何观舞剑人。"石涛诗中的张颠老，也就是大千所说的醉僧张旭。

传说张旭因观看公孙大娘舞剑而草书益长。应该说这个问题对一般书画爱好者是很难索解，也无须索解的，但对深通个中三味的老友郭有守而言，张氏以书为证，只须点到为止，一点即通。难怪张氏要反问道"子杰定不以我为狂妄也"。再看第三开，画的是似梁风子的减笔头像，像左侧题道："梁风子未必有此，呵呵，大千先生狂态大作矣！"另半页则题诗道："休夸减笔梁风子，带挂宫门一酒狂。我是西川石居士，瓦盆盛醋任教尝。"梁风子是谁？宋代减笔画的开派人梁楷是也，风子是疯子的谐音。石居士又是谁？石恪和尚是也，川西人，也是简笔大写意画家，大千自喻。何谓减笔？逸笔草草简笔之谓也，也就是用草书笔法入画，"画法关通书法津"。看来在巴黎，两位老友还探讨过书法用笔的问题，难怪册页中要一而再再而三地用大写意、草法八画来画模特儿，画印度女子，画贯休，画《我同我的小猴儿》，乃至画睡猫，画山水。真所谓琴为知音弹，画为知音看。

熟悉张大千绘画创作的人都知道，他的画总体上分两部分：一部分是开画展、订润格换钱的商品画，这类画画得比较工细，雅俗共赏，迎合藏家口味；另一部分是惠赠送人的应酬画。应酬画又分两类，一类是一般性的应酬，此类画比较草率，类同不少，多为急

张大千绘赠郭有守的第一部册页，画于1956年，题识在1960年。十二开，此为册页的首页

就章；另一类是为至亲好友所作，这类画颇费心思，画得十分精到，是画他心中想画的画，他的精品佳作、传世之作往往从此类画中发现。诸如赠张群的《长江万里图》《青城山》《四天下》，又如赠张目寒的《横贯公路图》《黄山图》，再如赠普林斯顿大学教授方闻的《爱痕湖》等，都是经得起时间考验的传世佳作，《爱痕湖》虽说是非卖品，但一旦流入市场，却在嘉德2010年春拍中创出了亿元天价。至于赠夫人徐雯波的私房画，精品就更多了。这类画中，也有为好友即兴挥笔的游戏之作，灵感来了挡不住，不经意处往往出彩，如早年为谢玉岑所作诸多莲荷小品，中年为老友严谷声所作《谷老谐趣图》四屏风。这组四屏风，是张大千用漫画笔法绘制的，类似老友叶浅予的四格连环漫画，很可能是浅予1945年偕妻戴爱莲寓居昭觉寺时所作，这是大千作品中很少有的妙品。张氏为郭有守画的几部册页小品也都属此类。

　　张大千为子杰四弟画的第二部册页作于1957年。张氏巴黎画展取得了意想不到的成功，随即凯旋。临别时，张大千雄心勃勃表示回去后要大干一番，画几幅心中想画的新作，重返巴黎，登台亮相；郭有守则不断鼓劲寄予厚望。谁知回巴西不久，在一次搬石时，不慎用力过猛，致使视网膜脱落；应友人之劝，他决定去纽约治疗，这部册页就是纽约住院所作。他的眼疾，用力过猛，固是诱因导火线，但深层的内因，则是糖尿病所致。糖尿病是他的老毛病了，早在30年代就已有了。如果说前部册页主要是与子杰探讨书法用笔诸多艺术问题，那么这部册页则在向老友诉说病中之忧。何忧之有？请看第四诗：

　　　　病渴秋来卧茂陵，殷勤书尺问频仍。
　　　　孱躯已自离魂久，日傍瑶窗见未曾？
　　诗中的大千，把自己比作患消渴症（糖尿病）的汉代司马相如，又把身在纽约医院治病的自己，比作病卧在茂陵的司马相如。郭有守频频从巴黎来信询问病情，名为询病，实为关心他的创作，他对大千的艺术前程实在关心。尽管这些信至今未见，但大千读信时的感慨，不时流露在题画诗中。他在病床上，什么也干不成，心中自是焦急。焦虑酿成失眠，失眠缠身，更是痛苦不堪。请听他吟诗道：

别梦离忧睡又醒，安眠药物已无灵。
四更欲曙天仍黑，默数江头渔火青。

失眠的滋味，他相信子杰定能体会。说穿了，辗转反侧，思之不得，想得最多的，还是担心眼疾会影响作画，画不了好画，如何重返巴黎？半年后，当他重操画笔，试着兼工带写，画了一开自画像。画中的他，俯身手捧药方翻看，嘴里吟诗道：

吾今真老矣，腰痛两眸昏。
药物从人乞，方书强自翻。
径思焚笔砚，长此息丘园。
异域甘流落，乡心未忍言。

诗中流露了他老眼昏花，乞药治病，丧失信心，径思焚笔，从而想长息丘园的心态。一句话，他想告老搁笔了。虽说这是气话，但在老友面前，却坦露了已被眼病折磨得心灰意懒的真情。

在纽约治了大半年病，张大千又遵医嘱，须静养，少看书，少作画，严禁作工笔画。这项医嘱禁令，对勤于笔砚的张大千来说，无疑是当头棒喝，等于要剥夺他的艺术生命。所以有一段时间，他很少动笔作画，与郭有守的通信也少了。但心中一刻也没有放弃冲刺巴黎的念头，眼睛坏了，画不了细笔，可画粗笔。齐白石衰年变法，难道他就不能变法吗？如何变法呢，这是他养病期间想得最多的问题。

为了替张大千鼓劲，也为了替老友减轻养病期间的经济负担，1960年郭有守又一次精心安排他再次赴欧，参加巴黎博物馆成立永久性中国画展览，以12幅作品出席开幕典礼。后又在近代艺术画廊举办了一次画展，展出了大千在巴西、旅游中国台湾地区、旅居印度的画作，销路尚好。最后又在郭有守的陪伴下，畅游了欧洲许多重要城市，如瑞典、西柏林、汉堡、洛加诺等名城古都，欣赏了各地公私收藏的中西名画，应该说这次欧洲之旅，对大千拓宽视野、改变画风、实行变法有很大的启发。

1961年初，庚子岁末，为了观赏瑞士雪景，张大千重赴巴黎，依然下榻郭有守家中。腊月二十三，是祭灶日，传说是灶王爷上天向玉皇禀报人间事的日子，大千在老友家中画兴顿发，以散锋破笔法来挥写山石林木，只见山石苔点细似牛毛，又糟如乱麻，颇似元代王蒙笔下的劈麻皴。这是大千将古人笔法融为己用的画作，此作《风帆图》，作为向灶王爷的祭品。西方人没有过春节的概念，但中国人却很看重春节守岁的习俗，庚子年的除夕，两位老友携带家眷，在瑞士湖滨旅舍度岁。郭有守的妻子杨云慧不在巴黎，远在中国，于是带了一位丽人同往。为此大千一连画了四幅小品，当作新春贺礼。庚子是郭有守的本命年，他出生在1900年，此年正值花甲，花甲之年的郭有守却孤单一人，难怪大千要在此年除夕与他一起守岁。

在旅馆，他开笔画的是《严冬四友》，写水仙、红梅、墨竹、青松，颂辛丑开岁百福，并题诗道：

子杰小于予一岁，岁朝之乐乐何如。
百年共保千金躯，醉倒花前不用扶。

在《雪杉》小品的题词中，大千还向老友开玩笑道：

瑞士看雪拈此调子杰，时子杰携有丽人。

好景吾能说，摩登戒体严。溶酥朝日出，拊手晚风尖。真个吴盐似，旋数越翠添（湖柳有舒黄者）。疗几餐秀色，流涕未须嫌。

　　多住几天吧，子杰，爱杜多。

　　杜多是他在画中不多用的佛家名号，在这里含有调侃的意味。1961年冬日在瑞士观罢雪景，又回巴黎，在郭有守的策划下，到东方艺术博物馆举办巨荷四联屏展。

　　荷花，是大千的强项，也是名牌，1945年，他在成都昭觉寺当着老友叶浅予的面，在地上铺纸，挥大笔泼墨画下丈二匹巨荷。为此，叶浅予特意画了一套《游戏神通》漫画，其中有一幅《丈二通景》，就是描写大千挥笔画荷的情景。这一幅四联屏泼墨巨荷，作于1956年后，画幅巨大，约有四张丈二匹，气势恢宏，1961年展期5月至6月，深受观众喜爱；巴黎展后，又应纽约现代博物馆之邀，赴纽约展出，并为该馆购藏。1961年6月12日，张大千在致内江老家三哥张丽诚的信中，情不自禁地写道："弟此次在巴黎博物馆展览，颇得好评，可惜目录不能与哥嫂寄回。哥嫂见了，一定是欢喜，你的小兄弟成名世界了。"

　　据悉，这本巨荷四联屏的图录是由旅法油画家常玉设计的。后来张氏曾托香港友人高岭梅分别寄赠京沪两地的友人。

　　两年后，张氏又应美国友人之邀，赴纽约赫希尔艾德勒画廊举行画展，共展出45幅，皆为近年的力作，其中又有一幅《泼墨荷花六联屏》，被美国读者文摘社以14万美金购藏，创下当时中国画售价之最。

　　再说巴黎巨荷展后，张大千在郭有守的陪同下，重返瑞士，举办日内瓦画展。展览期间，又与郭有守一起畅游欧洲花园瑞士，夏日的瑞士，比冬日别有一番风味，云峰积雪，澄湖潋滟，急湍飞瀑,流光焕彩,万千气象——被大千收入眼底,融入心中,目识心记,为日后创作泼墨泼彩瑞士山水,积蓄了丰富的素材。旅途中大千先后为老友画了《瑞士瓦浪湖》《圣摩瑞斯山水》两幅佳作,在前者中,他将中国传统山水,尤其是石涛先将纸打湿的创作手法,与西方现代艺术中出现的新视觉经验结合起来,笔墨晕湿流动,表现出湖光山色的朦胧之美。又据当年常出入郭有守家中的留法女学生林霭回忆:"他去了瑞士游览,回来后,我问他,瑞士的湖山美否?他说美极了,又说我来画给你看。我赶忙把画笔纸拿来,他用最传统的笔法,画了一幅淡彩山水,题为瑞士瓦浪湖,并题了上款送给我。运笔之神速,构图之奇伟,在一张24寸乘16寸的纸上,画出数十里的湖光山色,笔法流畅,设色雅淡,真可谓小中见大,叹为观止。"(《张大千在巴黎》,香港《大成》1989年第185期)

张大千为林霭画的瓦浪湖,可能是途中绘赠郭有守的再现。

1964年,又经郭有守的介绍,张大千结识西德李必喜女士,应李必喜的邀请,大千首次赴西德科隆画廊举办画展,计有46幅画作。因目力欠佳,所展之作,除早期之作外,多为简笔大笔,却受到了德国观众的喜爱,引起轰动。第二年又应西德航空公司之邀,再赴科隆办展,展出50幅,悉数被西德航空公司购买。这批画作,又被该公司携至西德各城市巡回展览。至此,张大千在欧洲艺坛声名大振,成了60年代中国画家在国际上的明星人物,友人给巴西圣保罗寄信,不用写地址,只要画一个大胡子,邮差准能将信送达八德园。张大千春风得意,名利双收,创作上也着手变法,尝试着泼墨泼彩。

张大千雄心勃发,在传统绘画的基础上,吸收西画的色彩光影及半自动技法,反复尝试泼墨泼彩,准备在欧洲艺坛上再放异彩。

忽的一声惊雷,1966年3月,从巴黎传来郭有守被瑞士警方扣押;后被押回大陆的消息。他忙让其子葆萝(名心一,因过继给信天主教的二哥张善子,故取教名保罗,后改为葆萝)赶往巴黎,探听虚实。巴西资深记者许启泰在《张大千的悲剧表弟郭有守》一文中写道:"张葆萝到达后,立即与'国府'驻法国'大使'(中法建交于1964年1月27日,建交后,台湾驻法机构已移至比利时)陈雄飞取得联络并了解真相。据陈'大使'称,郭是在瑞士开会期间,因与中共高干交换情报,而被瑞士以间谍行动被捕,但郭实际所交之物,是转给其在大陆妻子所要的香水等化妆品,这自然可能是一种障眼法。郭被保释后,瑞士当局曾问其意欲何往?郭答法国。不料一入法国就杳无音讯。后来陈'大使'得到消息,说郭将被押往大陆,立即赶去机场,只见郭正由约二十位彪壮华人青年围拥上机(想是大陆船员),郭亦发现陈'大使'到场,而频频回首相视,形容沮丧,不敢言语,'国府'方面居然无计可施,眼看被挟持而去。"(《张大千的八德园世界》,台北商务印书馆2003年版)以上记载,可能是许启泰转听自张氏家人之口,也是台北官方的表述。

关于郭有守在瑞士被捕及返回祖国的情形也另有一说,此说来自郭有守的妻子杨云慧。据采访过杨云慧的钱雯撰文记述:"1965年耶诞节前,郭有守在瑞士与中国大使馆联系时,不慎被联邦特工部门窃听了电话。当他从中国使馆一出来,立即遭到瑞士警方拘捕。后来通过外交斡旋,才得以离开瑞士,到法国的中国使馆避难。他在比利时的一大批名贵书画和全部财产此时已无法顾及。1966年4月初,在中国驻法使馆的严密布置和法国政府的配合下,郭有守被护送到巴黎机场。当他正要走出候机室,只听得身后有人喊'子杰''子杰',听声音好像是老朋友国民党驻联合国教科文组织首席代表陈西滢,他恐被劫持,不敢回头,在两旁护卫的簇拥下,疾步登上飞机。"(《一片丹心报春晖——郭有守起义前后》,《民国春秋》1992年第5期)

郭安东在《我的父亲郭有守》一文中也持此说(上海东方新闻网站,2009年11月11日),可见都出自杨云慧。不言而喻,杨云慧又源自郭有守。

两种版本,立场不同,说法也不一致,但有一点是一致的,郭有守因"间谍"事发,而遽回大陆。由于事出突然,张大千绘赠郭有守的上百幅书画全部被台北情报部门没收,后交台北历史博物馆,成了该馆的镇馆之宝。1956年,张大千在郭有守的精心策划下,走进巴黎,在东方艺术博物馆登场亮相,从此开始了郭、张携手十年的欧洲之旅,继巴黎东方艺术博物馆后,又在巴黎近代博物馆、日内瓦画廊、西德科隆东方画廊、西德航空公司、伦敦格拉斯哥画廊先后举办画展,打出了知名度,也打开了艺术市场,名利双收,财源大增。十年间,张大千的成败得失与郭有守的策划安排关系很大,真可谓"成也子杰,败也子杰"。郭有守出事后,张大千退出欧洲,转向北美和港台另辟新天地。

包按

1.1933年5月,在法国巴黎国立波蒙(Du Jeu de Paume)博物馆举行《中国近代绘画展》,张大千有1幅(荷花)作品参加展出,并为该馆收藏。同月,在意大利米兰举行《中国近代绘画展》,张大千有作品参加展出。1939年1月巴黎贡格尔德堡国立外国艺术馆曾举行过《张善子、张大千兄弟画展》,展品112幅。又载:1946年法国赛努奇博物馆举行《当代中国绘画展》,张大千有数幅作品参展。又载：同年联合国教科文组织主办，先后在巴黎现代美术馆、伦敦、日内瓦、布拉格等地巡回举行"现代画展——中国之部"，张大千有数幅作品参展，可见张大千的作品，早在20世纪三四十年代已远渡大西洋，在巴黎博物馆频频亮相。

值得提出的，1946年联合国教科文组织主办的"现代画展——中国之部"，很可能与郭有守有关。因为1946年1月郭有守接到了赴联合国教科文组织的调令，任命他为教科文组织文化参事。由此推断，"现代画展——中国之部"，很可能是郭有守赴巴黎任职向联合国教科文组织奉献见面礼。如果这个推断可以成立的话，那么就在此时，郭有守有逐步将中国书画艺术，尤其张大千的绘画艺术，向世界艺术之都巴黎推广发扬光大之意图了。

2.一般常说张大千初次赴欧展览是法国卢浮宫，事载谢家孝《张大千的世界》，出于大千口述，遂流传甚广。孙云生说是Cernuschi（赛努奇博物馆创办人，后改名东方艺术博物馆）；又据台北旧香居《张大千画册暨文献展》，展出当年张大千确在法国巴黎东方艺术博物馆，而非卢浮宫，有展览图录为证。可证张氏口误。

闲话大风堂

古往今来，文人墨客、书画印人、古玩藏家，都喜欢为自己的书房画室或客厅取一个堂号，以示风雅。张大千也不例外，堂号"大风堂"。

不过，张大千的堂号是与他的二哥张善子合用的（张善子故后，张大千的四哥张文修也借用过大风堂的堂号收徒招生）。关于大风堂的来历，据张大千的早期学生胡若思回忆（胡拜师于1925年，时年九岁。十四岁随师赴日举办画展，人称神童）：在1928年前后，张大千客居上海西门路西成里，一位古董商拿着一幅古画到张府兜售。张大千将画打开，是明朝画家张大风画的诸葛武侯出师像。画中人物，坐在榻几上，气宇轩昂，神韵悠然。大千见之，爱不释手。一问价钱，十分昂贵，无力购藏。

不久，张大千在一次书画展览会上又见到了这幅画，他请人赶紧把这幅画拍下来。适逢藏主也在展厅，见状马上过来干涉，要求将所拍之照作废，无奈之下，只得取出底片曝光。

张大千对这幅画实在太喜欢，心向往之，寝食不安，志在必得。第二天，带上胡若思又去展厅，让胡若思蹲在不显眼的展厅一角，将笔和纸藏在外衣夹层里，叮嘱了几句临此稿的要点，要他将这幅画临摹下来。胡若思遵照师嘱，看一眼，勾一笔，勾出草稿。张大千则站在画前，细细观摩，默记笔墨。回家后，他参考胡若思勾勒的草稿，在一张旧纸上，临仿了一幅诸葛武侯像，用张大风的笔法署款："此画为兰雪居士作，上元衲弟，真香佛空，酒后醉笔。甲午正月廿二。"并用蝇头小楷仿照大风的笔法抄录了两段张大风自题跋文。然后请裱工连夜装裱做旧，又托人将这幅伪作也挂到展厅。同一展厅挂出了两幅诸葛亮像，惟妙惟肖，真假难辨，藏主一看，大惊失色，奇货难居，愿打对折售出，张大千趁机将此画购藏。

自从收藏了张大风的这幅真迹，张大千十分得意。张大风名风，字大风，号昇州道士，与张大千是同宗本家。征得二哥善子的同意，就将厅堂取名为大风堂。从此，大风堂就成了张氏昆仲待友接客之处，也成了收罗门徒之地，还成了珍藏书画的钤记。这段故事出自胡若思之口，绘声绘色，颇多传奇色彩，要不是他亲口告诉我，我是不会相信这件事的——这幅张大千伪作的《诸葛武侯出师像》的草图竟是出于一个年方十来岁的画童之手。但是，这个故事从未听张大千说过。据他的挚友高岭梅回忆："大风堂的由来，是他在三十岁左右的时候住在上海西成里，曾购藏一幅张大风画的《诸葛武侯出师像》，画的人物，神态极佳，大千极为喜爱，对张大风的画艺更为倾倒，作者更巧也是姓张，名字又与大千同一'大'字，乃用大风为堂名，即曰大风堂。其后他的二哥也喜欢此堂名，兄弟乃共用之。"（引自林建同编著《大千璀璨录》）高岭梅对大风堂的说明肯定听自张大千之口，至于张大千如何购藏张大风的这幅画，张大千没有对高氏说，所以高氏也没有写。高氏说大千三十岁左右购藏的这幅画，可以断定购藏时间是1929年前后，与胡若思所说暗合，正是大千携他赴日举办画展前夕，勾勒草图对他来说，该是不太困难之事。这个堂号自从20世纪二三十年代在海上画坛亮相后,代代相传,由门人嫡传到再传,一代一代已经传到第三代——不,严格来说,已传到第四代。试想一下,第三代传人多已迈入知天命之年,子承父业,第四代当然后继有人了。

那么,经张善子、张大千(包括他的红粉知己李秋君)之面,收授的大风堂门人究竟有多少?

我的手头有一份己丑(1949)二月,李秋君题签的《大风堂同门录》(附后)。从这份同门录上,可以看出张大千离开内地前,大风堂的门人有86名。其中除了张旭明、慕凌飞、胡霜(爽)庵、宋继美、陆元鼎、瑞逸如、范志宣、侯碧漪、章述亭、丁瑞琪等随张善子学画外,其余都是张大千名下的门人。张善子生前忙于政务和社会活动,抗日战争爆发后,更奋身投入宣传和义卖捐书画款抗

1948年5月25日摄于上海,前排右起第三依次为梅兰芳、张大千、徐雯波、李秋君、张善子夫人、顾青瑶、李祖韩等,徐雯波后立者为谢稚柳及大风堂门人糜耕云、顾景梅、伏文彦、曹大铁等

日，无暇顾及收授门人，1940年又因病早逝，所以从他习画的门人较乃弟要少得多。

大风堂的开门弟子是谁？说法不一。据张善子的早期门人慕凌飞（约1929年拜门）说："善子老师在四川当盐官时，曾收一名师爷为学生（名字已忘）。"查张善子1920年确在川北乐至县当过盐务税官，当年他还与大千合作过一幅《美人名马图》赠给乐至县的另一位盐官曾鲁南（号南丰），这幅画是否还流传人间，不得而知。但是题画诗却留了下来，诗曰：

美人名马俱难得，画与南丰喜可知。
此是吾家兄弟笔，留来别后慰相思。

1920年正是张大千从日本游学回沪不久，也是他拜师曾熙、李瑞清习书画之时，而张善子则远在乐至当盐官（任期两年），因他参加过孙中山的老同盟会，1922年调北京，任总统府咨议。很可能是张善子向同僚显示自己有一位留日归来拜海上名师的胞弟，故意与大千合作此画。可惜张善子在乐至收的这位弟子，《大风堂同门录》上没有记载，慕凌飞也忘了其名。另一说是，张大千的早期学生刘力上（约在1932年拜门）回忆，在四川内江县，张大千曾收过一位开门弟子，原是画佛像的匠人，年龄比乃师还大，名叫郑素侯。尽管郑素侯为大千开门弟子之说，是刘力上亲耳听乃师说的，但是《大风堂同门录》中亦无记载。张大千向友人介绍门人时，却总是指着吴子京说："这是我的开门弟子。"吴子京，安徽歙县人，商人之子，有经营之才，深得大千信任。郑素侯何年拜师已难考察。可能与张善子在乐至收的"开门弟子"相似，都是在20世纪20年代上半期收授的。为什么《大风堂同门录》中不录这两位张氏昆仲亲口说过的"开门弟子"呢？也许是与远在四川，学画时间较短，师承不足，成就不大有关。

奇怪的是《大风堂同门录》中，还删除了一位早在1925年秋就已拜师入门，曾被大千誉为"神童"的门人，这位门人不是别人，就是胡若思（字遐思，号琴人）。这又是为什么？

事情是这样的：1937年8月，张大千被日寇扣押北平，一汉奸办的小报《兴中报》刊登了"张大千因侮辱皇军，已被枪毙"的消息，消息传到上海，传到胡若思耳中。为了生财，他仿照乃师惯例作了一百幅张大千的假画，举办了《张大千遗作展》，并在报上登了广告。

广告一出，张大千的红粉知己李秋君亲自率票友和大风堂门人赴展订购一空。后来，此事传到张大千耳里，当然十分生气。他事后回忆道："我有个不成才的学生，此时在上海居然开遗作展了！他知道我的习惯，每展一百张。他也造了我一百张假画，冒充张大千遇难前的遗作，展出就被抢购一空，此人后来被大风堂的门人声讨，公意把他逐出大风堂，引起大家公愤，说他造老师假画已经罪过，居然还说老师已经死了，趁此机会赚钱更是可恶！"（见谢家孝：《张大千的世界》）这段话，道出了胡若思在《大风堂同门录》中被除名的原因。

同门录共录86名门人，其中六名是家属：侄子张玉（教名比德，已故）、侄女张藻、长子张颖（心智）、次子张约（心澄）、长女张湘（心瑞），还有女婿萧建初。六位亲族中，学有所成的有张玉、张约、萧建初，仅居其半。

大风堂同门中，也有少数是富家子女，学画像玩票。中华人民共和国成立后，不少玩票弟子纷纷搁笔，有的再也难提画笔。只有极少数不是学画的门人，诸如叶名佩。她是李秋君的义女，善弹古琴，常住李府。她既能弹琴，长得又端庄美丽，穿起古装来，在张大千的眼中，俨然一位古代仕女的化身，真是花钱未必能请到的模特儿，所以，张大千听从李秋君的安排，欣然收下了这位专司弹琴的女弟子。当然，说是专司弹琴，也非真的是整天弹琴，她也有较多时间看张大千作画，在乃师的熏陶和点拨下，耳濡目染，也能挥笔临仿张大千的仕女、花鸟画稿。

20世纪40年代末，张大千去国远游，大风堂门人中，只有孙云生（字家瑞）、侯碧漪、张玉、张约、张藻五人先后随他浪迹海外，其余绝大多数留在了大陆。张氏离开大陆后，又先后在中国香港、台湾地区，及巴西、日本、美国收下了一些门生，据台北故宫博物院印行的《张大千纪念册》记载，张大千逝世后，以大千恩师、大千老师、大千吾师、大千夫子的称谓撰写悼文、悼诗、挽联的就有十五人之多。这些人中就有海外收下的门人，但还不是全部。那么，他在海外究竟又收下了多少门人弟子？据孙云生、林建同在《大千璀璨录》中的统计，海外新增的《大风堂同门录》花名册如下：

王朝翔、黄独峰、林建同、冯壁池、方召麟（女）、李乔峰、王文卓、唐悦灼、刘嘉猷、王汉翘、张效义、黄蔓耘（女）、简文舒（女）、钱悦诗（女）、匡仲英、孙家勤、冯剑声（女）、赵荣耐、张师郑、王旦旦（女）、沈洁（女）、凌圣超、龚强、张学珠、杨铭义、高桥广峰、孙芸祉（女）。

海外大风堂门人总共27名，加上大陆的86名，一共113名。诚如张大千的老友叶浅予在题何海霞画册所赞：

披读海霞册，仿佛见大风。

大风门下士，画迹遍寰中。

一位20世纪新旧美术教育交替时代的中国画家，采用传统收授门人弟子的方式，居然收下了超过百人的学生，这在同时代的其他画家中怕是少有的（当然不包括美术院校的新型师生关系）。在众多的大风堂门人中，确有不少为海内外熟知的著名画家，诸如何海霞、梁树年、田世光、俞致贞、刘力上、胡爽庵、慕凌飞、王康乐、陈从周、胡若思、伏文彦、黄独峰、萧建初、赵蕴玉、龙国屏、方召麟、林建同、孙云生、孙家勤、匡仲英等。用百分比统计，占总数的20%左右。要问谁的画风最像张大千，换言之，谁是张大千的衣钵薪传者？以我之见，张大千早期画风（20世纪二三十年代）的承继者是胡若思；中期画风（20世纪三四十年代）的逼似者是何海霞；中晚期画风的肖似者则是孙云生。有人说，鉴定张大千早中晚期的画，要谨防以上三位的仿作和代作（还有匡仲英）。追根究底，大风堂门人中，究竟又有多少出于蓝而胜于蓝者？恕我冒昧直言，没有！一个也没有！大树底下好乘凉，但大树底下的小树要冲破大树的阴影笼罩又谈何容易啊！张大千的门下是如此，吴昌硕、黄宾虹、齐白石、吴湖帆诸人的门下又何尝不是如此？

不过，平心而论，在众多的大风堂门人中，也确有几位已经与乃师拉开距离、自成面貌的特立独行之士，诸如田世光、俞致贞、梁树年、王康乐、孙家勤、黄独峰、方召麟。田、俞本是于非闇的学生，于非闇与张大千是好友，他为了更好地培养田、俞，亲手把两位高足送到大风堂门下，嘱咐他俩不要囿于自己的门户，要转益多师，博取众长。因此可以说，田世光、俞致贞的画风是张大千与于非闇嫁接而成的。比较下来，俞致贞接受于非闇的东西多一点，而田世光则坚持写生，走自己的路，非驴非马，非于非张，自己的面貌更强一些。梁树年、王康乐均在20世纪40年代中期拜师，拜师时间不长，且拜师前都有师承，梁树年先后拜过翟姓民间画家和京城名家祁昆，而王康乐也先后从黄宾虹、郑午昌为师。梁树年、王康乐投奔大风堂，与其说是学艺，不如说是慕名，因此在他们两

张大千及门人画展海报

人身上,张大千的影子较少。王康乐直到晚年才吸收乃师的重彩泼彩技法,与黄宾虹后期的风格相结合,逐渐独创浓墨重彩画风。黄独峰、方召麐,也是慕名拜师,走的是自己的路。

比较而言,在大风堂门人中,孙家勤的学艺经历显得不同,不同之处是他既接受过美术院校严格的科班训练,先后入北平辅仁大学美术系、台湾师范大学艺术系、巴西圣保罗大学文学系和艺术系学习,并获得圣保罗大学的文学博士、艺术博士两个学位,可以说他是大风堂同门中唯一获得洋博士称号的门人,但是孙家勤又自幼接受过传统私授,入辅仁大学前曾从北平画坛耆宿陈林斋学过人物画，入台师大后，又从金勤伯习花鸟。也就是说，在拜张大千为师前，他已从美术院校和名师私授下打下了山水、花鸟、人物的较全面的基础。孙家勤投门大风堂，倒不全是慕名，而是为了深造补课。补什么课——补敦煌壁画工笔重彩之课，补民间艺人之课。他放弃了台师大的教职，渡海过洋来到巴西八德园，投师习艺，与张大千朝夕共处四年。这四年中他学得如何？用张大千评语来说是："此数年中，乃力抚敦煌六代三唐以来壁画，学益大成，元明以来人物一派坠而不传，孙生可谓能起八代之衰矣！晚得此才，吾门当大。"（引自张大千题跋）孙家勤是张大千在巴西八德园所收的关门四弟子中的大师兄，但在大风堂同门中，他又是年龄较小的小师弟。

大风堂中还有两位别才和奇才，一位是陈从周，另一位叫曹大铁（号北野）。他们都喜好诗文。陈从周写得一手好文，曹大铁写得一手好诗，曹大铁的旧体诗词曲，不仅大风堂里无出其右，即使在同时代的旧体诗人中也可独树一帜。陈从周则以园林艺术专家驰名海内外。

以上讲的是张氏昆仲的第一代传人，即大风堂的第二代，下面再介绍一下大风堂的第三代。

2003年3月，台北来了一位画家，应中国国家博物馆（前身为中国历史博物馆）之邀，举办画展。按照世界通例，在国家博物馆能举办画展，是高档次、高规格的，不是一流，也与一流相近。这位台北画家叫游三辉，初闯京城，第一回画展就选定了国家博物馆，胆量真不小！承乃师孙家勤之嘱（又是来电，又是捎信）要我前往观展助阵。正是在博物馆的二楼展厅，我获识其人其画。其人也，个头不高，却十分壮实，天庭饱满，容光焕发，梳一扎海外流行的马尾辫，一看便知是位精力充沛又善于保养的中年艺术家；其画也，水墨淋漓，色彩斑驳，清丽灵秀，古今交汇，活脱脱是张大千晚期泼墨泼彩山水的再现，加上他写的那一笔潇洒自如、灵动俊俏的张氏魏碑行楷，不用自报家门，就可看出他是大风堂的传人——果然名不虚传，如他名片所示：大风堂的再传弟子、台北大风堂书画研究会会长。

这位大风堂的再传弟子，不仅是孙家勤的门人，而且是孙云生的门人（孙云生亡故后，再拜孙家勤为师）。可以说，他是大风堂第二代的双料弟子。他精力旺盛，活动能量大，自 2003 年始，在北京、西安、合肥、黄山四地博物馆举办巡回画展，画展期间拜访了尚健在的大风堂第二代师伯（叔），同时也探访了上海、成都等地的大风堂第三代。当然也应他的要求，我从中做了一些穿针引线的工作。

据游三辉介绍，台北大风堂的第三代，以孙云生、孙家勤的门人为多，尤其是孙家勤在台师大和巴西圣保罗大学授课时，听课学生更是成百上千，如果这些学生也可收入第三代的话，那么，第三代的队伍将十分庞杂。他的意见是除去一般听课的学生，在听课之外，又登堂入室学艺者，方可列入大风堂的第三代。我同意他的意见。因为大陆也有类似的情况。至于第三代的具体人数，尚待进一步统计核实。

附：大风堂同门录

乙丑二月

姓名	性别	籍贯
丁明修	男	四川遂宁

丁瑞祺	男	四川遂宁
王遐（永年）	男	四川仁寿
王连城	男	天津市
王康乐	男	浙江奉化
田世光（公炜）	男	北平市
朱苇甘（勤孙）	男	浙江吴兴
伏文彦（子美）	男	河北任丘
吴子京	男	安徽歙县
吴石溪	男	烟台市
何瀛（海霞）	男	北平市
邢家骥（千里）	男	河北文安
李纯儒（文渊）	男	天津市
李方白	男	河北
李树人	男	北平市
余盛明（吉庵）	男	四川
况严（锦华）	男	四川巴县
周佑然（启人）	男	杭州市
金嘉会（梦鱼）	男	浙江绍兴
金贤生（螺村）	男	浙江绍兴
林知（遐年）	男	浙江鄞县
胡霜庵	男	湖北襄阳
胡倬云	男	浙江平湖
胡旭光	男	江苏松江
胡立（望之）	男	四川灌县
郁文华	男	江苏吴县
孙家瑞（云生）	男	河北宁河

梁树年（豆村）	男	北平市
梁廷儒	男	江苏江都
徐　石（松安）	男	江苏吴县
范志宣	男	江苏吴县
柳君然	男	江苏吴县
袁天祥（照民）	男	湖北
唐　怡（灏澜）	男	北平市
张旭明	男	四川忠县
张　玉（心德，一字比德）	男	四川内江
张　颖（心智，又字亚夫）	男	四川内江
张　约（心一）	男	四川内江
张　驭（养田）	男	浙江鄞县
娄　坰（次郊）	男	四川成都
陆元鼎	男	上海市
曹逸如	男	安徽安吴
曹大铁（北垆）	男	江苏常熟
陈从周（名郁文，以字行）	男	杭州市
陶知奋（寿伯）	男	江苏武进
符承礼（季立）	男	湖南衡阳
萧　朴（建初）	男	四川德阳
萧佛存（允中）	男	河北衡水
董天野	男	浙江慈溪
巢章甫	男	江苏武进
翟　浩（道纲）	男	四川崇庆
顾　翼（福佑，一字猛子）	男	江苏嘉定
刘　颉（力上）	男	江苏镇江

刘君礼（痴一）	男	河北安新
刘侃生（号莲生，字行公）	男	江苏崇明
慕　倩（凌飞）	男	山东黄县
谢天民	男	河北
糜　旭（耕云）	男	江苏无锡
钟国梁（秋厂）	男	上海市
罗新之	男	四川新都
龙　治（国屏）	男	四川宜宾
王　智（智园）	女	广东番禺
王钟奇（慧男）	女	北平市
王学敏	女	浙江绍兴
朱　霞（尔贞）	女	北平市
李　藻（绘秋）	女	浙江吴兴
宋继美	女	四川广汉
吴浣蕙（佩珮）	女	江苏吴县
林今雪	女	江苏吴县
俞致贞	女	北平市
侯碧漪	女	江苏无锡
郁慕贞	女	上海市
郁慕洁	女	上海市
郁慕娟	女	上海市
郁慕云	女	上海市
郁慕莲	女	上海市
章述亭	女	安徽铜陵
张　嘉（心嘉）	女	四川内江
张　湘（心瑞）	女	四川内江

张正雍	女	四川奉节
童月莲	女	浙江鄞县
叶名佩	女	浙江永嘉
厉国香（墨华）	女	浙江鄞县
潘　渭（逸滨）	女	江苏吴县
潘　愿（贞则）	女	广东南海
严贞炜（嫩君）	女	陕西渭南

附注：这份同门录是张大千去国前（1949年3月），由他的红粉知己李秋君为之题签的，本书抄录时略去了通信地址。

孙家勤大风堂学艺记

吾生也晚，无缘得见大风堂主张大千居士，却有缘结识了海内外众多的大风堂门人。大千居士20世纪60年代在巴西八德园所收的四位关门弟子之一、现居台北的孙家勤先生就是其中的一位。孙先生其人，我曾在《闲话大风堂》及其自画像配文《大风堂里的双博士》（见拙编著《百美图》）中略有记述，本文要说的是他的艺术履历以及如何远渡重洋赴巴西八德园向张大千学艺的经历。

孙家勤，字野耘，祖籍山东泰安，1930年出生在辽宁大连的名门之家，其父是北洋政府时期五省联军的总司令孙传芳，可惜他五岁失怙。家勤早慧，七岁随母学画，十五岁就加入了北平湖社画会的嫡系"四友画社"，画社由湖社第二代的四位画家组成，其中陈林斋主人物，王仁山教山水，杨敏教花鸟，常斌卿则教走兽。孙家勤主要从陈林斋老师习工笔人物画，学了三年，打下了扎实的线条勾勒、骨法用笔的传统基础。后入北平辅仁大学，向汪慎生学花鸟，向溥沂（雪斋）学书法。好景不长，只学了一学期，解放战争爆发，学业中断，其母又不幸逝世，他只得孤身一人，辗转港台，投亲靠友。时年十九。

台师大与丽水精舍

1951年，二十二岁的孙家勤决定继续自己的绘画学业，考入了省立师范学院艺术系（后改名台湾师范大学）。当时的师大，除了学费全免，每月还有74元台币的生活补助（相当于1.5美元），学校管吃住，每季发床单，还供给制服，所以生活上还算过得去。当年的师大美术系，是台湾唯一的艺术专门科系，可以说是会聚了那时最佳的师资阵营，木工由许志杰执教；素描由朱德群、林圣扬、陈慧坤、赵春翔等诸位老师轮流教授；油画则由廖继春、袁枢真指导；水彩由马白水教授；图案先后由王昌杰、郑月波、廖未林执教；雕塑由何明绩、阙明德任教；书法由宗孝忱教小篆，王壮为指导篆刻；用器画（现称"图学"）由莫大元教授（黄君璧之前的美术系主任）；还有一门跟教学有关的科目叫"板书"，则由创立艺术教育馆并担任第一任馆长的冯国光教授任教。国画方面，系主任黄君璧教山水；林玉山先生教花鸟；另外还有金勤伯、溥心畬、孙多慈等前辈名家。能同时受教于多位名师，这些学生可说是"命很好"（据2006年5月11日孙家勤口述稿）。

据孙家勤回忆，他自师大毕业后，担任助教，与当时美术系老师相处机会甚多。在名师荟萃的师大里，他觉得影响最深最熟悉的师长首推金勤伯，由于陈林斋与金勤伯同属湖社画会，故他与金先生本就有师门之谊。另外两位便是黄君璧先生及溥心畬先生。他一进师大，便上黄君璧的课，任助教期间，更是朝夕共处，相处十多年，可以说是非常熟悉。而溥心畬先生，在他三年级的时候，首次在师大授课，也许与其超然物外的个性有关，溥先生对身边事情不太注意，一出门就找不到家，所以担任课代表的他，每次上课都安排三轮车接送来回。这项工作，到他担任助教时仍如此。说到"南张北溥",他对受教过的两位大师,描述得简单而贴切:"若说溥心畲先生是李太白,大千先生就是杜甫。"

台师大期间,尚有一事值得一记。这就是孙家勤在"大三"时(1955年,二十六岁),与两位学友兼画友胡念祖、喻仲林合作,仿照"四友画会"的组织形式,成立了"丽水精舍"画室。画室设于台北丽水街旁的河边,河边有一家周姓大户,在三合院的打谷场边靠河的地方,又加盖了一间房子。周家三合院与师大宿舍隔河相望,于是孙家勤诸人就把这间空屋租了下来,当作工作室。工作室里时有学弟、学妹来访,慢慢变成了他们的学生,他们又介绍别的朋友来,规模逐渐扩大,于是孙家勤又仿效"四友画会"的做法,每人专教一门,喻仲林教花鸟,胡念祖教山水,孙家勤教人物。画室很大,放三张桌子,绰绰有余,平常三个人各自授课、作画。当时他们有个默契,到了中午十二点,就把手头的活儿放下来,孙家勤就张罗吃的东西,大家喝酒谈天,互相批评当天的作品。画室里,还常有两位不请自到的老先生,一位是时任台大文学院院长的台静农先生,另一位是台北故宫博物院的研究员庄慕陵,他们的住处距丽水精舍不远,所以成了常客,加入了吃喝聊天的行列。两位老先生不但学问渊博,而且本着对后辈爱护的心态,对他们的新作多有指点批评,使他们获益良多。台静农后来还成了引荐孙家勤拜师张大千的介绍人。

在台师大,孙家勤先当学生后当老师,前后待了十四年。他由助教升为讲师,边教边画,职业是教师,业余是画家,无论是教学,抑或绘画,他都是师大的优秀人才。如果继续在师大任教,他可以按部就班,逐步升级,稳取教授、知名画家的头衔,立业成家,生活上也不用太费劲,准过得安逸舒服。倘若没有日后拜师张大千的机缘,他在学业和画业上,怕也难上层楼,未必有今日的成就。

大风堂学艺

谈起孙家勤远赴巴西投师学艺，事情要从1963年说起。当时的张大千已名满欧洲，如日中天，正想物色一个学生当助手，继续向国际艺坛进军。于是委托台湾老友台静农和张目寒帮他物色。台静农常去丽水精舍，对孙家勤三人的画艺人品了然于心（三人中一人年岁较大，一人已成家，只有孙家勤尚是三十多岁的大龄青年），于是他征询孙家勤的意向。孙家勤向校内的同学好友征求意见，好友们意见不一，经过一番考虑，为了艺术上的百尺竿头更进一步，他接受了留职停薪的建议，向师大请假一年，去巴西进修，学艺大风堂。孙家勤画了五张宋人山水为主题的小品，委托张目寒先生，

孙家勤全家福照。坐于孙传芳（右三）膝上的幼童即孙家勤，左二为其母周佩馨

带给正值过境香港的大千先生过目。大千先生看了很满意，便委托台静农与张目寒代为收徒。大风堂的收徒仪式有严格规定。孙家勤按照大风堂拜师的规矩，备了香案，在饭店里摆上酒席，请了大千先生在台湾的所有门人弟子，来参加他的拜师典礼。这一天，他当众三跪九叩，向台静农、张目寒两位前辈行了大礼。此后，他就成了大风堂名副其实的入室弟子。又据孙家勤回忆，他拜师是1963年。这一年夏天，大千先生送女儿张心瑞到香港回大陆，顺道去德国科隆举办画展。回程时过境台湾，作短暂的停留。也就在他留台期间，他才叩见了大千先生。至于整装远赴巴西，那是翌年底的事了。

1964年11月底，孙家勤搭乘荷兰籍宝树云海轮由台湾转航日本，从日本出发，经过四十天的海上颠簸，抵达巴西圣保罗州桑托斯。大千居士的次子张心一（葆萝）来接船，接到八德园，已是晚上九点左右了。老师尚未休息，正在等待他们归来。见面时，孙家勤向老师恭恭敬敬行了跪叩大礼，从此开始了他在八德园大风堂的学艺生涯。

八德园，是大千居士从阿根廷迁居巴西后负债购置的一座旧园林，占地九公顷，距离圣保罗市约80公里。这座园林原本是一个果园，种有数千棵柿树，以产柿而闻名。据唐人笔记《酉阳杂俎》记载："柿有七德，一入药、二作书、三色美、四无虫、五果可食、六作茶、七入画。"大千先生又给加了一德："其叶肥大，可以作画。"于是就以八德园名之。为了把八德园营造成一座可居可游可观可入画的中国式庭园，他将果园依公路为界一分为二，三公顷果园保留千余棵柿树（每年可有四五千美元的收入）。另外六公顷果园则砍掉柿林，按照理想的中国园林，不惜耗费巨资，不惜人力物力精力，从世界各地运载奇松巨石、名花异草，开渠引水灌湖，运土堆丘造山，架桥建亭，逐日逐月逐年，十年如一日，直到孙家勤走进八德园，仍见大千老师天天指挥民工花匠修园剪枝不止。营造八德园，成了张大千读书、作画外的一大工程。当然营造八德园，并非将园林建成可供安乐享受的极乐世界，而是把它变成取之不尽、用之不竭的创作素材，诚如他对孙家勤所说："八德园是我的大画布，所有的树木花草全是我的画材，我用我的自然画材摆布在我的画布上，实在我是在用功，并不是在布置一块我自己休息的地方，所以我很忙。忙着作画，忙着读书，忙着布置我的花园。"（见《雕宰三年，师恩似海》，《荣宝斋》杂志2004年第5期）

《雕宰三年，师恩似海》是张大千逝世后，孙家勤写的一篇纪念文章，在这篇文章中，他真实地记录了在八德园的学艺生活。奇怪的是，在这篇万字长文中，很少涉及张大千如何教他作画，作山水、作花鸟、作人物、作猿猴禽兽，而这些绘画技法正是一个学生学艺的主课。诚如他所坦陈："没去之前，我以为张老师是一个职业画家，我跟他学学技术就完了。但是在跟他一年后，我就发现，他是艺术家，他学问好，做人成功，他知识广博啊！我很少看到有人有这么好的知识，很少有他不知道的事情，而且叙事清楚，讲事情清清楚楚得不得了。所以我才决定，能够尽我的一生跟他在一起。"孙家勤原先打算向师大请假一年，结果一延再延，最后落脚巴西。

孙氏说，远赴巴西，原本是冲着大千老师的山水绘画技法而去的。可是与老师相处一年后，他发现老师并不是一般卖画为生的职业画家，而是艺术家，学问好，做人成功，知识广博。于是舍末求本，学识学艺更学人，决心向老师求学问、学知识、学做人。那么他又是怎样学的呢？据孙氏记载："在八德园中，老师的生活是非常忙碌的，每天约四时起床，即在相连卧室的小画室中作画，五或

张大千与孙家勤

六时天色亮起来了,即到园中散步,医生嘱咐他每天最少要散步一公里,由主房到五亭湖,一个来回刚好一公里,直到巴西工人上工,开始指导工人修正石头的位置,指定今天要种的树,并及于树枝的方向,九时才回房前的松树下面吃早点。其后即回房休息。十一时作画,十二时午饭,午后略事休息,有时就在园中树下的石头上睡一个午觉,二时左右起来在园中散步,五时饮下午茶,七时晚餐,餐后,不是在廊下闲谈,就是作画,如果精神好,这段时间画的最多,九时入睡。"从这份作息表上可以看出,大千先生每天作画的时间并不太长,也就是三四个小时,但效率颇高,成百上千幅作品也由此而生。他更多的时间用在散步或指导工人修正园林。当然散步不光是休息,主要是构思园中的"大画布"和笔下的画稿。

孙氏说,他每天五时就等在园中,追随老师在园中散步,这时他得到最多的益处,除了老师在沿途指点晨雾变幻、苍松含露的自然美景，唤醒他的注意力外，还泛谈古今书画，由辨正真伪到画家的传承，上下古今无所不谈，使他真正了解了古人所谓"咳唾皆金玉"的真意。

孙家勤初到八德园时，园中饲养着两白两黑四只猿，其中两只小猿叫茜达和玛丽，与人非常亲，每当清晨，他陪同老师到"五亭湖"时，茜达总是窜前跳后跟着走，或牵着他的手，或挂在他的膀子上。这时老师会讲关于印度猿、四川猴的故事，并叫他趁这个机会，加深对猿的认识，研究猿的动作，如飞走的体态、手足的结构。也就是在这个时候，他临摹了老师收藏的元代易元吉《懈树双猿图》，并说画猿猴不宜露齿，露齿则易露野性，而易元吉这张猿图，虽露齿却有文气，是难得的好作品。

大千先生最喜欢的黑猿叫黑宝宝，印度带回的，脸上有一圈白毛，非常入画，每当老师作画时，黑宝宝就蹲在窗前聚精会神地看着，好像非常欣赏的样子。当老师高兴时，就讲他与猿的关系，讲猿的特性，讲猿与猴子的不同之处；他常说猿的品性清、贵、高、洁，而其最大的长处是静，故而猿较入画，他自己也爱画猿。可惜玛丽后来被不知情的猎人射杀，老师就把其他三只猿一起送给了巴西动物园，使巴西动物园成为南美洲唯一有猿的国家。

八德园里，有四排直行的盆景架，放着三百余盆盆景，有原产于中国西北的"红柳"，有日本大臣赠送的"古柏"及由日本运来的锦松，更有许多是购自巴西的日本移民，也有许多是张大千亲自培植的盆景。每天张大千在这里消磨的时间最多，指导着从日本请来的花匠铃木，如何将树上石，如何改正姿态，一面与他讲着黄山的奇松，并且说："何必远去寻求画材，每一株奇古的盆栽每一角度都有取之不尽的画材。"后来张大千住到美国卡米尔环荜庵时，惊叹于太平洋海岸的奇景，每一株被海风千百年吹蚀而成的松柏，全像是天生的大型盆景，就命家勤尽可能将卡米尔城区的树全部写生下来，为此他花了整整三个月时间。后来他发现老师的画风在这时也有了改变，画中的树木曲折其势，是卡米尔的树种的再显。

八德园的风景并不是固定不变的，当大千居士看到已经种好的大树更适合另一角度和另一环境时，就会不惜一切地将这棵树移到更适合的地方。例如房前有一棵大三叶松，被锯掉主干后，成了卧龙姿态，树姿太美了，但又觉得移到另一地方则更美。为了移树，他花了四年时间四面切根，眼看可以搬移了，可是树太重太大，硬搬不是个好办法，只有三分之一存活的希望。又经过数月筹思，他下定决心挖槽移植，动用了几十个大力士，将树从深槽中移抬到预定地点。大千居士走前走后，指挥着大力士抬移，口中念念不断地对他说："家勤啊！佛说慈悲喜舍，其他三个字全容易做到，只是最后这个舍字最难，实在舍不得啊！"他觉得老师不惜人力物力，不断改进八德园的风景，正是老师不断寻求完美的表现，也就是古人所说的"一日新，苟日新，日日新"的意思。大千居士常对家勤说道："画家最危险的境界是自己学自己，因为太满意于自己的作品，则不会再进步。应当知道自己没有达到的境界，改正自己的不足之处，不满意自己的作品，然后才能有真正的进步。如果天假以年，我胸中仍然有太多的作品没有能画出来呢！"孙家勤觉得，这就是大千居士不断改排亭园布置的真意，因为他不满意昨天，不满意已有的成绩。

八德园中的"孤松顶"是大千居士的得意之作，顶上的几块石头是几经修正才告完成的。成功之日，老师告诉家勤，如此置放才真正得到明末四僧渐江的神髓，他要使渐江的画面重现在大自然中，因此大千先生画了好几幅以"孤松顶"为题材的作品。孙家勤也画了一幅《孤松顶》，大千先生还在他的画上题诗道：

　　垒土千车作一峦，孤松绝顶倚双鬟。老夫老矣从人笑，不爱真山爱假山。

　　此予三巴八德园自作小山，山头松石颇似渐江布局，顷观家勤写园，为拈二十八字，爱翁。

　　五亭湖是八德园的著名景点，占地约一公顷，分成内外两湖，由一竹堤分割而成。外湖除种植荷花外，在沼泽一带种满了水蜡烛。大千居士爱画荷花，八德园的荷花也是他笔下的粉本之一。湖边颇具野趣，于是靠近湖边盖了两座并蒂草亭，取名"双亭"。湖的另一面有一半岛伸入塘中，半岛上遍植杜鹃与黑松、赤松，每棵松树做了剪裁，穿插在杜鹃丛中，在艳丽中平添了不少古拙之趣。这座半岛命名为"踯躅屿"，由大千居士题刻在石头上。半岛尽头盖了一亭，因地势空旷，湖风轻拂，故命名为"分凉亭"。每天中午，孙家勤总喜欢在这里读书。谈到读书，有一次他问老师："为了充实艺术家的修养和人格，大家都说要多读书，但是要读什么样的书呢？"老师回答道："一个成功而伟大的艺术家，自当具有高尚的人格，要有开阔的胸襟及丰富的知识，不能局限在一个范围之内，这种修养的养成，则完全需要多读书才能达成，而且不限于某一类书。古时候伟大的艺术家，全是重气节之士，人品高了，作品的气质自然不同，所以任何种类的书全要看。"

　　孙家勤是艺术专科学校里出来的学生，应该说也是大风堂门人中学历最高的学生，但大千先生仍要他多读书，孙家勤又问该读什么书，是绘画记录，还是某人的画语录？要不要把这些东西背下来？大千先生告诉他："不是。读书是个很开阔的东西，读什么都行。"孙家勤又问："我喜欢读武侠小说也行吗？"大千先生说行。家勤看老师是很认真的，便问那得如何看呢？读书得会读才行啊！

大千先生便说:"武侠小说如果不被它的故事所迷惑,而去注意作者的精神所在,那么情节的安排也跟作诗是一样的,也是起承转合,如果能注意到武侠小说的全部结构的话,这与一张大画的结构又有什么不一样呢?"他受此启发,日后向学生提起此事,就加以发挥道:"看武侠小说的起承转合,和画面的布局是一样的;同样地,用更广阔的看法,写生何必一定要跑大老远,每棵树都有自己的优点,走在公园里、马路上,一样可以欣赏她的美点。"

临摹敦煌壁画,是大千先生毕生的重大业绩。积二年零八个月之功,不仅完成了二三百件完整的临摹作品,还绘下了数百件白描画稿,这批画稿未能随身携带国外,而将它托存在大风堂天津门人巢章甫处。后当大千先生索要时,巢章甫却与其女匆忙勾画了一批复制本寄上,而将原本留下了。复制本与原稿差别较大,几乎每一张都要重新整理,大千先生颇感头痛。幸亏孙家勤人物画有较深功底,所以在整理画稿上帮了大忙。

画稿整成后,开始复原敦煌画稿,由于画稿是以原先的黑白线描为底,全靠大千先生的记忆来补填色彩。比如画天王时,孙家勤便问,盔甲是什么色?大千先生告诉他染绿色。什么绿色?孙家勤便调了多种绿色出来,由大千先生指定哪一种,然后动手染上。日后对照敦煌壁画原件的印刷品,孙家勤发现,竟与大千先生选出的绿色完全一样。可见大千先生不仅记忆力惊人,而且色彩感也极其灵敏。

在大千先生指导下修复画稿,使他间接地补上了临摹敦煌壁画的一课。在修复的过程中,他不仅厘清了考古工作者与画家对待"复原"的两种概念和方法,还逐步体会到大千老师临摹壁画的心态。大千先生认为,敦煌壁画所以伟大,是因为许多工匠将毕生精力投入到绘制壁画上,日复一日,熟能生巧,功夫极佳。但他们毕竟不是当代名家,当代名家是不会到这般偏远的边疆来的。而自己是当代大家,自然没有必要去复制工匠的作品,更没有必要原封不动地回复到与原作实物相同的状况,甚至连实物的破损都得保留。正因为大千先生认识到了这一点,"因此在他的临摹中,运用了他的天才和智慧,发挥了他的自信能力,依照着壁画画面的结构,创造出高华慈悲的释迦面貌,隋时的清瘦、北魏的长颈圆面、盛唐的丰腴、宋的适中,居士都能随着时代风格的不同,在不失特色之下,将释迦赋予最高的慈悲面相,每当遇见墙壁败坏剥落部分,他则以己意予以补足……所以他虽然是以临摹的态度去画壁画,但实际上却是幅幅以创作的精神来完成之"。(见孙家勤:《敦煌壁画对大千居士画风之影响》)这就是大千先生临摹壁画的心态。

举一反三,由大千临摹壁画的心态,孙家勤觉得,自己所处的时代,与大千先生又有所不同,画家不应该脱离时代,也不可能脱离时代所带来的转变,他也可以用自己对佛的认知,来再现自己理想中的敦煌佛像。

除了修复壁画画稿外,张大千还针对孙家勤早年追随陈林斋主习人物,后在师大授课也专教人物的特点,特意因材施教,勉励弟子要"求全":"身为画家,要什么都会,不可说我只会画人。"并将自己精心收藏的国宝级名画,交给家勤临摹,其中第一幅就是明代仇英的《沧浪渔笛图》,第二幅则为宋代刘松年的《春山小雪图》,然后则是大名家董源、巨然的稀世之作。每画好一幅呈交,老师必将全幅佳谬之处细加指点。如此数幅后,他就以佛家开示的说法,提醒家勤:"你现在已可入画家之林,但要做传世大画家,仍需努力,但传世大画家,亦不只在绘画之功力。"功力亦在画外,这句话真是金针度人,意在言外,孙家勤终身受益无穷。他继承了老师要全面发展的遗训,不仅擅长人物,而且兼及山水、花鸟走兽，旁及西画，是大风堂少有的多才多艺的门人。

协助大千先生修复敦煌壁画稿及临摹古画，是孙家勤在八德园三年的主要学业，也可以说是他在大风堂学艺的主课。在修复画稿临摹古画的过程中，他不仅补上了临摹壁画和古画的一课，在美术史论方面对北魏、隋唐、两宋时期的绘画演变轨迹有了更深切的理解，而且在人物技法创作上获益良多，更上层楼。离开八德园后，为了进一步弄清敦煌壁画与印度阿坚塔壁画艺术的源流异同，他在圣保罗大学攻读艺术博士学位，又将它当作博士论文深入研究，为此大千先生又为他提供了在旅印期间所搜集的珍贵图文史料。新千年伊始，台北历史博物馆举办了张大千与敦煌壁画展，并编辑出版了《往来成古今：张大千早期风华与大风堂用印》特集，孙家勤又撰写了《敦煌壁画对大千居士画风之影响》论文，以示他在八德园修复敦煌壁画稿作为起步，而不断研究的成果。

前文提到，八德园中，张大千共收了四名弟子，另有三位是张师郑、王旦旦（二人后结为夫妇）、沈洁，人称"八德园的关门弟子"。孙家勤在八德园整整住了八年。他发现老师家里开支庞大，于是主动向老师请辞，得到了老师的允准。临行前，大千老师特意绘赠了一幅画，以及一支笔、一锭墨、一方砚台。那锭墨是清代的墨，制成汉尺的形状，老师说："笔和砚是我对你的期望，"同时又拿起墨来说，"这锭墨则另有不同意义，此墨随我关山万里，历经各国，是我心爱之物，其造型为汉时的尺，墨上镌有考据，完全依据汉时制度而制成。非是适当的人，你不可随便拿出来示人；我要你以此尺去度量天下士。"2009年2月13日，孙家勤应台北历史博物馆之邀，举办《耄耋新猷画展》，在画展开幕式上，孙家勤、赵荣耐夫妇将当年大千老师的这些私人文物馈赠，全部捐赠给历史博物馆典藏。

孙家勤离开八德园后，在圣保罗大学谋职，一边教书，一边攻读博士学位。教学期间，家勤每周仍去八德园两次，清晨四时出门，搭往摩诘的小火车，然后再转公交车，约八时左右到达八德园，风雨无阻。这一段时间，以向大千求教古今名迹的鉴赏为主，尤其是唐宋元三朝的古画。为了支持家勤在圣保罗谋职求学，立足巴西画坛，张大千还与孙家勤、张葆萝一起，在圣保罗破例开了一次张大千父子、师徒联展，同年，又亲自为大风堂门人孙家勤、张师郑、沈挹冰、王旦旦画展题署请柬，并出席了联展的开幕式。嗣后，孙家勤多次在港台举办画展，张大千不仅在刊登孙家勤画作的中外刊物上撰文介绍其人其艺，还特为孙家勤1971年首次回台举办画展撰写前言。其文曰：

> 孙生家勤自台湾远来从游，专意敦煌石室壁画，予乃尽取所抚，又从罗吉眉先生乞得摄影如（若）干帧以授之，精研深思历七八年，斐然有成，著笔沉厚，傅色端丽，居然有隋唐以上风格，起元明人物画之衰，于孙生有厚望焉。又尝从予观海外诸所藏名迹，必请问源流精微，退而揣摩，故其山水亦能上追董巨刘李，花鸟兼综徐黄藤崔，并能自见性情，其纵肆处能摄取白阳、青藤之精魄，奔赴腕下。生能勤励如此，其才亦足以济之，是可喜也。顷者归国将展览台湾、香港，就正于先辈平交，想故国名贤必有以教益之也。

谈及受到大风堂的影响，孙家勤在口述稿中说道，当初去大风堂投师，目标是希望学习大风堂的山水。到了巴西，接触到敦煌画稿之后，人物画上的眼界与技法，自然更上一层楼了。但等到他回到台湾后，想法又有了改变。大千先生的弟子众多，多方才艺均有出类拔萃的后继者,唯有花卉部分,大风堂里的传人尚没有学得很好的。自己的人物画,自从带艺从师开始,已经有了良好的表现,所以决意专心致力在花卉上,希望能够传承大千先生这方面的心得。

张大千的收藏

张大千是一位大收藏家。他的一生,尤其是前半生(1949年离开大陆以前),凭着一双手、一支笔开画展,挂笔单,费尽心力财力,奔波于南北,往返于东西,孜孜以求,以画易画,收藏了数百件历代书画名迹。在他收藏的印章中,有一方刻着"富可敌国"的印文,表达他以收藏自负的心情。论及他的收藏,有人这样评道:"民国以来,海上藏家,以庞虚斋、叶遐庵、张葱玉、吴湖帆为最知名,稍后于四家,而凌驾乎其上者,则内江张先生也。"(见台湾《大风堂馈赠名迹特展图录》,秦孝仪序)

张大千收藏历代书画名迹,不同于一般藏家,以秘藏为目的,视藏品为财宝,而是为了学习、临摹和研究。他研究藏品,不但提高了鉴赏能力,成为近代难得的书画鉴赏家,而且刻苦临摹历代名迹,"既经我眼即我有","挹彼精华,助我丹青",临什么像什么,被人视为近代画坛上少有的能精通各家各派,最后又融会贯通、自成一家的中国画大师。

张大千的收藏起于20年代中期。应该说,他的收藏兴趣最初是受其两位老师——李瑞清与曾农髯的影响。曾、李两人喜好收藏石涛、八大山人珍品。据张大千自述,他在曾、李两师处看到了一些石涛、八大山人的真迹,"效八大而为墨荷,效石涛为山水,写当前景物,两师嗟许,谓可以乱真。"为了更多地临仿石涛、八大山人,他到处探听石涛、八大山人藏品,千方百计上门求得一看,练就了过目不忘的强记背临的本领。因索看时常吃闭门羹,藏主往往秘而不愿出示,促成他下决心自己收藏。

谁都知道,收藏是要有金钱作后盾的,没有钱就无法收藏。当时张大千尚未成名,他的画在南纸店挂不上笔单,偶尔挂上了,也卖不出去。他的生活来源主要靠父兄接济,但父兄又不是大富翁。怎么办?一个偶然的机会,使他找到了一条收藏的财路——作假画,以假换真。

张大千早期的收藏是在很艰难的条件下进行的。据他晚年自述,有一次,他买了一位江西老画家的一批藏画,要价一千二百元,他手头只有四百元,而这位老画家急于要回江西,怎么办?幸亏他的老师曾农髯得悉了这个消息,亲自登门询问,并派人及时给他送来了八百元,才解了这个围。不然,这批眼看到手的藏品,就要失之交臂了。

他的胞兄张善子曾在《石涛山水册》的后记中记载过这样一件事:"八弟季爱嗜古若命,见名画必得之为快。甑无米,榻无毡,弗顾也。甲子岁(1924),余客京师,八弟来会,偶于厂肆(琉璃厂)获见此册,以索价奇昂弗能有。旋游沪渎,吴人某持此踵门求售。八弟见之,如逢故人,惊喜欲狂。卒以七百金得之,藏之大风堂。物必聚于所好,是果有翰墨缘耶?"

张大千在《画说》中说过:"习画应先审定一家,作为楷模,从勾勒名迹入手,打定根基,渐次参考名家,以扩境界。"这段话正是他的夫子自道。他所审定的一家,就是石涛,也可以说,他是由收藏、临摹石涛作品起的家。那么,张大千的一生究竟收藏了多少石涛珍品?

20世纪70年代初,张大千在美国曾对一位友人说过,他收藏的石涛珍品有五百件之多。据笔者所知,"五百"是张大千从老友徐悲鸿处借用的口头语,徐悲鸿早年评张大千时曾说过"五百年来一大千",这句评语后来成了不少人的套语,连他自己也套用过,如他在日本东京出版的《大风堂藏画集》的自序中写道:"抑知吾之精鉴五百年间又岂第二人哉?!"有人问他写过多少诗词,他亦答有五百篇之多。可见,他所说的五百件石涛真迹,不是实数,是顺口说的一个约数。

约数,恐怕也只能是一个约数了,要求确数,怕要缘木求鱼。不过,窥看一下,各个时期他收藏石涛真迹的消长,对研究张大千的生平创作却是不无益处的。

早在1929年4月,上海举办全国第一届美展。张善子、张大千以"大风堂"的名义,展出了二幅丈二匹石涛山水和数小幅石涛山水,而展出的八大山人却不下十余幅。

1937年4月,南京举办全国第二届美展,在历代书画项目中,共展出石涛画迹十二件,盖有"大风堂"印记的石涛藏品占半数之多。

"大风堂"早期的一批藏品,大多存在苏州网师园,"八一三"日军攻陷江南后,这批藏品"尽付劫遗",可惜,当时没有编目,所以无法统计劫失的石涛画迹数目。

日军攻陷北平的第二年,张大千从虎口逃出,将其随身在北平的藏画约二百件,辗转寄递,历经兵火险阻,最后运到了四川成都。四年后,张大千命门人子侄将这一批书画编了一本《大风堂书画目》,详记尺寸题咏。从毕宏、文湖州、易元吉直至金冬心、华新罗,计一百九十四件,其中石涛的作品有四十件,占全部藏品的五分之一强。而八大山人的藏品只有三十一件，只占全部藏品的六分之一弱。

　　1955年，张大千在巴西寓居，出其"行箧所携，益以旅途所获，自唐迄清，精加别择"，在日本精印了《大风堂名迹》四集，其中第二集就是清湘老人（石涛）专辑，印出立轴十件，手卷五卷，册页五件四十二页。其中有少数名迹曾见于《大风堂书画目》。如《秋林人醉》《匡庐小憩》等轴即是。从1943年编《大风堂书画目》到1955年出版的《大风堂名迹》四集，时隔十二年，在他手中进出过的石涛藏品就达百幅（页）之多。

　　另据美籍美术史家傅申在《大千与石涛》一文中记载："记得十多年前（指70年代初），在普林斯顿大学美术馆的库房里，曾经展阅过大千寄存的一大箱藏画，全是石涛，立轴、册页、手卷皆备，琳琅满目，其中大部分还未见于《大风堂名迹》，足见其收藏之富。"由此可见，尽管张大千一生究竟收藏了多少件石涛的画已无法精确计算，但是说张大千是近代收藏石涛画迹最多的一位收藏家，恐怕不会是言过其实的。

　　张大千除了大量收藏石涛、八大山人两位清初大家的画迹外，还收藏了数十件隋唐宋元名迹。从《大风堂书画目》中可以看出，当时他已收藏了毕宏、法常和尚、文湖州、易元吉等宋画八件，赵孟頫、梅道人、黄子久、王蒙等元画十七件。抗战胜利后，他又从北平琉璃厂古董商手中收到了不少宋元乃至唐五代名迹，其中以顾闳中的《韩熙载夜宴图》、董源的《江堤晚景》《潇湘图》最为名贵。这三幅均是南唐名迹，也是张大千自诩为"大风堂"的镇馆之宝。

　　《韩熙载夜宴图》是一幅丈余的长卷，共分五段，有人物，有故事，如同今日的连环画。这幅名迹，最早藏于宋宣和御邸，宋亡后，流落民间，始有王振鹏的摹本（仅有二三段）传世。到了清朝,《夜宴图》又传进宫内,为皇家御藏,盖有乾隆题署的印章。辛亥革命后,溥仪出宫时携带了大批文物珍宝,其中也有《夜宴图》《潇湘图》。抗战胜利后,溥仪的伪满洲国垮台,《夜宴图》《潇湘图》连同大批名迹墨宝重新散落民间。

那么,张大千又是如何在北京收藏到这两幅巨制名迹的呢?张大千在上海的一位学生曹大铁对此事知之最详。曹大铁回忆道:张大千"抵京后半月,有一个不相识者登门,邀请为之审定名画,从之。即登来人黑牌小轿车,行向颐和园西北山区,车行约四十分钟,始停下,导入一茅屋内。先与吾师坚约,如不欲购置或议价不合,则坚请保密,违则以性命相拼。悉如其议,旋于煤油灯下出此二卷,外又宋人《溪山无尽图》等九卷,索价二千两,商之再,以七百两成交。其间此二卷作价五百两,余七卷为二百两"(见曹大铁《梓人韵语》)。由此可知,张大千是花了五百两黄金,从一位来路不明的藏主手中买下了这两幅稀世之宝。中华人民共和国成立前夕,这两幅名迹曾被大千携到香港,又通过徐伯郊斡旋商售,归还祖国,现存故宫博物院。

"大风堂"中另一幅镇堂之宝《江堤晚景》,则是他最为得意的收藏,也是他收藏中最富于传奇色彩的一幅名迹。

30年代中期,张大千名震北平画坛。那时,他除了开画展外,听戏、看画、吃馆子成了他生活中的主要内容。每天下午,他就与二三好友逛琉璃厂。琉璃厂的铺子虽有上百家之多,但一个下午认真地看字画,大概逛三四家也就差不多了。

有一次,他与一位朋友逛到国华堂,在朋友的怂恿下,国华堂萧老板拿出他最心爱的一幅画。这是一幅没有题款的大青绿山水,画有:"江畔乔松高耸,旅人骑马赶程。隔岸丛山叠嶂,楼观民舍隐隐。山左江水淼淼,一片平远风光。"这幅画不仅山水人物齐全,

五代董源《江堤晚景》

用笔十分工细,而且气韵高古。

张大千一见大为倾倒,爱不释手,他恳求萧老板转让,但萧老板说什么也不让,还说这幅画是传家之宝,谁也不卖,准备带进棺材陪葬。张大千听说,不由大惊。但是无论他说尽多少好话,或出多高的价钱,这位老板就是不让。

不久,抗战爆发,张大千回到故乡四川。在八年中,他对这幅青绿山水无日不想,恨不能收为"大风堂"的藏品。1945年冬,张大千从上海重返北平,立即打听萧老板的下落。但是八年来,人事变迁,当初要带画陪葬的萧老板,已经不见。还能到什么地方去寻找这幅画?幸亏他从萧老板的一位亲友处得悉,这幅画没有陪葬,而是落到了国民党一位姓韩的军长手中。这位韩军长财力雄厚,又雅爱书画,想自辟一所博物馆来展览毕生收藏,以娱晚年。因此,张大千要从这位韩军长手中得到这幅画,谈何容易?

后来,他与韩军长商量再三,韩军长开出了两项条件:(一)五百两金子;(二)二十幅明画。两者缺一不可。张大千一口答应。

当时,他手头正好有一笔开画展的钱,准备在北平买一座四合院。他当机立断,将这笔钱用来买画。

钱有了,二十张明画到哪里去找?于是,他带着韩军长到琉璃厂去选,凡是韩看中的就买下来,七拼八凑,总算凑足了二十张。这便是张大千求得名画《江堤晚景》的经过。

且说这幅画到手后,张大千越看越得意,看着看着,对这幅画的作者产生了怀疑。

八年前,他客居北平,初看这幅无款的大青绿山水,以为是赵雍(字仲穆,赵孟𫖯的次子)画的。回到四川的八年中,他左思右想,总觉得不对,这幅山水的气势、笔力似乎非巨然(董源的学生)不行。这次挂在家中一看,又对巨然能否画此巨幅产生怀疑,会不会是巨然的老师董源所作？

正在疑虑之际，他的学生萧建初（后来成了他的女婿）很兴奋地跑来告诉他说，在故宫看到了赵孟𫖯给鲜于伯几的一封信，上面有这样一段文字："近见双幅董元著色大青大绿，真神品也。若以人拟之，是一个无拘管放泼底李思训也。上际山，下际幅，皆细描浪纹中作小江船，何可当也。"

赵孟𫖯的这封信为张大千解除疑虑提供了依据。这幅大青绿山水正是双幅纸拼接起来的，景物也与信中描述的一一吻合。长期无法确定的这幅无款画的作者，至此才有了着落。他欣然命笔，在这幅画的下端题道：

八年前，予居故都时，曾见董元双幅画，自南北沦陷，予间关归蜀，数年来每与人道此，咨嗟叹赏，不能自已。去秋东房瓦解，我受降于南京，其冬予得重履故都，亟亟谋睹此图，经二阅月，始获藏于大风堂中，慰此迟年……唯此董元为希世宝……

张大千得到了这幅稀世之宝，曾先后请旧王孙溥心畬及上海的三位著名收藏家庞莱臣、叶恭绰、吴湖帆和挚友谢稚柳等人鉴赏题跋，其得意之情不能自已。

这幅名迹的四周，盖满了他最难得一用的收藏章，如"至宝至宝""大千之宝""张氏宝藏""球图宝""骨肉情""南北东西只有相随无别离"，说明此画在他收藏中至高无上的地位，以及与他相依为命的骨肉之情。果然，这幅镇堂之宝东西南北，相随了他后半生，一直伴随到他生命的最后一刻。

张大千逝世后，他的遗孀徐雯波遵照他生前的遗嘱，将"大风堂"的精品捐赠给台北故宫博物院。从捐赠的图录中看，这批古代名迹共74件，其中隋代名迹2件、唐代名迹4件、南唐五代名迹 8 件（包括《江堤晚景》）、宋代名迹 31 件、元代名迹 9 件、明清及无款作品 20 件，其中却没有一件石涛的藏品。可见在他的晚年，已将石涛的藏品绝大部分转让了出去。正如他在《清湘老人书画编年》中写道："顾平生收藏，多已散失，行箧所蓄殊少，乃广征公私家所有……"散失是遁词，转让却是实情。为何转让？一是为了周转资金，二是此时的石涛藏品早已完成了它的历史任务，"昔年唯恐其不入，至今唯恐其不出"。张大千要向更高的创作境界迈进！

张大千20年代初的设色仕女画

张大千20世纪20年代的早期作品中，有一幅设色仕女立轴（93cm×32cm），作于庚申年（1920），署名啼鹃，是迄今为止传世的张氏最早的作品，比黄天才先生收藏的张氏甲子年（1924）题赠汪慎生的四幅扇面（仿金冬心、渐江、石涛、八大），又要提前四年。另一幅白描双仕女作于乙丑（1925），较前一幅晚五年，也署名啼鹃——大千张啼鹃，署得更明确肯定。张大千以啼鹃为署名作画，至今尚未见诸图录。笔者数年前在上海书画社出版的《朵云》季刊中，与王震合作发表的《张大千年谱（选载）》中，曾于庚申年条目中披露过这幅《次回先生诗意图》的仕女画，并点出了"啼鹃是张大千早年的署款"。但由于未附图录，也没有指明这幅画现藏何处，所以并未引起张氏作品研究者和收藏者的重视。近日趁出差江南之际，重访了两幅仕女画的藏主——陆平恕主任医师（现退休在家），并征得他的同意将这两幅作品同时发表出来，供张氏作品的研究鉴藏家同赏。

说起陆平恕（字正衡），海内书画收藏家也许并不陌生，他能书画，善鉴定，收藏颇富，尤其以收藏张大千早中期作品驰名。他是嘉善人，其父陆济民业医，工书法，善诗文，擅唱昆曲，与吴瞿

《次回先生诗意图》,1920年作,署名 "啼鹃",此画最早使用"大千"印章

《素兰艳影》,1925年作,署名"大千张啼鹃"

安、俞粟庐俞振飞父子、徐凌云、赵景深同为嘉善肄雅曲社社长。30年代初,陆氏父子与张大千相识于嘉善,并时相往还,彼此在一起吟诗唱曲,挥写书画。庚午(1930)年,张大千在嘉善为其母祝七十寿辰,就由肄雅曲社同人唱曲一天。为此,张大千为肄雅曲社画大福寿桃,反祝曲社诸公寿。辛未(1931)十一月,陆氏父子招宴张大千、吴子京师生,诗人曹靖陶(号看云楼主)和眠琴馆主,并一起在魏塘元代大画家梅花道人吴镇的墓葬处合影,合影的两边还有张大千的亲笔题记:

  眠琴馆主既来之魏塘,二月将归于上柏,靖陶诗人自上海来会,东道主人陆济民画家饯之于梅花道人仙蜕处,爰留斯影,以永高会。倚碑而立者济民也,与眠琴并立者靖陶也,立于梅树之间者吴生子京也,着白袷衫者主人之公子正衡世兄也,居下位者则题记人张大千也。时辛未十一月上浣。

1929—1932年,张大千隐居嘉善南门瓶山脚下的来青堂(海上书画古董商陈慈慰的寓所),以侍奉老母为名,行仿造假石涛、八大为实,当时市面上张大千的不少假石涛、八大,就是在来青堂炮制出来的。陆平恕比张大千小十八岁,时年十三四岁,由于他是陆济民的长子,又喜好书画,因此大千以小朋友视之,以"世兄"称之,可以自由出入来青堂,并在身旁看作画——看他如何仿造假石涛、八大,如何制作假章……正因为有这一层关系,陆氏父子得到张氏这一段时期的书画不少,陆平恕也就以此为出发点,开始收藏张大千的东西。那么陆医师究竟收藏过多少件大千的东西?估计有上百件之多,"文革"后发还了一部分,就发还的东西而论,也是我所见到的当今大陆收藏家中首屈一指的。80年代中期,由我首次撰文披露的张大千与韩国姑娘池春红的恋情,就是看了他府中

张大千 20 年代初的设色仕女画

嘉善魏塘，张大千与友人
在梅花道人墓前合影

收藏的张氏长卷手书《春娘曲》后，得到的素材和灵感，由此敷衍而成了一篇传记故事。

言归正传，再来谈谈署名啼鹃的两幅仕女画。据陆医师告诉我说，两幅仕女，白描仕女收藏在前，大约在1949年初。当时他看到的这幅仕女款署乙丑九秋，大千张啼鹃，眼睛一亮，这幅大千早期作品，正是他手中缺少的。细看款书"素心端合号幽兰，乙丑九秋写此赠素兰女史博粲，大千张啼鹃"。款后有两方张大千常用的印章，上方是白文"张爰印"，下方是朱文"大千"。印款是张大千的无疑，是他题赠给一个名为素兰的女史。那么这位素兰女史又是谁呢？款前的题记揭开了这个谜底，题记曰：

梦公既命唬（啼）鹃画素兰艳影，题句云："轻衫薄袖倚新寒，梦里听歌画里看。斜抱琵琶频顾影，漫将心事向人弹。"余和一首遂并录之："尊前醉舞兴犹酣，试听清歌下广寒。一例浔阳白司马，欲将书剑事人难。"梦公吟读以为如何？素兰吟读又以为如何？乙丑冬十月一日佩初题于汉皋寓庐。

这篇题记是一个名叫佩初的人题的，是题给周梦公和素兰的，题记前后有两方周梦公的押角章，前方是朱文闲印"梦公好梦"，后方是白文名章"宁乡周梦公印"。从题记的诗句和压角闲印来看，这位女史素兰不是别人，正是画中的那位斜抱琵琶的青楼歌女——周梦公的外室相好无疑了。那么周梦公又是谁？陆平恕当然知道，他是二三十年代宁乡（宁波）的一位赫赫有名的大收藏家。初出茅庐的张大千为周梦公的外室题赠书画，这是礼尚往来，而出自周梦公的收藏，自必真确无假了。当时陆医师按捺不住心头的喜悦问画商要多少钱？画商察言观色，见买主喜形于色，知是心喜之物，于是小小地敲了他一笔竹杠。

几乎与此同时，他又在一位朋友家中看到了张大千以啼鹃为名的一幅仕女画，由此啼鹃是张大千早期作品的一个署名在他脑子里留下了较深的印象。陆平恕医师也许并不知道张大千早年除了署名啼鹃作画，还以啼鹃的笔名在上海小报上写"梨园掌故"之类的游戏文章，笔者见过他亲笔题端的"梨园掌故"栏题。张大千为什么要取啼鹃作为自己的署名？我没有问陆平恕医师，他也没有解释过。据我的分析，啼鹃者，杜鹃啼血也。传说杜鹃啼声十分悲苦，原因是此鸟不啼则已，一啼非至出血乃止，故白居易《琵琶行》中有诗曰："其间旦暮闻何物，杜鹃啼血猿哀鸣。"啼鹃一词的出处，就在这里。至于大千早期画作款署啼鹃，恐怕与他有一个青梅竹马的早逝恋人有关。据张氏自述："我的未婚妻，原本就是我的表姐，比我大三个月,我们的感情极好……她叫谢舜华,我由日本回来,本想回内江祭吊尽心,可是正逢张勋在闹复辟,兵荒马乱,我回不了四川,家兄又命我回日本。那年我二十岁。我二十一岁由日本回来,当时我确实有过念头,今生我不愿结婚了。"作为他今生不愿结婚的一个证明是,由日本回上海不久,马上就到松江禅定寺去出家做和尚,住持逸琳法师还为他取了一个法名——弘筏。可是弘筏当了一百天和尚,就被张善子在杭州撞见了,硬是把他押回内江与曾庆蓉成婚。大概是他的父母认为他出家当和尚是受了未婚妻亡故的刺激,心病还需心药医,赶快为他讨房媳妇。可是,娶媳妇未能治愈张大千的心病,他把对谢舜华的哀思深深藏在心头,化在仕女画的落款中,这也许正是他取名啼鹃的契机。张大千与曾庆蓉成婚之年是庚申年正月,而现存以啼鹃落款的这幅设色仕女立轴正是庚申年间的作品。这幅仕女是一幅诗意画,用的是王次回的诗意:

别来清减转多姿,华景长廊瞥是时。
双鬓淡烟双袖泪,偎人刚道莫相思。
岁庚申有一月,雪后严寒写次回先生诗意,为吁侬仁兄清玩。啼鹃时,莺唻楼。

款后有两方是张大千自刻的印章,上方白文"张",下方朱文"大千"。

陆医师告诉我说,这幅设色仕女画是50年代初,在上海的一家字画小铺里发现的。从画中的人物造型和画风来看,与乙丑年的白描仕女较相近,只是用笔较生硬,再从发型与服饰来看,与费晓楼、任伯年的仕女人物比较接近,张氏出名前学人物仿过费晓楼、任伯年,但他很少提及也不愿让人知道。(傅申曾为沙可乐美术馆买到了张氏早年仿任伯年的人物画。)1920年他正投拜曾农髯、李瑞清门下学书，从题款的书体上看，又与李瑞清的字十分接近。从以上几点分析推断中，陆平恕确认是张大千的作品。鉴于上次买画的教训，他不露声色地随便问道："这幅小东西要几钱？"店主见有人问津，因是三尺立轴，又无人识货，于是随便开了一个价，陆平恕只花了很少的钱就买了下来。不过，他怎么也没有想到，这幅并不起眼的立轴仕女图，竟然成了当今张大千传世作品中最早的一幅东西了。

陆医师不无得意地告诉我说，署名啼鹃的作品，他平生只见过三幅，两幅在他手中，另一幅50年代前见过，不知现在流落何方？他还告诉我说，1983年张大千逝世后，上海博物馆曾举办过张大千遗作展。大风堂门人糜耕云知陆平恕收藏先师作品甚多，于是登门商借出展，他欣然允诺，出借十件。乙丑年间作的白描仕女轴就是其中的一件。大千生前好友谢稚柳看了这幅藏品对大风堂门人说："大千题名啼鹃的东西，虽然以前从未见过，但这幅千真万确是大千的东西！"由于设色仕女尺寸较小，纸上已有霉点，底色较灰暗，展出效果不佳，所以当时并未出展。

张大千去世后，他早期的诗画遗珠不断有所发现。乐恕人在1993年4月号《大成》杂志上，撰文《大千居士十八岁能诗》中，抄录了现存张大千写作的最早的一首诗：

　　解得周三月，梅花自有春。
　　如何千古士，不谙夏建寅。

这首诗，是大千居士晚年自己回忆出来的，并把它重题在《红梅》画稿上，题记如下："此予年十有八岁初学韵语时所作小诗也，偶忆及之，因书画上，而予老矣，六十九年庚申九月八十二叟爰。"可是十年前乐恕人在赶编《张大千诗文集》时，并未见到这幅画稿，所以无法将这首张大千传世的第一首诗作编进集中。

名家大师的早年之作，无疑是幼稚的，有人曾将它比作孩童时代光屁股的照片。对此有人对少作十分回避，唯恐暴露；但也有人不忌讳，不悔少作。张大千恐怕属于后者，这可从他为黄天才收藏的甲子年间的旧作题记中看出。他在题记中写道：

> 此予年二十六岁，初入故都，住汪慎生家。汪固工新罗花鸟，而酷嗜予所为石涛、八大、渐江诸作，尤喜予为冬心书，因出便面，督予为之。当时以为乱真，今日对之，不觉汗濡重棉也。六十七年戊午（1978）元月十一日台北大寒，大千居士爰。

尽管面对自己二十六岁的仿古少作，他有些惭愧，但他还是采取认账的态度，非但不悔，甚至还不无得意之情呢。

怎样看待张大千作假画

自从绘画进入市场，作假画者就层出不穷。名头大、利市好的画家，假画就多，这是历来作假画的一般规律，所谓利之所在，趋之若鹜。谁会去作小名头的价不高又无人问津的假画？古往今来，不乏终生以作假画为业者，一般来说，作假画者总是隐姓埋名，不露声色，不事张扬的，因为他们的目的在利，而不在名。一旦东窗事发，假面暴露，他们可以逃之夭夭，易地售假。当然有名有姓的假画高手也非鲜见。但是像张大千这样自称是画画的"骗子"，直言不讳地向友人讲述制假曝光的故事，制作假画数量之多，造假质量之精，流传地域之广，收藏者档次之高，风波影响之大，不仅"前无古人"，恐怕也"后无来者"。徐悲鸿评张大千的画，曾有"五百年来第一人"之说，张大千自诩他的鉴赏也是"五百年来第一人"。笔者认为张大千的假画，更是"五百年来第一人"！令人奇怪的是，他作假画后，从不讳言，不少制假故事，出自他之口，饭后茶余话匣子一打开，这些故事就源源不断绘声绘色地流出，流到小报记者、文人作家手上，于是夸大其词，妙笔生花，各种不同版本的张大千瞒天过海"制假"，向名流权威挑战的故事，源源不断地出现在新闻和传记的书刊中。

众所周知,假画——制假售假在西方艺术市场是明令禁止的,一经发现就要课以重罚,罚款数目之大,可令制假者倾家荡产。改革开放以来,我国关闭已久的艺术市场如雨后春笋重新开放,各种规模的书画艺术拍卖会风起云涌。随着艺术市场和书画拍卖会的兴起,一个个随之而来的假画市场、假画风波、假画事件接连不断。如果说,旧中国的假画市场主要是做古代名人假画的话,那么新时期的假画市场,则主要是做近现代名人的假画,假吴昌硕、假黄宾虹、假齐白石、假石鲁、假徐悲鸿、假傅抱石,乃至假张大千的画作,多不胜多,防不胜防。于是有人提出,规范整顿艺术市场,要从整顿假画市场入手,在艺术市场上也要"打假",对作假画者也应处以重罚。也有人提出,"打假"应该抓典型,张大千是当代作假画影响最大的典型人物,因此要从张大千入手,对他的制假问题进行一番全面清理。换句话来说,艺术市场上"打假",要敢于捅马蜂窝,这个马蜂窝不是别人,就是具有世界影响的中国画大师张大千。

要清理张大千作假画的问题,首先要把临摹仿古与制假作伪区分开来。

众所周知,临摹仿古,是习画者学习古人,学习传统的起步阶段和重要手段,也可以说是中国画家的基本功所在。因此中国画的传统教学,无不从临摹入手,诚如张大千在《画说》中所说:"要学画,首先应该从勾摹古人名迹入手,由临抚的功夫中方能熟悉勾勒线条,进而了解规矩法度。"张大千在临摹上所下的功夫,恰如他在《大风堂名迹》自序中所言道:"余幼秉内训,冠侍通人,刻意丹青,穷源篆籀。临川、衡阳二师所传,石涛、渐江诸贤之作,上窥董、巨,旁猎倪、黄,莫不心摹手追,思通冥合。"《大风堂名迹》是他和兄长张善子共同收藏的古代名人书画,也是他学习历代各家各派的粉本。凡是经历过他手、眼的（名迹），他几乎都临摹一过，有的二过、三过乃至数过。他的临摹，有对临、背临、意临之分。对临者，面对原作按原作大小，一丝不苟分毫不差地临下来；背临者，背着原作，按原作笔迹临下来；意临者，参照原作的笔墨意境，用自己的笔法临下来。这些临摹稿本，凡是在题款中标明临仿某某古人、同时又署上他名字的，均属仿古，而不是制假；倘若署古人之名，并盖上古人名章的，则属制假，而不是仿古。仿古与制假的区别就在这一点儿上。

张大千一生留下了多少作品？有人估计近三万幅（见傅申：《向传统挑战》），三万幅作品中有相当多的是属仿古作品，假画不多、也不可能太多。张氏的假画大多作在20世纪二三十年代——他成名之前，成名后的张大千也偶尔做过假画。那么究竟应该如何看待张大千制作假画？要清理批评张大千制作假画，首先要弄清张大千为什么作假画。

张大千早年制作的假画以石涛为主，也以"假石涛"著称。据他自述，最早伪造石涛的假画是带有游戏性质的向师辈求教。据朱省斋《记大风堂主人张大千》一文载：

> 名画家沈寐叟（曾植）以一页石涛横幅山水送曾农髯（熙），曾氏大为欣赏，欲觅一尺寸相当的石涛山水为配，以便裱成一个手卷。李筠庵（梅庵弟）知其事，告以黄宾虹获石涛山水一页。曾氏大喜，逐函黄氏恳让，竟视为奇货，坚不应允。恰巧大千藏有石涛山水长卷，遂照摹其中一段，并仿石涛书法，题句曰"自云荆关一只眼"，又以他自己的两方图章，将张字截去了弓字旁，将阿爱二字截去爱字，凑成石涛常用印文"阿长"二字，天衣无缝地盖了上去，请正于其师，颇获称许。翌日，宾虹以事访农

髯,在案头适见此画,大为赞赏,并经一再坚求,以他所藏山水相易,农髯不便告以实情,只好勉允所请,于是皆大欢喜。

这段张大千"初试牛刀"制作假石涛的故事,他不止一次地向诸多友人讲过,后经友人来回转述,传成张大千戏弄黄宾虹,因此他后来对台北《时报》记者谢家孝谈话中说明道:"我起初也不存心要愚弄前辈,原本我是要向他们讨教的。我曾向黄宾虹求借他收藏中的一幅精品去仔细临摹研究。可是黄先生拒绝了,我心里有些不服气,心想你不肯借我,我还是可以仿石涛的画。于是我花费了好些功夫,仿石涛一幅手卷(一段)。由画到刻石涛的假印章,都是自己一手做的,我还在上题了'自云荆关一只眼'。然后我把这幅画送呈曾老师过目,我的原意不过是向自己的老师求教而已。"

张大千反复声称,开初作石涛只是为了向老师前辈求教的,绝无愚弄之意,其实这是此地无银三百两,倘若真要讨教求教,何必不在仿石涛的册页上题上自己的大名?当然说"愚弄前辈"言重了,但向前辈讨教求教又过谦了,正确的说法应是"负气考前辈"。考什么?考前辈的眼力,考考权威名流的眼力。换言之,张大千作石涛、作假画的最初动机是向前辈挑战,向当时鉴藏权威名流挑战。挑战的目的何在?目的很明确,一是考验自己作假的能力和水平,二是在前辈、权威、名流中亮相,用今天的话来说叫作"亮出知名度"。

其次,尽管张大千在口头上(无论是公开场合,还是与友人交谈)从不言及"作假""售假"是为了赚钱,从不言及经济动机。但是有一个客观事实无法回避,这就是他在成名以前,卖画价格上不去,也少人问津。在上海滩何以为生?更何况他还要收藏古人字画。谋生也罢,收藏也罢,离不开一个钱字,离不开经济基础。钱从哪里来？据张氏自述，20年代初，他向曾李二师学艺期间，经济来源主要靠父兄供应，但1925年以后，家业倒闭，没有钱供给他了。怎么办呢？用他自己的话来说是，"只有学时髦，开画展卖钱"。

张大千的第一次画展是在上海宁波同乡会开的，展品一百幅、每幅定价二十元大洋，山水花鸟人物都有，订购者不能自由选画，一律以编号抽签来取画。据说展品订购一空，全部售出。明眼人一看便知，这种带游戏性的画展，一定是有人在幕后操作的。操作人是谁？是他的红粉知己李秋君以及她的哥哥李祖韩。李氏家族在宁波同乡会中是颇有声望的望族，有号召力，号召一些银行家、实业家、太太、小姐来捧场，还不是小菜一碟？2005年初，曾熙后裔曾迎山寄示当年曾熙致无名氏书札一通，涉及这次画展，书曰：

> 季爱开会之筹备画百件，作百票，每票二十元。须先向至契商讨，愿承认若干票，盖交情上之分别。刻闻已有六十票矣。如百票完全，可得千元。以标价开销各费，须一千也。晓翁（指黄晓汀）生意颇好，尚不多，已去一次。熙再顿首。

信未署年月，估计是托友人订画的便条。由此可知，张大千首次画展的总导演怕是他的老师曾熙。

张大千画展首战告捷，他又请曾老师写了一篇《季蝯书画例言》，这篇例言相当于他的卖画文告，刊登在上海《申报》上，从此他走上了职业画家的道路。

但是初出茅庐的张大千，要在书画名家荟萃云集的上海滩卖画谋生，又是谈何容易啊！自己的画卖不出大价，开画展，去掉各项开销，所剩不多，还不如做古人的假画。作假画，既可从豪富达官处赚大钱，得大利，又可成名——向前辈、权威、名流挑战后成

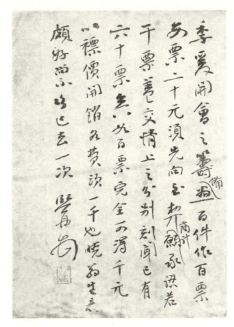

曾熙致无名氏书札

名。一石二鸟，一举两得，这就是张大千早期作假画的真正动机。

也许有人要问，张大千成名前作假画犹有可说，他成名后为什么还要作假画？言外之意是，前者犹有可说，后者不可理喻。

张大千成名后作假画，主要怕还是为了钱。众所周知，张大千是一个花钱大手大脚惯了的人，经常寅支卯粮，身无分文，有时或为了收藏，或为了购置山石花木园林房屋急需用钱。只得做大名头的假画。据叶浅予记载："中日建交后不久，1978年中国派往日本第一个文化代表团，团长是夏衍，正巧碰上大千在日本开画展，得知大千手上有一幅唐人的《牧马图》在东京待价而沽……夏衍爱画，并富收藏。他见了这幅《牧马图》的印刷品，颇想将原画买回来，充实故宫博物院的藏画。大千得知后，悄悄托人带话给夏衍，暗示这幅

唐画是他的仿制品，专为骗外国人的，买不得，后来知道这幅画卖了欧洲的一家博物馆。"（见《中国画研究》第七辑）

1978年正是张大千在台北外双溪筹建摩耶精舍之时，急需用款，他不愿花国民党政府的钱，在日本开画展是为了筹款，卖假"唐人画"也是为了筹款。傅申说张大千成名后作假画，是为了向古人挑战，向世界各大博物馆挑战！我看还要补充一句，也就是向金钱挑战！无论是成名前，还是成名后，张大千作假画，除了是为了向前辈挑战、向权威名流挑战，向古人挑战，向世界各大博物馆挑战外，最主要的挑战对象还是钱，也就是说，是为了向钱挑战！

厘清了张大千作假画的诸多因素和主要动机后，我们可以做出如下判断，张大千作假画不同于一般作假画者有两点，一是一般作假画者的动机纯粹是为了赢利赚钱，为了谋生，而张大千则不光是或不全是为了谋生，为了赢利赚钱；二是一般作假画者，尽量隐姓埋名，不让人知道他作假画的手段和隐情，张大千则不同，他要大事张扬他是如何让前辈、权威、名流及各大博物馆看走眼、上当受骗的。一句话，张大千作假画不光为了利，还要扬名，通过作假画来扬名。

除了以上两点不同外，张大千作假画的手段和技法也高出一般作假画者，不然为什么他做的假画能屡屡瞒过画坛前辈、鉴赏权威、各大博物馆的中国画的鉴定专家呢？

但是道高一尺，魔高一丈，不管他作假画的手段技法多么高明，假的毕竟是假的，假的迟早会露出马脚破绽。张大千作假画，可以瞒过一时，但不能瞒过一世，瞒过天下画林高手。他做的不少假画，目前已在世界各大博物馆里逐渐曝光了。1991年，张大千研究专家在美国首府沙可乐博物馆举办的《向传统挑战——张大千的画》回顾展中，就曾曝光了七件各大博物馆和私人收藏的张大千的假画。更何况在人人平等的职业道德面前，不管是谁做的假画，作假画的动机如何，水平技巧如何，作假售假（尤其是以赢利为目的的制假），它首先应该受到道德舆论的谴责，而不能津津乐道当作美谈。这是不能含糊的，难怪早在30年代，正当张大千向京沪友人眉飞色舞地讲述他如何作假石涛瞒过黄宾虹，瞒过罗振玉，瞒过陈半丁，瞒过豪门富商时，却受到了像齐白石这样的一些正直艺术家的指责。

张大千的自画像

自古以来，中国画家中，很少有人为自己画肖像的。西方画家则恰恰相反，他们学人物素描时，往往先以自己为模特儿，对着镜子练写生。

张大千这位中国画大师却是一个例外，他曾一而再、再而三地画自己的肖像。他的自画像不是对镜写生，而是他心目中自我形象的写照；他运用兼工带写的笔法，极其精练地勾勒出自己的精神风貌，常常形神兼备，迁想妙得。

据笔者所知，张大千曾经先后画过十多幅自画像。第一幅作于1929年4月。这是一幅全身立像。背景是一棵参天古松。那年他正好进入而立之年，因此名《三十自画像》。当时的大千已负盛名，临摹石涛作品几乎可以乱真，成为画坛收藏、鉴赏和临摹石涛的名家。所以在这幅自画像上题满了前辈和同辈名家的题跋，其中有他的老师曾农髯，还有郑午昌、杨度、黄宾虹、溥心畬、陈散原、叶恭绰、罗长铭、谢无量、朱彊村、方地山、井上灵山、向仲坚、郑曼青、林山腴、谢玉岑、谢稚柳、谭延闿、吴湖帆等三十二人。现摘录其中的几位题咏：

　　秀目长髯美少年，松间箕坐若神仙。

问谁自写风流格，西蜀张爰字大千。
己巳春杨度
挺立孤撑两写真，劫灰尽处对嶙峋。
浮天松气吹魂梦，认是峨眉顶上人。
散原老人 陈三立
鳞甲当时晋水潜，虬髯人始识虬髯。
画中真气谁能辨，曾是犹龙见老聃。
延闿 戏题
苦瓜衣钵久尘埃，天降奇才新境开。
法灯高挂黄山派，知是莲华峰顶来。
己巳晚秋东瀛 灵山仙史
咄咄少年，乃如虬髯。不据块余，复归中原。
大方（方地山）
岩岩清峙，嶷若断山。伊何人斯，魏晋之间。
溥儒（溥叔明）
何幸尘埃见此翁，苍髯阅世立如松。
披图不觉风云变，习习河山起大风。
谢无量

黄宾虹先生的题跋是：

> 欧阳永叔年方逾冠，自称醉翁。今大千社兄甫三旬而虬髯如戟，风雅不让古人，观此自写照，尤为钦佩不已。

30年代号称"南张北溥"的旧王孙溥心畬，时隔五年在北京重逢故友张大千，看到了这幅自画像，也提笔写道：

张侯何历落，万里蜀江来。
明月尘中出，层云笔底开。

> 赠君多古意,倚马识仙才。
>
> 莫返瞿塘棹,猿声正可哀。

我看到的张大千的第二幅自画像作于丙戌年(1946)。这是一幅无衬景的全身坐像。他侧身坐在一张椅子上,双目炯炯,神采焕发,也许这正是抗战胜利后他欣喜心情的反映。此画作于成都,有年月款项,无题跋。可能是留给家里人的,尚没有装裱,这幅画现藏叶浅予先生处。

张大千的第三幅自画像作于丁酉(1957)夏天。当时他客居巴西摩诘城八德园。时年五十九岁。这像是送给台湾老友张目寒的,因为张目寒多年不见,怕他远念,故"写与弟(目)寒留之,时复展挂,如联床对话也"。在这幅自画像上,张大千还题了一首诗:

> 隔宿看书便已忘,老来昏雾(一作瞀)更无方。
>
> 从知又被儿童笑(一作"不免儿曹笑"),十目才能下一行。

从中可以看出他自叹年老的苦境。

张大千得目疾,就是画这幅自画像的前不久,为了布置八德园,他苦心经营多年,楼台庭园,亲自设计,尤其对从外地运来的巨石,常要调整搬运,有时借用起重机,有时则全家动员,七八个人一起搬。一次搬石头,因用力过猛,两眼发黑,事后就出现了双目昏瞀,视物模糊的毛病。赴美检查,是眼底的微血管破裂,瘀血积于眼膜所致。据医生推断,用力过度,只是导因,但根本原因则是糖尿病的影响,只有根治糖尿病,才能治愈目疾。因此医生建议他静养,禁止作画。

一个画家,不能拿画笔作画,无疑是最大的苦恼,他不禁吟诗抒发了这种苦境:

> 吾今真老矣,腰酸两眸昏。

药物从人乞，方书强自翻。

径思焚笔砚，长此息丘园。

异域甘流落，乡心未忍言。

但是张大千毕竟是一位具有坚强毅力的艺术家，他并没有真的将笔砚焚毁，绝迹画坛。除了赴日本、美国治疗目疾外，他不甘寂寞，仍要作画，先是"瞑写"写意人物，后是画简笔人物及狂涂山水蔬果，最后促成画风丕变，泼墨泼彩。在这段时期，有一幅自画像，侧面微仰，只占横幅右下角三分之一的地位，以梁楷的泼墨法，加上他独擅的线条，寥寥数笔，神采焕然。这幅自画像的题款及印章，完全不合张大千的常法，先从左面定白，约四分之一处，顶格题七绝一首：

休夸减笔梁风子，带挂宫门一酒狂。

我是西川石居士，瓦盆盛醋任教尝。

下笔时落一"宫"字，因添注道："门上夺宫字"。画面左面尚余一行的地位，而又要为"石居士"及"瓦盆盛醋"指明出处，故又题："石恪有三酸图，见山谷诗集。"最后落下"爰"款。

这样一来，盖章的地位都被侵夺了，只好盖在中间，中下方是朱文印"大风堂"，中上方是白文印"己亥己巳戊寅辛酉"，八个字分作四行。张大千生于光绪二十五年（1899）阴历四月初一，印文便是他的"八字"。这个印章，有一个鲜为人知的用处，凡是张大千最得意的作品，才能用这方"八字"印章，表示寄托性命之意。

两方印章之右，也就是画中人的正前方，又题一款，而且为迁就空白，迫不得已，反方向题记："梁风子未必有此。呵呵！大千先生狂态大作矣。"钤"大千居士"白文印。这大概是张大千事后越看越得意，补题的款。

张大千的第五幅自画像是《六十自画像》。这幅画作于巴西八德园。画中人在左下方,亦是简笔人物,右上方题了一首七律,在这首题画诗中,他抒发了流落异乡,韶华易逝,由此产生思乡、恋乡之情:

> 如烟如雾去堂堂,弹指流光六十霜。
> 挟瑟每怜中妇艳,簪花人笑老夫狂。
> 五洲行遍犹寻胜,万里投荒岂恋乡?
> 珍重余生能有几,且揩双眼看沧桑。

张大千自1949年12月去国离乡,踏遍五大洲的名山大川。1953年迁居巴西,花巨资营建了一个中国式的园林——八德园,园中有沙滩、笔冢、灵池、五亭湖、松林、柿园,看的、吃的、用的、说的、听的也都是中国的。他还把所在地巴西小镇译为摩诘(摩诘乃唐朝诗人王维之号)城;又把摩诘城的邻县译名为"蜀山乐",希望自己天天能快乐地生活在梦想中的蜀山。但毕竟是万里投荒,身在异乡为异客,怎能真的"乐不思蜀",不恋故乡呢?难怪他要在另一首诗跋中这样写道:

> 不见巴人作巴语(蜀中绵阳古称巴西郡),争教蜀客怜蜀山(予居摩诘城,邻县为蜀山乐)。垂老可无归国日,梦中满意说乡关。(投荒南美八年矣,曰归未归,眷念故山,真如梦寐中事,漫治小诗,写图寄意。)

1965年7月,他重游比利时首都布鲁塞尔遇到了一位老友,他乡遇故知,这位老友向他索取自画像,他信笔画了一幅半身像,并题了一首诗,诗中同样也流露了他身在异乡为异客的乡思乡愁:

> 还乡无日恋乡深,岁岁相逢感不禁。
> 索我尘容尘满面,多君饥饱最关心。

张大千的第七幅自画像,是在1969年5月他从美国回到巴西家中欢度七十大寿时作的。这幅自画像有张大千自己的题诗,也有友人的题诗。他的题诗是：

> 七十婆娑老境成，观河真觉负生平。
> 新来事事都昏聩，只有看山两眼明。

他患目疾虽久治不愈，唯有看山两眼甚明。也正是在这种豪兴的挥洒下，他作画由细笔转入粗笔，由小写意到大写意，由狂涂到泼墨、泼彩，于1968年完成了气吞山河的巨幅长卷《万里长江图》。从此他的画风大变，艺术亦臻于高峰。

在这幅《七十自画像》上题诗的还有张群、张目寒、黄君璧、王壮为等十五位客居台湾社会名流和艺苑名人。张群题了一首长诗：

> 与君俱癖书画奇，罕秘纵观遍湖海。
> 前尘弹指四十年，长物随身幸同在。
> 石涛八大双头陀，墨林千古沾余波。
> 平生所好岂角胜，本非卖菜宁求多。
> 君今远泛重洋楫，八德园中好风日。
> 人生七十方开始，渐白修髯颊犹赤。
> 胸中丘壑饶气魄，卓矣知雄仍守黑。
> 艺进乎道通神明，槎枒老笔狐鬼惊。
> 大名寰宇谁不识，要为中华表人物……

张目寒的题跋写道：

> 此吾兄大千居士七十自画像也，赤颜白发，风韵朗润。此老聃之静穆，迹庄生之逍遥。扰攘人间歆有此散仙，足为乾坤生色。兄于神州画苑，起八代之衰，发千载之秘，炳然如日星，巍然如麟凤。举世推尊，群伦共仰。将跻百年上寿，永为后生楷模。

张大千的老画友黄君璧步大千原韵和了一首诗，诗曰：

> 雄笔千秋集大成,飞扬世界快生平。
>
> 卅年老友真金石,青眼相看分外明。

张大千的第八幅自画像是在迁居美国环荜庵后,应香港友人、《大成》杂志主编沈苇窗之索而作的。张大千逝世后,沈苇窗将这幅自画像影印发表在《大成》第114期的刊物封面上。此画作于壬子(1972)秋日,画上有一首题诗:

> 苇窗索我尘埃貌,退笔粗疏眼更花。
>
> 格是无心着泉石,故山挂梦已无家。
>
> (大千自注:第三句拟易那得心情着泉石)

当时他在美国旧金山置了二幢小楼,一幢分给次子张心一(葆萝);一幢由他与徐雯波居住。他自己居住的小楼取名为"可以居"。在环荜庵,大非八德园可比,一则没有大片的土地可以营建中国式的园林;二则在异国的大城市里,再也提不起兴致来营建园林,所谓"那得心情着泉石"就是抒发的这种感情。因此,环荜庵只能算他名义上的家,而他真正的家应是只能在梦中相见的故山故水。为此他不免要发出"故山挂梦已无家"的感叹来。

张大千的最后一幅自画像作于庚申(1980)元月,时年八十一岁。这幅画是他回到台湾后,在外双溪摩耶精舍寄示国内的一位大风堂弟子糜耕云的。这也是一幅半身侧立像,画中人童颜鹤发,长须如雪,但双目凝视有神,似乎在翘首北望,盼望师生何时能欢聚相晤。

附:张大千自画像巡礼

十多年前,笔者根据公私收藏出版的十多幅张氏自画像,曾以一孔之见撰写过《张大千的自画像》一文。近几年来,又不断在出

1972年，张大千为沈苇窗所作自画像

版物中发现新的张氏自画像不下一二十幅,很想修订旧作,但又无从下手。年初得到傅申道兄从台北寄赠的新著《张大千的世界》,在"人物画"一章中,有专节简论自画像,并谓他正在搜集资料,拟撰专文。简论虽简,读后颇受启发,笔者虽不敏,不敢步后,再抛一砖,以求友声。

张大千的第一幅自画像作于何年?仅以笔者所见,作于1929年4月,画的是半身立像,虬髯长发,背景是一棵参天古松。这幅自画像是从石涛的《松下高士》图中化出来的。台北历史博物馆内藏有一幅1930年前后,他作的假石涛《松下高士》,款书印章全是仿石涛的,此画尺幅很大,345cm×134cm,画中的高士在松下自左而右扶筇徐步而行。两画对照,可以明显地看出自画像的来历。

这幅《三十自画像》画得较大,六尺整纸,留出了较多的空白请前辈老丈题诗,他先请老师曾农髯开题,接着是杨度、叶恭绰、陈散原、谭延闿、黄宾虹等前辈,可是越题越多,从己巳题到乙亥,前后六年,共有32位名家前贤题咏,可谓遍征海内名家。因此,这幅自画像,也成了张大千的商标广告。

我见到的第二幅自画像是壬申端午所作的扮成钟馗的自画像。关于这幅自画像,我是先见题诗,后见其画。诗早已收录在我和曹大铁合作编纂的《张大千诗文集编年》中,题为《题钟馗图》二首。记不清这两首诗是从何处觅得的,隐约觉得这幅钟馗图,与大千关系密切,是他借钟馗之口的夫子自道,但没有想到是自画像。最近从傅申兄寄来的《张大千的世界》一书中,看到了这幅钟馗图,细观钟馗相貌,确与张大千十分相似,傅申在图下标为"张大千喜貌己像为钟馗,由此定为自画像"。傅申还引张善子的1936年的一则题自画虎跋来证明:"大千每于天中节,喜以钟进士貌己像以应友人之索。"我同意傅申确定这幅自画像的结论,由此推断他

张大千的自画像

1929年张大千《降福图》

以钟馗为自画像绝不止一幅。

傅申估量,张大千一生所作自画像不下百幅,以他所见的自画像形式,分为四类:一、全身或半身像;二、头像;三、山水中点景人物像;四、貌己像为钟馗。上面所说的"松下高士像"则介乎一三之间。

关于张大千的头像自画像,有两幅给我留下了深刻的印象,均为减笔人物头像,这两幅头像都画在1956—1960年的《大千狂涂》册页中。一幅是题为"我同我的小猴儿",右侧是他的自画头像,左侧则为猴头像。传说张母怀大千时,梦见黑猿投入怀中,故张大千自小就有黑猿转世之说,其师曾农髯听说后,为其取艺名为猨(爰)。这幅自画像的画意由此而来。另一幅为逸笔草草的减笔头像,仰侧而视,头像只占四之分一,寥寥数笔勾出了张大千的狂态。

这本《大千狂涂》册页画于50年代后半期,正是他病目时期——糖尿病引发的眼底黄斑,病得不轻,双目近乎失明,医生严禁他作画,他只得用指代笔在床上空画,后又试着用笔在纸上瞑写,瞑写的结果写出了梁风子、石恪的减笔人物。这幅自画像正是他瞑写的产物。

当然,这幅减笔头像决非第一幅。据傅申所见,1954年,他五十六岁在日本东京赠给庄禹灵的自画像,就是简笔侧面头像。如果要探寻张大千自画像的演变规律,可以概括为:由带景到不带景;由工笔繁笔到减笔简笔;由全身半身到头像。关于自画像,他曾自谦道:"很多人画我的像,都比我画得好,我只觉得头上几根短头发,我自己画得最像。"

张大千的自画像上的题诗,一般都是由他自题,只有两幅例外,一幅是己巳《三十自画像》,另一幅是己酉《七十自画像》。

《三十自画像》已有前述，不赘。《七十自画像》作于1969年5月，他从美国回到巴西八德园，欢度七十寿庆所作。在七十自画像上题诗的有张群、张目寒、黄君璧、王壮为等十五位客居台北的社会名流和艺术名流。与己巳自画像不同的是，己酉自画像上有他自己的题诗：

　　七十婆娑老境成，观河真觉负生平。

　　新来事事都昏聩，只有看山两眼明。

在我见到的张大千自画像中，最感奇特的《大千居士自写乞食图》（简称《乞食图》）。这幅《乞食图》作于癸丑（1973）四月初一。所以说奇特，奇就奇在这幅自画像的取材，不仅是他自己从未画过，怕也是别人没有画过，可谓绝无仅有。他右手拖着一根竹筇（也可称讨饭棍），左手托着一只破钵（讨饭碗），作乞讨状……请看他的题诗：

　　左持破钵右拖筇，度陌穿街腹屡空。

　　老雨甚风春去尽，从君叫哑破喉咙。

作《乞食图》的前一年，张大千刚在美国旧金山举办了《四十年回顾展》，又在卡米尔举办了《张大千父子创作联展》。这两个画展在美国反响较大。紧接着1973年3月又在洛杉矶举办了画展，短短半年之间连续在美国举办三次画展，对于一个年逾古稀的老人来说，确是非同小可之举。为什么他要频频举办画展？原因很简单，他从巴西迁居美国环荜庵后，又要大兴土木修建庭园花木和大画室，大兴土木装修房屋当然要花钱，张大千花钱从来都是大手大脚的，寅支卯粮，一手的钱尚没有收进来，一手的钱早已经花出去了。钱不够花怎么办？只有靠开画展卖画来维持生计。从这个意义上来说，他把卖画生涯看作了乞食生涯。早在50年代，他就请台北名篆刻家曾绍杰刻了一方"人间乞食"的闲章，并将"人间乞

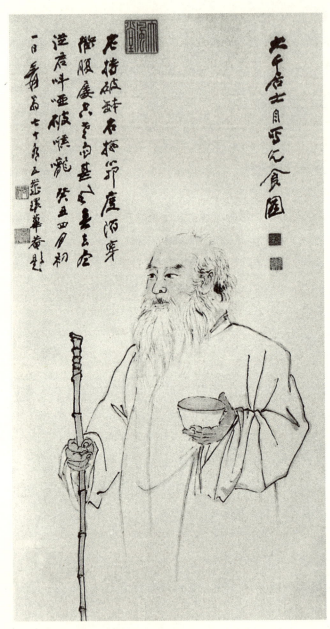

1973年所作《大千居士自写乞食图》

食"的句子写进了诗中。这是他画《乞食图》的主要原因。

　　据傅申介绍，张氏的自画像基本上都是随画随送亲友，唯有此画自存行箧随身携带。数年后，他从美国迁居台北，将此画送给了当年台北故宫博物院院长蒋慰堂先生；张大千逝世后，当后任秦孝仪院长接管摩耶精舍，重新规划庭园时，就将此《乞食图》摹刻于石碑上，置于梅丘附近，供游园者瞻仰。可见这幅《乞食图》在大千和友人心目中的分量。

附录一
关于《张大千艺术圈》的通信

立民同志：

接信后，我立即找来了《张大千艺术圈》看。不仅史料丰富，文章也极好，洵为近年来名人传记中的上乘之作。您的采撷之博，核勘之实，如大千拜师一节，令我敬服。近年来有些传记文学以耳为目，肆意涂抹，令人真假难辨。您的大作与这些相比，真是判如云泥。此书可读性很强，一书在手，爱不忍释，我用了两个晚上，一气读完。单这一点儿，也是很不容易做到的。

去年九月，我曾率宣传教育工作代表团访问过朝鲜，也去过外金刚，看了九瀑八潭，并作诗咏赞："无负名山赫赫声，千般石相竞峥嵘。松多不掩层峦秀，蝉闹偏增羁旅情。九瀑练裙添客兴，八潭美目向人青。何当插翅登天界，遍赏金刚万二峰。"因此，看了《张大千与池春红》一章，极感亲切，不知您可曾去过金刚山没有。此文写得十分真实，有亲临其境之感。即此一点儿，我也击节称赞不已（寄上一张九龙瀑前的摄影，留作纪念）。唯有163页（此为第一版页码，下同）写玉流洞处，有这样一段文字："走不多远，忽听春红一声呼唤：'先生，快来看瀑布'，三人赶紧快步向前走去，耳边水声隆隆，周围凉风飕飕，雾气蒙蒙中隐约可以看见山石上用朝鲜文镌刻着'九龙渊'三个大字,而春红正在九龙渊前面的一座九龙阁上向他们招手。"文中说从玉流洞"走不多远"就到了"九龙瀑"。实际上玉流洞离九龙瀑还有较长一段路。如将"走不多远"改为"又走了一程"或"行过多时",就更符合实地情景了。在《艺术圈》各篇中,我认为这一章写得最好。

此外,尚有三处似可商榷,愿一一就教于君前:

(一)第17页,张善子为第三套《十二金钗图》的题记。我认为"公牛哀七日而变封,使君一旦成形",标点有误。应为"公牛哀七日而变,封使君一旦成形"。这样,全文就成了骈体。这里有两个典故:"公牛哀",人名,复姓公牛,见《淮南子·俶真训》。原文是"昔公牛哀转病也,七日化为虎,其兄掩户而入觇之,则虎搏而杀之。是故文章(皮毛)成兽,爪牙移易(言移易人之爪牙为虎之爪牙)"。"封使君",见《太平御览》卷八九二:"汉宣城郡守封邵,一日忽化为虎,食郡民。民呼曰'封使君'"。使君,即太守,后代诗文中常以"封使君"为虎的代称。

(二)第51页,张群为张大千写的挽联,似上下颠倒了。原文下联是:"五百年,国画大师。阅览之博,造诣之深,规范轶群伦,无忝邦家称瑰宝。"是述大千艺术功业的;而原文上联为:"半世纪,知交莫逆,忧患共尝,艺文共赏,仓皇成永诀,空余涕泪对梅丘。"则是叙述二人交往,并及死别。"梅丘"为大千葬地。按行文次第,死别应在后,而功业多在前。而且按音韵平仄,亦应仄尾为上联(宝为仄声),平尾为下联(丘为平声)。

(三)第167页,"绿荫结子似福州",疑为"绿阴结子似湖州"之误。此处似引杜牧典故。杜牧游湖州与一少女相识,分别时约十年后来娶。十四年后杜牧任湖州刺史,其女已出嫁三年,生二子。故杜牧有"绿叶成荫子满枝"之叹。我发现您已觉察到此处有误,福州应为湖州，只是碍于转引乐恕人编纂的《张大千诗文集》，不便擅自修改，却又觉得不妥，才于文末注明了诗出处。乐恕人编的诗文集中，所收诗篇的字句似亦有可商榷处，您都通过"注"声明了，真是绝顶聪明。

上述意见不见得准确，布鼓雷门，不揣谫陋。不当之处，尚祈哂正。

手捧着这本颇具特色的书，爱不释手，一口气读完，然后写下了这些倾心置腹之言，完全出于对文友的敬慕，我还拟向二三挚友推荐此书，同时伫望《张大千评传》早日问世。

王充闾

充闾同志：

真没有想到，我在上封信中透露了一句不成敬意的消息——辽宁美术出版社最近出版了拙著《张大千艺术圈》（本该寄赠，奈何手中已无书可赠），您却托人找来了拙著，而且在繁忙的公务之余，花了两个晚上，如此认真地读完了拙著，更为可贵的是，还坦率又中肯地指出了拙著中三处疏误，谢谢，谢谢。作为一个作者来说，最怕自己的著作问世如一石投河激不起半点波澜，还有什么比听到这些宝贵意见更高兴的事呢？知音难得，人生难得知音。

诚如慧眼所识，所引张善子《十二金钗图》中的题记："公牛哀七日而变，封使君一旦成形。"当如此断句，原文是我的误断。另，张群为大千所书的挽联，也确实颠倒了，我当时引的是港台报刊（记不起是哪家报刊了）未查联文原迹，现手头备有台北故宫博物院《张大千先生纪念册》，查阅了张群挽联影印手迹，上联确为"五百年……"云云，款署"大千先生灵右"；下联则为"半世纪……"云云，款署"张群敬挽"，是双款，如见原联影印件，也许不会出现上下联颠倒的常识性谬误。由此二处疏误,一来说明您读书心细,且学识渊博;二来说明我腹笥空俭,治学不严。再版时当一一更正。

至于大千诗中的"绿荫结子似福州"之句,倒不光是乐本所辑如此,我在翻阅《北平晨报》(1934年)副刊时,亦见过此诗,原句也是这样,可见乐本所辑未错。大千作诗,往往兴之所至,有时用典并不太严。细味这首诗的诗意,确与小杜《叹花》一诗相近,但又无必然的联系。至于我在文中写到张大千与春红分手时忽然想起了唐朝一位十五岁的少女杜秋娘写的一首《金缕曲》(曲略),亦是我的想象(或曰杜撰)。您为了深究大千这句诗的出典,由杜秋娘的《金缕曲》,联想到作《杜秋娘诗序》的杜牧,再由杜牧引出他的《叹花》诗来,并由《叹花》诗生发出杜牧在湖州艳遇一位少女的传说,由此断定福州当为湖州之误。说句心里话,我确实佩服您的思辨之细,逻辑之周。但有时也会上当,上用典不太讲究或不必太讲究的诗人的当,此可谓智者千虑,也有一失。

实话相告,《张大千艺术圈》一书,凡二十五篇,有二十二篇是有据可查,从实写来的(间或有传说,但这些传说也多出于当事人的口述笔录),只有两篇是带有虚构性的创作,一篇是《张大千与李秋君》,另一篇是《张大千与池春红》,前篇多缀前人的传说故事,后篇则想象虚构成分居多。原因是张大千在韩国金屋藏娇的风流韵事,所知者不多。连他的亲友门人中也只知有韩国姑娘春娘其人,只知大千曾有几首诗写到春红,至于详情则鲜为人知(也许他的二夫人黄凝素知道一点儿,四夫人徐雯波也会知道一些),但一个早已亡故,另一个则远在海外,所以无法采访。张大千居住美国期间,曾向女秘书林慰君隐隐约约地谈过一些,但语焉不详,林曾将此记在《环荜庵琐谈》中。乐恕人所辑大千赠春红的诗有四首,还有二首是《与春红合影寄内子凝素》，如果光凭这六首七绝短诗，怕是无法写出这篇传记的。五年前，我在上海采集张大千诗文遗篇，无意中在一位已退休的老医师陆平恕家中发现了张大千所书《春娘曲》的手卷（陆氏与张大千是世交，家中收藏大千书画甚富，现存六十余幅），正是这首《春娘曲》的长诗，激发我创作出这篇传记文学。

不过，文中所载也不是纯属子虚，除了诗中记载的事迹外，尚有不少有据可查的，如文中开头写1978年11月张大千赴汉城举办"张大千画展"事，是事实，并有画展合影，这也确是张大千在国外举办的最后一次画展。又如，画展期间，张大千在汉城扫墓也见诸报刊，但扫墓详情未予披露。又如1928年张大千受日本三菱公司之邀赴朝鲜游览，也实有其事，日本古董商江腾陶雄也实有其人，也与张大千相识。又如，春红当年确是接受了张大千的馈赠，在汉城开了一爿药材店，也经常托人捎高丽参给张大千，她也确实死在八年抗日战争期间，但她究竟是怎么死的，详情不知。再如，张大千与林语堂在海外摆龙门阵，并且摆过苏东坡的龙门阵。但是否摆过文中提到的苏东坡与表妹的一段恋情，则又无从知晓，这也是我出于情节需要的悬想。

老兄问我去过朝鲜没有，不怕您见笑，弟已届知天命之年，尚无出国门于一步，文中有关金刚山的描述，多从别人的游记中神游而来的。所以玉流洞离九龙瀑究竟有多远，当然无从知道了。老兄去过金刚山，并有九龙瀑留影，自然当把"走不多远"改成"走了一程"。

您在来信中说，拙著二十四篇中，以《张大千与池春红》一章为最佳。过奖，过奖，不过此说倒与不少文友的意见相同。由此看来，文学传记不同于历史传记，不可太拘于史实。史料多，固然是好事，但如果不能跳出来，反而会被史料牵着鼻子走，或被史料压得透不过气来；史料少，固然对写作会造成不少困难，但有时间隙空白处越多，作者想象的地方也越多，正可开辟一块自由飞翔的艺术创造天地。当然，这种想象和虚构，应该大致符合传主的时代背景、人物交往关系、生活习俗、思想性格、言行举止等等轨迹。不能以耳代目，不调查、不研究，任意虚构，肆意涂抹，违反历史真实，美化或丑化传主形象，以达到某种政治效应或经济效应。

好了，这封信写得够长了，就此打住，免得耽误您的公务。

包立民

（原载《美术之友》1990年第3期）

附录二
从文化环境中去发现传主的心灵
——读《张大千艺术圈》

周思源

大凡文学艺术大家,其一生必定与许多文化名人或社会名流有所接触。彼此切磋文艺,辩难学术,济困扶危,乃至感情纠葛,利害冲突,钩心斗角。总之,名家自有其独特的生活圈和人际关系网络。他的成名过程大致也就是创造、发展和形成这一文化环境的过程。而这一文化环境又以甜酸苦辣给他以营养和药液,有时也许还出现过陷阱。究竟是名家造就其环境,还是这一独特环境造就了名家,这个问题也许就像是鸡生蛋还是蛋生鸡那样一时难以说清。但文化环境对文化名人的巨大影响是确定无疑的。在这些交往中不仅可以从一些独特的角度发现其心灵和艺术的许多奥秘,而且也能见出时代在这一片富于个性的土地上的投影。令人遗憾的是,以往的传记文学通常是从宏观的、时代政治历史的,即社会环境的角度加以描述,而较少从微观的、人文的人际关系的,即文化环境角度予以观照。虽然有时在编年谱、集作品、写传记之外加一部某某逸事之类,但可信性与学术价值多为可读性而牺牲。传记固然是以史为经,以事为纬,然而史乃传主之史,事为传主之事,对传主与其他名人之间的关系即相互影响,尤其是他人对传主的影响,终不免多有欠缺。现在包立民君独辟蹊径,于年谱、作品、传记三部曲外,奉献给读者一部《张大千艺术圈》(以下简称《艺术圈》)。此书已由辽宁美术出版社出版,它以张大千为圆心,从传主与他人的关系着眼,构成二十多个同心圆。由于以交往先后为序,因而它并非各个平面的并列,而是一个不断向前滚动着的圆柱体。从而动态地反映出张大千如何在这样一个独特的文化环境中一步步向我们走来。这种写法应当说是传记文学中的一种有益尝试。

中国人写传记或多或少都受《史记》,尤其是其列传的影响。而列传的基本特点便是在一件件可读性很强的具体事件中展开人际关系,从而突出几个主要人物并反映历史进程。《艺术圈》围绕张大千学书、学画、作画、卖画、藏画、献画这一主轴,写他与别人的交往,每章均有三几个读来令人印象深刻的故事。重点自然在于以他人之眼观大千,借他人之口评大千,写他人之德、之识、之才、之学、之好如何影响大千。令人深感张大千之所以能在中国画坛独树巨帜,并将中国画在世界画坛高标卓举,除了他的天才与勤奋之外,他善于创造和利用文化环境也是一大因素。读者在这里还看到了几十位著名艺术家与社会名流的性格风貌和不少独到的艺术见解,并大致了解了其主要经历。因而《艺术圈》的每一章又都仿佛为另一位艺术家作一小传,从而使全书成为一部既是张大千的艺术传记,又是众多艺术家的传略小集。这些逸事生动细致,时间、地点、在场者、材料来源一一标出。令人感到作者确实是言必有据,绝非为博读者所好而一味搜奇寻逸。当旁证材料不足时作者便一再声明"不敢妄言"。从而提高了《艺术圈》的文化品位,使它具有较高的学术价值。

为名人作传难,为名贤作传尤难。难就难在不为贤者讳上。《艺术圈》中颇不乏与张大千有过龃龉者。不过包立民君都以轻松自如的笔触,写出他们各自的缺点,及如何在交往中逐渐认识对方,也提高了自己。张大千在海外的评价可谓登峰造极,但在大陆,半个多世纪来却一直颇多歧见。1949年后由于政治砝码的作用,评价的天平长期大幅度倾斜。这种情形直到近几年才得到纠正,人们开始重新认识张大千。但对张大千的某些重要方面,似乎仍然有意无意地不去触及。《艺术圈》多少也存在这个缺点。有的人物未能"圈"入,有的虽入"圈"而仅仅点到为止,因而关于张大千的那几个问题令人尚难解渴。包立民君的张大千研究系统工程中的重头戏《张大千评传》(或《张大千面面观》)正在写作中。希望能观得深刻,评得鲜明,以精辟独到的分析和评论写出一个既符合实际又是包氏眼中的张大千来。

  1990年10月20日(原载上海《文汇读书周报》)

附录三
不拘一格写大千

陈传席

近现代的著名画家中，我独对张大千不以为然。虽然在他去世时，我也写过文章以示纪念，其实是受出版社之托不得已而为之。但我却特爱读包立民先生所著的《张大千艺术圈》一书。作者把这本书送给我时，我正忙于自己一本书的校改，十分紧张，但又忍不住翻了一下，可是一翻却不忍放下，一气读完；而且转过来又翻了一遍。首先是作者文笔朴实、流利清淡吸引了我。我读书，必开卷时有所乐，掩卷后有所得，缺其一是不为的。但时下很多美术方面的文章，或文辞隐晦生涩，或华丽浓艳，或故弄玄虚，或结结巴巴。内容如果不好也就罢了，我们不读就是了，如果内容尚好，不读又很遗憾，读了又费力难受，真是无可奈何。郑板桥《题画》云："未画以前，不立一格，既画以后，不留一格。"写文亦然。文章或记事，或说理，或抒情，要使读者在文章中只见到事、理、情，不可给人留下满脑词句。文固然要通过词而见，但高明的作家却能"隐迹立形"，正如优秀的画家虽用笔墨作画，却能不炫耀笔墨，还要去其斧凿之痕。立民先生是记者出身，长于记事，读其文，张大千艺术圈中人和事、情和趣，跃跃然而现，却忘记其为文。这在目前乃是难得的文风。也许正和他的为人一样。他是一位热心、真诚、平和的人,他帮人办事、劝诫朋友,皆十分自然,决不故弄玄虚,决不使人感到难为情。不像有些人帮人办事,首先要反复叫你知道,"你看,我在为你办事啊""这事不容易啊"。劝诫朋友,也要反复声明:"我在为你着想分忧啊。"这种人如果写文章必然要炫耀文辞,空洞无物,好容易抛一点儿资料出来,马上就要大发议论。立民先生为文清新自然,丰富的资料顺手拈来,一句一个内容,实实在在,没有连篇的空话和累赘的议论。这也许是我一气读完的原因之一吧。文固因人而生,爱其文却非因其人。

更重要的是这本书的内容,作者通过张大千和当时二十多位著名人物的交往,生动地展现出近百年中国画坛盛事,以及近百年历史的变迁和旧中国文人的真实生活面貌。如张大千拜师李瑞清、曾农髯,张大千受其母及其兄张善子的影响和支持,与才子诗人谢玉岑,与著名文人叶恭绰,与国民党元老张群,与叱咤风云的少帅张学良,与画家黄君璧、溥心畬、徐悲鸿、齐白石、吴湖帆、于非闇、叶浅予、赵无极、毕加索等,与摄影家郎静山、收藏家兼诗人张伯驹、作家台静农、戏剧家余叔岩等人的交往,还有大千与他的情人李秋君、池春红等。或排山倒海,或小溪流水,或汪洋恣肆,或儿女情长,一个故事表现大千生活和性情的一个方面,统而观之,张大千一生的经历完整而全面。作者写的不是小说,但一个活生生的张大千形象便在人的心目中树立起来了。如果要了解张大千其人的话,这就是一本最便利的书。如果要了解近代画坛上的重要画家和大事的话,这更是一本值得参考的著作,它为研究家提供了很多线索和资料。

作者自称,他现在做的工作是研究工作的"外围战","外围战"也是不可少的。研究绘画史,当然要以画为主,然而画是画家们的作品,因而研究画不能不知画家,画家的经历、思想、性情都在他的作品中有所表现。了解其人才能加深对其画的理解。欧美学者的研究,是一开始直指画家的作品,以画为主,这当然是更直接的方法,但是,他们为了研究画家的画,还要弄清画家的交往和生活道路,因而,立民先生这个"外围战"益显重要了。

当然,"外围战"是作者自谦的说法。我却认为这本书不但富有资料性,而且也有学术性,有很多内容颇能引人深思。我前时写了一篇文章阐述中国画在世界艺坛上的地位,便得益于这本书中的资料。中国画本在世界艺坛上居于领先地位,20世纪20年代至40年代,留学法国的大画家都知道这一点,林风眠在法国时,他的老师第戎国立美术学院教授耶希斯对他说:"你可知道,你们中国的艺术有多么宝贵的、优秀的传统啊!你怎么不好好学习呢?"(转引自《美术》1989年6月《五四与新美术运动》)当时的世界著名艺术家和艺术评论家都对中国艺术十分景仰。常书鸿的老师就告诉他:"世界艺术的真正中心,不在巴黎,而在你们中国。中国的敦煌才是世界艺术的最大宝库。"常书鸿就是在法国了解到中国艺术的价值,才毅然回国,投身于敦煌艺术的保护和研究工作的。韦利说要学会品味中国的草书要五百年,西方最著名的美术史家兼美术评论家贡布里希即认为韦利最懂中国的艺术……马蒂斯的画是学日本浮世绘的,而浮世绘又源自中国画,所以,举世瞩目的野兽派只不过是中国画的再传弟子罢了。然而现代人尤其是崇尚西方现代派的人都认为中国画不行了,落后了,为了使"中国画走向世界",居然提出要用西方画改造中国画。他们认为中国画"不行了"的唯一依据便是:中国画在国际市场上售价太低。其他再也找不出任何根据,更讲不出任何道理。这真是笑话,艺术的价值居然是不懂艺术的西方商人所定。是商人的话重要,还是大艺术家的话重要呢?近现代举世公认的大艺术家莫过于毕加索了,我们看看包立民笔下

《张大千与毕加索》一文中的记录,毕加索一见张大千便说:"这个世界上谈艺术,第一是你们中国人有艺术;其次是日本的艺术,当然,日本的艺术又是源自你们中国;第三非洲的黑种人有艺术,除此而外,白种人根本无艺术。所以,我莫名其妙的是,就是何以有那么多中国人、东方人要到巴黎来学艺术。"而且毕加索还抱出他的一百多幅画,都是用毛笔学中国齐白石的画。崇尚现代派的人一提起毕加索,无不五体投地,他的每一句话都比圣旨还重要,那么,读了立民先生这段记录之后,又该作何感想呢?在《张大千与赵无极》一节中,立民先生又记载了赵无极年轻无知时,对传统中国画不屑一顾,到了法国,他的认识提高,修养加深了,才开始认识到中国画的伟大,于是他又开始由西向中地回归,致使他成为世界驰名的大画家。不懂艺术的商人、年轻无知的人看不起中国画,艺术修养加深了、认识提高了的人,世界著名的大艺术家都十分崇尚中国画。中国画到底是落后了,还是先进呢?读了立民先生的著作后,也应该有所启发吧。

(原载《美术之友》1990 年第 4 期)

初版后记

几年来，断断续续在海内外报刊上发表或转载了一二十篇张大千艺术交往的文章，友人劝我何不将这些散发在各处的文章结集出版？我有志于此久矣，可是此类文章属人物传记，虽有一定的美术史料价值和可读性，但毕竟不是武侠、言情之类的通俗小说，畅销不了，怕出版社未必同意。一了解出版社的行情，果然如此，不是婉言谢绝，就是要赞助经费。无奈，只得束之高阁。

今年初夏，一位素不相识的友人自鞍山来，递上了一张印有作家书屋经理的名片。闲谈中，讲起出书难之事，他询问有何难处？我将拙书稿两次碰壁之事淡淡道出。谁知这位热心肠的书店经理自告奋勇地充当红娘，他说，在刊物上读过我的不少此类文章，有一定的价值和可读性，结集出版未必会赔多少钱。他向我索要了几篇复印文稿，负责向辽宁美术出版社推荐。我抱着半信半疑的态度将几篇已发表的文稿交给了他。

两个月后，这位友人突然从沈阳挂来长途电话，说书稿初步拍板，让我携带全部书稿及照片资料赴沈阳定稿。我一听，不由惊喜交集，惊的是在当前出版难的情势下，辽宁美术出版社敢作敢当，敢于出版这部盈亏难卜的书稿；喜的是这位一面之缘的友人果然一诺千金,使我多年苦心经营的文稿终于可以结集付梓了。在这种亦惊亦喜的心情下,我带着文稿和照片资料乘车到了沈阳。

回顾80年代以来,有关张大千的画坛逸闻,生活趣事,艺术交往,生平传记、正传、别传、外传,乃至演义不断地出现在海峡两岸的报章杂志和出版物中,大有海峡争说张大千之势。的确,张大千是一个传奇人物,准确一点儿说,早在半个世纪以前,他就是一个海内的传奇人物。难怪几年来(应该说半个世纪以来),这个人物有这么多奇事可传。

但是,作为一个艺术家来说,张大千最为人称道的还在于他的绘画艺术,可以这样说,离开了他的高度艺术成就,也就没有人们心目中的张大千。因此,早在张大千还在世的时候,我就通过张大千的早期学生刘力上、俞致贞、胡若思等先生,开始搜集张大千的艺术活动、艺术交往、诗词题跋,画说画论画迹,并且翻阅了三四十年代京、沪两地出版的《晨报》《申报》《新民半月刊》《逸经》等大量报刊,意在为这位艺术家勾勒出一条真实可信的历史足迹,为今后的张大千艺术研究工作者提供一些真实可信的史料。我的这种"小心求证"的治学态度,得到了不少画界前辈的首肯,也遭到了有些画家的嘲笑。他们笑我是缘木求鱼,太迂了!

就是带着这股迂劲,我把研究张大千当作了一项系统工程,先搞外围后攻中坚。数年来,我在叶浅予、黄苗子、刘凌沧及不少大风堂门人的热情支持下,先后完成了编辑《张大千的艺术》(三联书店出版);与王震同志合编了《张大千年谱》(其中1919—1938年一段已由上海《朵云》季刊发表);与大风堂门人、常熟诗人曹大铁合编的《张大千诗文集编年》(荣宝斋出版社出版)。正是在编纂这些书稿的过程中,我积累了不少张大千艺术交往的素材,才陆续写成了这部《张大千艺术圈》的书稿。

再版后记

《张大千艺术圈》初版于1990年3月，由辽宁美术出版社出版。关于初版的出版经过，已在该书《后记》中作了较详尽的交代，此处从略。

按理说，从1988年11月脱稿交出版社，到1990年3月付梓出版，前后只花了一年五个月，以中国现今出书速度来说，不算太慢，也不算正常，而是属于可以理解。一般来说，正常的出书周期是半年左右，不过拖了一年还能出，运气已经不错了，不能斤斤计较，更不必大惊小怪了。

拙著拖了一年才出，据该书责编黄复盛先生说是新华书店的印数上不来。何谓"上不来"？意思是印数不多。但究竟不多到什么程度？责编没有告诉我，是几本？几十本？还是几百本？也许怕我听了难受。1989年秋日，成都老报人车辐，带了一位书商找我，问我手头有何畅销书可以提供？我把《张大千艺术圈》出版难产的情况简略告之。车辐是成都的老报人，早在抗日战争时期，他就在《华西报》当记者，专门采访避居蓉城的文化人，诸如巴金、曹禺、陈白尘、刘开渠、吴祖光、丁聪等。当时张大千也先后住在成都昭觉寺和青城山，他也采访过，对张氏的艺事逸闻知之颇多。

年代初，当我初涉张大千艺事活动时，经张大千的私淑弟子邱笑秋（川剧《张大千》的编导）的介绍，我在四川省文联与车辐相识，他绘声绘色地向我讲了不少张大千在成都的趣事逸闻。我在各地报刊上发表的张大千艺术交往的文章，他看过不少，每次见面，他都要问："你是从哪里挖出这么多宝贵材料的呢？啷个（怎么）我一点儿也不知道呢？"当听说此书"难产"的情况后，他马上向书商打保票说："这本书写得好，既有史料性，又有可读性，准能卖出去，出版社不出，你来出！"书商听了连连点头说："好，我们出。"但是中国新闻出版法规定，出版物只能由官方的新闻出版机构出，任何人不得私自出版书刊。书商要出版赢利的书刊怎么办？一是向出版社买书号；二是非法盗印。卖书号虽说三令五申严行禁止，但有的出版社为了求生存，在不犯大忌的情况下，依然悄然进行。买卖书号，至今禁而不止，已是公开的秘密。当时书商对我说："我出三万元买断你的书稿，书号由你与出版社商量，多少钱就从三万元中出。"

80年代末，一般稿费标准是千字二十元，我的书稿只有十六七万字，充其量只能得三千多元，还要交纳税金。三万元，对作者来说，太富有吸引力了（卖一个书号，按当时行情五千元足够，除去书号款外，可净挣二万五千元）。但是我考虑的是不能亏了好心接受书稿的出版社。于是给沈阳"辽美"总编挂了一个长途，询问出版情况。总编的答复是书稿早发下，并已三校，可是新华书店的总印数始终上不来，印数太少又不能开印，还得拖一拖！我把成都书商乐于出版、承包发行的消息告诉他，并提出了用二万五千元重金买一个书号的建议。这位总编对"重金"卖书号无动于衷，推说最近出版总署对买卖书号抓得很紧，不能冒风险，劝我放弃让书商出书的想法，并答应即使印数少，赔本也会出书的。最后明明在书商看来可以赢利的书，却被"辽美"以一千册的印数,赔本出版了。谢天谢地,此书总算出版了!

那么这本被新华书店认为没有读者卖不出去的书,是否真的没有读者呢?这里请允许我"老王卖瓜",自夸几起我所遇到或听到的读者吧。

第一起是我从辽美社主办的月刊《美术大观园》主编口中听说的。他告诉我说,在1990年沈阳举办的全国性书市上,他看到几位青年学生,正在抄书。从来的书市,只有翻书买书的,未见抄书者。他觉得很新鲜,走近去一看,原来是在抄录一本他们社新出版的《张大千艺术圈》。他抓住了这个信息,决定在《美术大观园》连载此书的部分章节,连载了一年。

第二起,辽宁省的宣传部部长王充闾利用繁忙的公务之余花了两个晚上读完了出版社送阅的拙著。他与我素昧平生,读后热情洋溢地给我写了一封鼓励信。信的内容可见附录一:《关于〈张大千艺术圈〉的通信》。这位任宣传部部长的读者,现任辽宁省人大常委会副主任及省作协主席,至今只见过一面,通了几封信,通了几次电话。

第三起,有一位年逾七旬的北京著名女画家刘继瑛,她是我的芳邻,新著出版自然要送她。两三天后,她打了一个电话给我,第一句话就是:"你害得我好苦呀!"我吃了一惊,马上反问怎么回事,她笑着回道:"昨天晚上拜读你的大作,谁知一上手就放不下来,读了一个通宵将书全部读完了,害得我觉也没了睡!"

第四起是苏州有位书画小收藏者,竟然跟踪读我散发在各地报刊上的有关张大千艺术交往的文章,从1983年起一直到1990年3月,整整跟踪了七八年,不知他从什么渠道读到的(有的文章发表在并不太显要的地方刊物上)?每读一二篇就来信谈读后感,发议论。此书出版不久,他马上来信表示祝贺,并告诉我说,他已从苏州一家书店里觅到了五本(实际上是买下了书店里仅存的五本),分送张大千的亲友。类似跟踪读我的有关张大千文章的读者，在蚌埠还有一位，他也是一个书画收藏迷，又在邮局报刊部门工作，近水楼台先得月，查阅我文章的线索较之苏州的那位读者自然要方便得多。

最后再说一起在火车上的奇遇。一次我出差上海，在硬卧车厢翻阅拙著，无意中被上铺的一位女士发现，她向我借阅。谁知她拿到书后，躺在铺上阅读，一直读到北京站，最后她有点不好意思地还书道："对不起，紧看慢看总算看完了，写得真不错，使我长了不少知识和见闻。这次外出旅行，最大的收获就是读了您的大作，真要谢谢您！"我问她是干什么职业的？她说是个医务工作者，爱好书画。

以上几位相识和不相识的读者对这本书的反应，我如实记录了下来，希望新华书店的同志能够看到。为什么要再版此书？原因很简单，初版一千册早已销售一空；二是有些读者至今还来信说想买这本书；三是张大千及他同时代的艺术家的作品正是当今拍卖收藏的热点，广大读者一定很想知道他们的趣闻逸事，这本书也许能满足他们这方面的需要。出于以上三点原因，我又在原书的基础上，增加了《张大千生平传略》《张大千艺术年表》两篇带有全局性介绍张大千其人其艺的文稿，提供给张大千艺术的爱好者、收藏者参阅。同时，又在《艺术圈》中增加了两篇原先想写又一直未写的文稿，一篇是《张大千的去国与怀乡》，另一篇是《怎样看待张大千作假画》，这两篇文章也许会引起读者兴趣和争议，仁者见仁，智者见智，知我罪我，毁我誉我，既然公之于世，就全交给读者来评判，我也在所不惜了。

正文的附录中增加了三篇，一篇是《关于谢玉岑"病重托弟"说》，一篇是《叶浅予评说大千人物画》，还有一篇是《大风堂同门录》。还增加了《张大千20年代初的设色仕女画》《张大千与方地山》二文。最后附录了三篇评论《张大千艺术圈》（初版）的文章和通信，读者可从中窥见作家王充闾、评论家周思源、美术史论家陈传席的批评意见。

三版后记

时间过得真快,《张大千艺术圈》初版由辽宁美术出版社出版至今,将近三十年了。应读者的需求,中国文联出版社曾于1999年出过一次"增订本",印数六千。时过二十年,图书早已销售一空,读者仍有需求,三联书店决定再出第三版"增订本"。

名曰"增订",当然有增补有校订。记得本书初版16万字,再版20万字,那么三版的35万字,又要增加哪些篇章呢?

首先是张大千拜师究竟在何年,张大千自言己未(1919),这是一个从未有人质疑的问题。可是从张大千老师李瑞清题赠给他的最早的一副楹联的年款和称谓上,台北著名美术史论学者傅申看出了问题,碍于孤证,他不敢确定。我接过他的疑问,求到了两处旁证。写出了《张大千丁巳(1917)拜师新证》一文,2012年发表在上海《东方早报》和台北《历史文物》两处,又在张大千学术讨论会上做了专题报告,并在内江师范学院的院刊上予以转发。一篇"于无疑处求疑"的拜师新证,发表在两岸媒体上,在读者圈中引起了小小的波澜。可惜当事人墓木拱矣,是耶?非耶?已是死无对证了。

与此同时,我又写了第二篇增补文章:《成也子杰 败也子杰——张大千进军巴黎艺坛前后》,此文涉及张大千如何走向世界艺坛、成为一位有国际知名度的中国画家的大问题,不可不写。此前,由于郭有守(字子杰)20世纪60年代中期投奔大陆的事件扑朔迷离,涉及敏感话题不便深究。随着郭有守被台北当局抄没的一百多件张大千书画在台北故宫博物院展出,有关他与张大千的交往,以及他如何推助张大千走入巴黎、走向世界的背景材料逐渐浮出水面,引起了我的注意,于是我多方搜集素材,终于成文。发表在2012年的《历史文物》和《东方早报》上。此文与《拜师新证》是同年写作的两篇文稿,同年发表于两岸较有影响的报刊上,而写作两文时,我已步入古稀之年。

早在80年代,我从大风堂门人刘力上处获悉张大千艺事、传奇故事时,就已听说宾翁(黄宾虹)大名。只知宾翁是张大千老师曾农髯、李梅庵的好友,也是张大千敬重的前辈,只听说宾翁是美术理论家、书画鉴定家,但青年时期作假石涛的张大千,居然以一幅假石涛,骗过了石涛大专家黄宾虹。由于对二人的交往艺事知之甚少,所以在本书前两版中付之阙如。新世纪伊始,黄宾虹声誉日隆,其作品在艺术市场上的价值也与日俱增,关于他的艺事活动和艺术成就,研究者风起云涌,其中集大成者当数王中秀先生。他研究黄宾虹十余年,2005年在上海书画出版社付梓了《黄宾虹年谱》,这部88万字的巨帙是他积多年之功、披沙拣金编著而成的。我认真拜读,获益匪浅。年谱中有关张、黄两人二三十年代在上海的艺术交往记录较多,要写两人之交,中秀兄无疑是最合适的人选,我并不敢掠美。但在阅读中,我发现了两个可疑之处,于是写了《张大千与黄宾虹》这篇兼与中秀兄商榷的文章。2007年,在台北《文物研究》和北京《荣宝斋》杂志刊发,以此收入本版书中。

增补的文章还有多篇,这里并不一一述说缘由。张大千是一位传奇人物,他的传奇故事可与五百年前的明代唐伯虎、徐文长媲美。徐悲鸿曾以"五百年来第一人"称誉张大千,而今,张大千也成了一位历史人物。作为历史人物,又不断有新材料出现,于是我在三版中也采用"附"的形式,把新材料、新观点写下来,作为追叙补白附在旧有篇章后,虽然短小,但不少是"小心求证"的珍贵资料,敬请读者留意。

还要向读者说明的是,《艺术圈》一书的写作长达三十年,其间拜读、参阅的海内外有关张大千的书刊不计其数,由于拙著并非学术专著,所以引文出处大多只以括号夹注文中。在这里,我特向本书所有引文的作者致谢,同时也向为本书提供图片的友人致谢,向参与编辑校订《艺术圈》的工作人员致谢。